I0061373

EL SUEÑO DE LOS PERDEDORES

EL SUEÑO DE LOS PERDEDORES

Cuatro décadas de migraciones de argentinos a España (1970-2010)

Fernando Osvaldo Esteban

Esteban, Fernando Osvaldo

El sueño de los perdedores : cuatro décadas de migraciones de argentinos a España 1970-2010 . – 1a ed. – Ciudad Autónoma de Buenos Aires : Teseo, 2015.

340 p. ; 20×13 cm.

ISBN 978-987-723-027-7

1. Inmigración. 2. Emigración. I. Título

CDD 304.882

Hecho el depósito que previene la ley 11.723

info@editorialteseo.com

www.editorialteseo.com

Compaginado desde TeseoPress (www.teseopress.com)

[...] el emigrado es el hombre de dos lugares, de dos países, tiene que poner un poco aquí y un poco allí. Si no lo hace así, es como si no hubiera hecho nada, no es nada. Todo está dividido en ellos [entre los emigrados]: ellos, todas sus ideas, lo que piensan, sus proyectos. Están divididos entre aquí y allí [el país]: un poco para aquí, un poco para allí, lo que hace que ni aquí ni allí. Como se suele decir, "no disfrutan ni de este mundo [en la tierra], ni les importa [ponen su confianza en Dios]"; son perdedores en todo, todos sus cálculos son falsos [...]. Su cuerpo está aquí, su cabeza está aquí –y no puede ser de otra manera, ya que su sudor está aquí–, pero todo el resto, su espíritu, su corazón, su mirada, está allí [...]. Ésta es la situación de la emigración: un "aprieto" [una situación opresiva] para ellos.

Abdelmalek Sayad (2010: 97)

Índice

Índice

Introducción

I

Este libro presenta los resultados de una investigación sociológica sobre la emigración de argentinos a España en las últimas cuatro décadas. Se centra especialmente en las características demográficas de los migrantes, sus motivos para desplazarse y su inserción económica en el destino. Para explicar las dos últimas cuestiones, partimos de la hipótesis de que los emigrantes eran "perdedores aquí y allá", como sugiere Sayad en el prefacio. Pérdidas de diferente naturaleza e intensidad, a veces irreparables y siempre dolorosas. Los emigrantes llevaron en la valija de la mente la esperanza de hallar aquello que creían perdido. Sueños irrealizados, estropeados, incompletos: vivir en paz, vivir mejor, vivir juntos, un empleo adecuado, terminar la carrera, mayores ingresos, una casa propia, prosperidad para los hijos... Por eso escogimos denominar a la emigración de argentinos a España como un sueño de perdedores.

Sabemos que en esas migraciones hubo desplazamientos individuales y familiares. Viajes urgentes para huir de la muerte o de la pauperización y más sosegados en procura de un futuro mejor. Clase obrera en ascenso y clase media en retroceso, todos cansados de luchar para mantener la posición social. Migraciones de jóvenes que buscaban nuevas experiencias y de adultos mayores que querían una segunda oportunidad. De trabajadores que huyeron del desempleo pero también de quienes renunciaron a su trabajo para soñar con otro mejor. Personas que salieron del país rumiando amargura junto con otras que se fueron con la alegría de "haber dejado atrás lo peor". Argentinos que viajaban como ciudadanos europeos pero también como "falsos turistas". Algunos con la conciencia tranquila, otros con sentimiento de culpa por "abandonar el barco cuando se hundía".

Unos partieron de Argentina con la intención de recordar, otros se fueron para olvidar. Mirar atrás fue una opción. En cambio mirar hacia adelante una obligación. Todos tuvieron que reinventarse en España. De una u otra manera se transformaron, y no siempre en el sentido previsto. Nadie imaginó que aquel acto tan simple, el mero hecho de avanzar dos o tres pasos y traspasar la puerta de la agencia de viajes, había torcido las líneas del porvenir de forma irremediable. La emigración no sólo implicó un cambio de país, de ciudad, de barrio, de casa... Fue un cambio de vida, en ocasiones radical. Nuevos amigos, rutinas, a veces nueva familia, vocación, trabajo, incluso opción sexual.

Esos cambios, en opinión de Sayad, traen desdicha, más opresión, (re)producen pobreza. Pero la migración de los argentinos a España, como consideramos que sucede con todos los procesos migratorios, fue algo más que eso. Fue también una oportunidad de ser y hacer aquello que se deseaba. Una oportunidad para concretar antiguos anhelos reprimidos o crear expectativas nuevas. Todos chocaron con la realidad, como no podía ser de otra manera. Incluso algunos sueños se tornaron pesadillas. Pero eso es harina de otro costal. Lo que queremos resaltar aquí es que la migración también fue perseguir sueños, empezar de nuevo con otras reglas de juego y otros jugadores. Por eso sería injusto reducir la migración a los padecimientos, como hace Sayad, porque también fue desafío, ilusión, enriquecimiento.

Por todo ello, es habitual que los estudiosos califiquen a las migraciones como un "hecho social total", parafraseando a Mauss. Porque es un proceso poliédrico, multidimensional, polisémico. Se presenta a los investigadores como un objeto de estudio difícil de aprehender, un cóctel de una potencialidad tan extraordinaria que a veces ni siquiera entendemos. Por eso es conveniente que el investigador sólo enfoque su tarea sobre algunas porciones de esa realidad. En este caso escogimos estudiar dos, cada una constituye una parte del libro.

En la primera, bajo el título "Las migraciones de argentinos a España", investigamos varios aspectos demográficos de los movimientos migratorios. Buscamos responder cuántas personas emigraron, cuándo lo hicieron, qué características demográficas tenían, cómo y con quién se trasladaron y, por último, por qué decidieron hacerlo. En la segunda parte, denominada "Los inmigrantes en el mercado de trabajo" nos dedicamos a investigar cómo se insertaron y progresaron laboralmente los argentinos en España. Más adelante detallamos los contenidos de cada capítulo de la obra.

Puede que lo propuesto aquí no resulte del todo afortunado en la actualidad. Los datos que fundamentan este libro tienen más años de los que nos gustaría. Sin embargo, creemos que es relevante su contenido porque abarca un ciclo completo de migraciones de argentinos a España. Una etapa que comenzó con el exilio en los años setenta y se cerró (hasta el momento) cuatro décadas después, con el retorno de los emigrados más recientes y una exigua migración de españoles a la Argentina.

Del mismo modo, esta investigación completa la trayectoria formativa del autor. Comenzó en 2003 como proyecto de tesis de doctorado al calor de las salidas masivas del país. Luego creció como proyecto postdoctoral, incorporando datos estadísticos inéditos (como la Encuesta Nacional de Inmigrantes de 2007, en adelante ENI) y, posteriormente, fue madurando con la incorporación de nuevas aportaciones científicas. Creemos que el transcurso del tiempo contribuyó a enriquecer el producto original, como sucede con el buen vino. Por un lado, porque la mayor perspectiva temporal ayudó a ganar sensatez en los argumentos; por otro, y como mencionamos antes, porque permitió una visión más holística del fenómeno.

II

A continuación detallaremos los contenidos de cada uno de los capítulos del libro. El primero está dedicado a describir la metodología y las fuentes de datos utilizadas en la investigación, en aras de contribuir a una mejor comprensión de sus resultados, sus alcances y sus limitaciones. La metodología de la investigación está basada en la triangulación de las perspectivas cualitativa y cuantitativa. La primera perspectiva se apoyó empíricamente en datos primarios; la segunda, en datos secundarios.

Precisamente, el primer apartado del capítulo explica el origen de los datos primarios. Éstos proceden de 60 entrevistas individuales a inmigrantes argentinos nativos residentes en Madrid, además de observaciones directas, participantes y no participantes. El segundo apartado describe las diferentes fuentes de datos secundarios utilizadas en la investigación, ya que, como sostienen Massey y colaboradores (1993), a diferencia de lo que sucede en otras áreas de conocimiento, no existe un instrumento de medición específico para las migraciones internacionales. Destaca especialmente la ENI del año 2007 porque la explotación *ad hoc* de los microdatos aportó información novedosa con representatividad estadística.

En el segundo capítulo de esta obra se identifican y describen los flujos migratorios desde Argentina hacia España en las últimas cuatro décadas. Mediante la triangulación de fuentes de datos secundarios, y en la medida en que éstos lo hicieron posible, identificamos seis flujos migratorios, estimamos su volumen y describimos su composición demográfica. Cada flujo migratorio corresponde a un apartado del capítulo y se encuentra ordenado cronológicamente de acuerdo al período de llegada a España: los "pioneros" arribados antes de los años setenta, posteriormente la época del exilio (1975-1983), luego el inicio de la emigración económica (1984-1992), más tarde un breve receso y la reanudación de la emigración (1993-1999), después el "éxodo" en el marco de la crisis de 2001 en Argentina y, por último, el período abierto en 2005 que presenta un descenso brusco de la emigración y flujos en sentido inverso.

En el capítulo tercero analizamos la información ofrecida por la ENI para conocer las trayectorias migratorias de la población emigrada antes de radicarse en España. En primer término nos detuvimos en la experiencia migratoria internacional, distinguiendo los casos de quienes viajaron directamente a España de aquellos que residieron anteriormente en uno o más países. Luego nos centramos en el análisis del traslado hacia España; particularmente: quiénes acompañaron al migrante, cómo estaba compuesta su familia antes de emigrar, qué medio de transporte utilizó, el coste y la financiación del viaje. Por último, brindamos información sobre las provincias argentinas de origen de los emigrantes.

El cuarto capítulo está dedicado al análisis de la composición sociodemográfica de la población nacida en Argentina que residía en España al 31 de diciembre de 2010. Prestamos atención a las variables habitualmente disponibles en las fuentes estadísticas (el sexo, la edad, el nivel educativo y el lugar de residencia), pero también a otras novedosas como el período de llegada y los lazos familiares. En los casos que consideramos relevantes y fue técnicamente posible, establecimos comparaciones con la población total en Argentina y autóctona e inmigrante en España. Cada una de las variables mencionadas constituye un apartado específico de este capítulo.

Frente al objetivismo categorial aristótelico, nomothetico y reificador que representa el análisis de datos estadísticos, proponemos en el quinto capítulo otro nivel de análisis: la realidad social. Como dice Lisón (1997: 18), es un nivel que se apoya en un realismo vivencial de estructuras organizativas amplias y flexibles, sin claras fronteras, de taxonomías acomodadoras de diversidad y variedad. Es el análisis de los discursos de los actores sociales en la trama de los procesos sociohistóricos que les tocó vivir. En este caso, se trató de los discursos de los inmigrantes argentinos en Madrid acerca de su emigración de Argentina, en relación con la génesis y reproducción de los procesos sociales que propiciaron ese desplazamiento.

Como es lógico, un análisis longitudinal de cuatro décadas de migraciones de argentinos a España debe distinguir al menos dos períodos diferentes en cuanto a los motivos de los desplazamientos: el exilio político entre 1976-1983 y la emigración económica posterior. En un trabajo anterior, junto con Susana Schmidt comparamos ambos tipos de migraciones sin obtener resultados satisfactorios (Esteban y Schmidt, 2011). Encontramos que si bien tenían puntos en común, el exilio poseía características propias que exigían ampliar la perspectiva sociológica a este otro campo. Lamentablemente, esta tarea excede los objetivos de este estudio, con lo cual el análisis de los motivos de la emigración quedó acotado a los flujos migratorios de carácter económico que tuvieron lugar después de la restauración de la democracia en Argentina (1983).

El primer apartado del capítulo cinco es un breve *dossier* en el que discutimos los principales hallazgos de la investigación social sobre este tema. En el segundo abordamos el análisis de los contextos sociales que condicionaron las decisiones de emigrar, porque como sugieren Bourdieu y Wacquant (2005: 89), los agentes no cometen locuras, sino que implementan prácticas razonables, mediante categorías de percepción y apreciación social e históricamente constituidas, de acuerdo a la situación que los determina. Analizamos así las representaciones de los emigrantes sobre los dos últimos contextos de expulsión en Argentina: las crisis económicas de 1989 y de 2001.

En el siguiente apartado indagamos los motivos para emigrar de Argentina en el marco de aquellos contextos, es decir, enmarcados dentro de los contornos específicos de su historicidad. Para ello utilizamos el concepto de "proyecto migratorio" que, según lo entendemos aquí, siguiendo a Izquierdo (2000: 227), tiene tres puntos de apoyo: el primero es el motivo aducido para emigrar, el segundo son los planes para establecerse y el tercero las expectativas (cuando las hay) de retorno. Es una disposición de ánimo que cubre todo el periplo, desde la decisión de partir hasta el asentamiento en la ciudad de destino. El proyecto puede estar cargado de sueños o contener una alta dosis de información veraz sobre el lugar de llegada, pero siempre es contingente, los golpes de realidad que recibe aquí y allá lo van moldeando. Recordemos, pensando en Hegel, que la necesidad es, en sí, también contingencia.

En la medida en que el territorio es un factor de primer orden para comprender cómo se produce el asentamiento de los inmigrantes extranjeros, el próximo apartado de este capítulo está dedicado a explorar por qué los argentinos se radicaron en Madrid. Una cuestión que, además, es particularmente pertinente porque España es un país caracterizado por una gran diversidad cultural entre (y en) sus diferentes regiones.

La última parte del capítulo corresponde a un análisis de los motivos de la emigración de argentinos a España a partir de los microdatos de la ENI. Constituye un aporte innovador que permite conocer con representatividad estadística los motivos para emigrar, entre un conjunto finito de motivos habituales, y saber si los migrantes recibieron influencias para tomar la decisión y quién influyó sobre ellos. Así, construimos un panorama más amplio pero a la vez complementario del análisis etnográfico enfocado en Madrid.

Un aspecto central en el estudio de los movimientos migratorios es la inserción laboral de los inmigrantes en las sociedades de destino. Y, si bien es cierto que en la actual "sociedad del conocimiento" el empleo está sufriendo un cambio profundo a raíz de la crisis de un modelo de trabajo caracterizado por la norma fordista, el trabajo remunerado continúa desempeñando un papel central en la vida de las personas. Todavía es el principal mecanismo para la integración económica y social, es un poderoso creador laico de sentido (como la familia, la nación, la propiedad...) y, de forma directa o indirecta, sigue organizando la vida cotidiana de la mayor parte de la población y su distribución en el espacio físico y social.

Bajo este entendido, la segunda parte del libro está dedicada a estudiar la inserción laboral de los inmigrantes argentinos. El contenido se encuentra organizado en cuatro capítulos. El primero, y sexto de la obra, está dedicado a describir los principales aspectos del mercado de trabajo en España durante el ciclo de crecimiento económico que fue, además, el período de mayor intensidad migratoria (1996-2007). Buscamos responder: ¿con qué mercado de trabajo se encontraron los inmigrantes?

El capítulo siete profundiza sobre la situación de los argentinos en el mercado de trabajo a partir del análisis de datos estadísticos. Comenzamos con una breve reflexión sobre los enfoques teóricos más relevantes del campo. A continuación, analizamos la inserción laboral en tres episodios clave de la trayectoria laboral y migratoria: antes de emigrar, el primer empleo en España y el último (entendiendo como tal la relación laboral a 1 de enero de 2007). Si bien cada etapa tiene características propias que se derivan en indicadores concretos, se analizan de manera sistemática en cada una de ellas cuatro indicadores: la relación de dependencia, la rama de actividad, el estatus ocupacional y la duración del contrato o vínculo laboral.

Los científicos sociales sabemos que la inserción laboral es un proceso complejo, poliédrico, con contornos específicos, conformado por una diversidad de actores (individuales y colectivos) y factores (estructurales, institucionales y coyunturales). Por tanto, con la intención de comprender mejor ese proceso, en el capítulo ocho analizamos los discursos de los inmigrantes sobre su inserción en el mercado de trabajo madrileño. Los hallazgos componen cada uno de los apartados: la precariedad laboral, la discriminación institucional, el capital social y el capital cultural.

El noveno y último capítulo de la obra busca responder en qué medida la emigración supuso una mejora de la condición socioeconómica de sus protagonistas. A partir de la explotación de datos estadísticos sobre relación de dependencia, estatus ocupacional y duración del contrato, intentamos contrastar empíricamente la "hipótesis de la U" (Chiswick, 2005) según la cual la inserción laboral inicial de los inmigrantes se produce en categorías inferiores a las que tenían en Argentina, pero a medida que ganan antigüedad en el mercado de trabajo español alcanzan posiciones similares a las que tenían al momento de emigrar.

Las ocupaciones y su estructura en el mercado de trabajo generan en gran medida las posiciones sociales que delimitan la vida de los trabajadores. Por eso, lo que comenzó como un análisis de trayectorias ocupacionales "debe terminar" como un análisis de itinerarios sociales. Así, el último aparatado del capítulo (y del libro), estudia las trayectorias de clase de los emigrantes desde la salida de Argentina a la primera actividad económica en España y desde ésta a la que tenían en 2007. Los resultados refuerzan la tesis de que la migración fue un sueño de perdedores.

Por último, esta investigación no hubiera sido posible sin la ayuda de varias instituciones y personas. Por eso quiero agradecer al Ministerio de Ciencia y Tecnología de España, por la beca predoctoral que me permitió iniciar la investigación durante el período 2000-2007. A la Universidad Autónoma de Barcelona, por la beca postdoctoral que hizo posible continuar con el proyecto entre 2007 y 2009. Y al Consejo Nacional de Investigaciones Científicas y Técnicas de Argentina que ha brindado la financiación necesaria para concluirlo.[1] Guillermo Mira, Miguel Carrera, Iñigo González y, muy especialmente, Walter Actis y

1 Proyecto de Investigación Plurianual denominado "Emigración Internacional y Cambio Social: un Análisis de las Actividades Transnacionales de los Inmigrantes Argentinos en España" (Ref. 114200100100178).

Susana Schmidt, realizaron aportes valiosísimos que enriquecieron el trabajo.

El libro está dedicado a mi padre, que nunca se movió del terruño, y a mi hija, que tiene un añito y cruzó un océano dos veces.

Buenos Aires, enero de 2015.

Primera parte
Las migraciones de argentinos a España

1

Las fuentes de datos

La escasez de estudios sobre inmigración de argentinos a España, en particular sobre su inserción laboral, así como la dificultad de obtener fuentes fiables de datos estadísticos, nos condujo a diseñar una metodología de investigación basada en la triangulación de perspectivas cuantitativa y cualitativa. La primera consistió en un análisis descriptivo apoyado en datos estadísticos procedentes de fuentes secundarias.[1] El resultado fue un "estado de la cuestión" sobre los flujos y el stock de argentinos hacia y en España, y de su inserción socioeconómica en la sociedad. La perspectiva de investigación cualitativa permitió conocer los motivos de la emigración y de la elección del destino, y comprender el conjunto de fenómenos que intervienen en la inserción laboral de los inmigrantes (objetivos y subjetivos, individuales, institucionales, estructurales). Ello supuso sumergirnos en el mundo simbólico de las representaciones de los inmigrantes mediante técnicas de observación directa. A continuación abordaremos con más detalle cada una de las perspectivas.

---

1 Inicialmente, esa tarea fue realizada junto con Walter Actis y se publicó con el título "Argentinos hacia España (sudacas en tierras gallegas): el estado de la cuestión" (Actis y Esteban, 2007).

1. Los datos primarios

Los datos primarios utilizados en este estudio se recogieron mediante 60 entrevistas individuales semidirectivas a inmigrantes argentinos nativos residentes en la Comunidad de Madrid, arribados a España entre 1976 y 2004. Todas fueron realizadas entre abril y diciembre de 2004.[2] El período de referencia resultó comprensivo ya que durante el mismo habían arribado más del 90% de los argentinos que vivían en España en 2010. La elección del lugar de residencia se debió a varias razones: a) Madrid, junto con Barcelona, eran (y continúan siendo, con una diferencia notable sobre el resto), los municipios españoles donde se concentraba el mayor volumen absoluto de argentinos; b) esa concentración residencial era una característica histórica del colectivo argentino; c) existía un movimiento asociativo antiguo y de los más activos del país; y d) era una ciudad con un mercado de trabajo dinámico, diverso y de "máxima atracción" de mano de obra extranjera.

La selección de los informantes se realizó a través de un muestreo intencional que distinguió dos tipos de perfiles de inmigrantes: sociohistórico y sociodemográfico (ver Tabla 1.1). El primer tipo diferencia entre motivaciones políticas y económicas de la emigración de Argentina, y configura las categorías de exiliado político e inmigrante económico. Éstas remiten indefectiblemente al período de llegada a España: entre 1975 y 1983 los exiliados, entre 1984 y 2004 los inmigrantes económicos. El segundo tipo configura diversas categorías atendiendo a tres atributos principales considerados en la literatura especializada: rasgos demográficos (sobre todo sexo, edad, nivel de estudios),

2 La idea de concentrar los casos en una sola comunidad autónoma y una misma provincia (Madrid es una Comunidad uniprovincial) se debió a la necesidad de controlar la variable lugar de asentamiento, debido a que el territorio es un factor de primer orden en los procesos de acogida y de integración de inmigrantes extranjeros.

ocupación y situación jurídica en España. Como mecanismo de control se intentó preservar, en la medida de lo posible, las proporciones que cada una de estas dimensiones adquirieron en el universo de la población.

Tabla 1.1. Cantidad de inmigrantes argentinos entrevistados según período de llegada y perfiles sociohistóricos y sociodemográficos

			Perfiles sociohistóricos	
			Exiliado político	Inmigrante económico
Período llegada España		1975-1983	18	0
		1984-2004	0	42
Perfiles sociodemográficos	Sexo	Hombre	16	19
		Mujer	2	23
	Edad	16 a 34	0	21
		35 a 54	3	14
		55 y más	15	7
	Nivel de Estudios	Primario	2	8
		Secundario	5	19
		Superior	11	15
	Ocupación	Manual	0	21
		No manual	18	21
	Situación jurídica	Con papeles	18	33
		Sin papeles	0	9

Fuente: elaboración propia.

Aunque el diseño de la investigación contemplaba una muestra muy heterogénea (hombres y mujeres exiliados e inmigrantes económicos, cada uno con distintas edades, niveles educativos, ocupaciones, "con papeles" y "sin papeles") no fue posible alcanzar ese objetivo en su totalidad. La razón debe buscarse en características específicas de esta población: la continua movilidad geográfica de los recién llegados, un movimiento asociativo dinámico pero muy poco representativo y, sobre todo, la gran diversidad demográfica y social del propio colectivo. No obstante, teniendo en cuenta la complejidad del fragmento de la vida real que hemos observado, la selección estratégica de casos resultó adecuada.

El discurso de los exexiliados políticos fue "capturado" a través de 18 entrevistas semidirectivas. El acceso a los entrevistados se realizó a partir de tres informantes clave y mediante la técnica bola de nieve. La mayor visibilidad relativa de este colectivo, debido a su participación en asociaciones de la sociedad civil y a sus actividades profesionales, hizo más sencillo el contacto. Aunque entrevistamos a hombres y mujeres con diferentes edades, niveles educativos y ocupaciones, en este caso estimamos que no era estrictamente necesario saturar la muestra de perfiles sociodemográficos.

También entrevistamos a 42 argentinos y argentinas que emigraron del país por motivos económicos. Siguiendo una premisa metodológica, la muestra estuvo compuesta por personas emigradas en diferentes flujos migratorios (35 emigraron entre principios de 2000 y principios de 2003, tres en la década del noventa y cuatro en la década del ochenta) y con diferentes perfiles sociodemográficos, en sintonía con la composición del stock de argentinos en España. En este aspecto, la distribución por sexos presentaba un equilibrio entre la cantidad de hombres y mujeres (19 y 23 respectivamente). Atendiendo a los grupos de edad, la mayoría se encontraba entre los 25 y 34 años (21 personas), 14 personas en el grupo de 35 a 54 años y siete en el grupo de 55 y más años. 15 entrevistados tenían estudios superiores terminados, 19 educación secundaria completa y ocho sólo educación primaria. Este último grupo estaba compuesto por personas mayores de 55 años. La última calificación profesional en Argentina estaba asociada con el nivel de estudios de manera que la mitad de los entrevistados eran trabajadores cualificados y el otro 50% trabajadores manuales, trabajadores por cuenta propia (aquí reunimos a un conglomerado muy heterogéneo) y trabajadores a tiempo parcial (estudiantes universitarios que necesitaban financiar sus estudios). Por último, 33 eran ciudadanos comunitarios o residían en régimen comunitario y nueve residían de forma irregular.

Los contactos con los inmigrantes fueron acometidos en las reuniones que realizaba la Comisión de Acogida de la Casa Argentina en Madrid, el primer y tercer domingo de cada mes. Cuando esta vía de contactación se vio saturada, recurrimos a otra más informal, a través de la extensa red de contactos de que ya disponía el autor, en su calidad de inmigrante argentino con varios años de residencia en España.

2. Los datos secundarios

La selección de las fuentes se realizó a partir de dos criterios. El primero fue trabajar con aquellas que consideramos al mismo tiempo fiables y actualizadas, por lo que decidimos explotar datos producidos por el Instituto Nacional de Estadística (INE) de España antes que otros procedentes de organismos internacionales expertos (OCDE, Eurostat, World Bank, entre los más importantes), ya que éstos utilizan la información producida por la institución española para elaborar sus propias bases de datos, pero por cuestiones que atañen a la armonización de estadísticas nacionales a menudo la difunden con cierto retraso, por lo que es habitual encontrar información más actualizada en el INE.

En este estudio consideramos inmigrante argentino a las personas nacidas en Argentina, independientemente de su nacionalidad. Por ello, el segundo criterio para la selección de las fuentes fue escoger aquellas que permitieran identificar la población objeto de estudio. Esta decisión metodológica implicó privilegiar la explotación de fuentes que brindaban datos de población emigrada del extranjero, sobre otras que proveían datos de población extranjera. Entre las primeras se encuentran los Censos de Población, el Padrón Continuo de Habitantes, la Encuesta Nacional de Inmigrantes de 2007 (ENI) y la Encuesta de Población

Activa (EPA). Entre las segundas, el Registro de Residentes Extranjeros y las concesiones de nacionalidad por residencia. A continuación describiremos someramente los puntos fuertes y débiles de cada una de ellas.

El Registro de Residentes Extranjeros es una fuente de naturaleza legal, no estadística. Los permisos de residencia y de trabajo son datos de carácter administrativo que se refieren a las personas de nacionalidad extranjera que han solicitado, y les ha sido concedido, un permiso de residencia o de residencia y trabajo.[3] En consecuencia, el número de los inmigrantes no solo se equipara al de los extranjeros, adoptando la definición estadística prevaleciente en la mayor parte de los países de Europa, sino que se contrae al de los extranjeros con residencia legal, es decir, al de extranjeros "con papeles". Más allá de algunas omisiones de menor entidad, y la sobreestimación derivada de la no contabilización de las salidas, esta fuente ha subestimado sistemáticamente el volumen de inmigrantes al dejar fuera a los que se encontraban en situación irregular; y existen razonables estimaciones que indican que el volumen de estos últimos nunca fue reducido, sobre todo cuando el dato se alejaba de los años en los que se habían realizado procesos extraordinarios de regularización (ver, por ejemplo, las diferencias entre empadronados y residentes en la Tabla A.1 en Anexo). En el caso concreto del colectivo argentino que, como veremos más adelante, estaba compuesto por una gran cantidad de personas nacionalizadas y un número considerable de irregulares, las limitaciones de esta fuente cobran mayor relevancia.

La nacionalidad española y, desde 1992, la de un país miembro de la Unión Europea, facilitan la inserción de los inmigrantes porque remueven las exigencias que obligan la regulación de la inmigración, como la de obtener un permi-

3 La información es tratada estadísticamente por el Observatorio Permanente de la Inmigración, Secretaría General de Inmigración y Emigración del Ministerio de Empleo y Seguridad Social, Gobierno de España.

so de residencia y de trabajo. Las concesiones de la nacionalidad española corresponden al Ministerio de Justicia. El Código Civil (artículos 17 a 26) establece quiénes son españoles de origen y quiénes pueden adquirir la nacionalidad española. Ésta puede realizarse por posesión de estado (art. 18), por adopción (art. 19), por opción (art. 20), por carta de naturaleza (art. 21) o por residencia (art. 22). Esta última vía es la más común para los extranjeros, en consecuencia, es la que recogen las estadísticas publicadas por el Observatorio Permanente de la Inmigración.

Para la adquisición de la nacionalidad por residencia es necesario haber residido en España de forma legal, continuada e inmediatamente anterior a la petición durante un plazo de 10 años, aunque son suficientes cinco para quienes hayan obtenido la condición de refugiado y dos cuando se trate de ciudadanos de países iberoamericanos, Andorra, Filipinas, Guinea Ecuatorial o Portugal o de sefardíes. Basta un año de residencia para personas casadas con un español o española (o viudos/as de) o nacidas fuera de España de padre o madre, abuelo o abuela, que originariamente hubieran sido españoles.[4]

Antes de continuar, conviene aclarar que los inmigrantes que ingresan a España portando la ciudadanía española obtenida en el extranjero, ya sea en Argentina o en otro país, no son recogidos por las estadísticas oficiales. Sin embargo, es posible estimar su volumen a partir de desagregar del stock de personas nacidas en el extranjero con nacionalidad española (disponible desde 1995, ver Tabla A1 en Anexo), el conjunto de personas nacionalizadas por residencia. La diferencia son aquellas que, habiendo nacido en el extranjero, ingresaron a España con ciudadanía española.

---

4 Existen más condiciones de acceso a la nacionalidad enunciadas en el Código Civil, pero son excepcionalmente utilizadas por los inmigrantes argentinos. Para saber más sobre el tema se puede consultar la ley 36/2002, del 8 de octubre, de modificación del Código Civil en materia de nacionalidad (BOE núm. 242, de 9 de octubre).

Los censos y padrones municipales son elaborados por el INE y disponen de una gran riqueza informativa, tanto a nivel sociodemográfico como territorial. Sin duda, el censo goza de una evidente ventaja sobre las demás fuentes para el conocimiento de las migraciones ya que recoge una gran cantidad de información en un instrumento que se administra a toda la población. Como se dice habitualmente, es un gran "retrato de familia" de la población de un país. Frente a estas ventajas, el censo también presenta desventajas, sobre todo, dos importantes: su periodicidad y las sospechas, a menudo fundadas, de que existen colectivos que se escapan al registro censal.

Además, los tres últimos censos españoles, *a priori* los más pertinentes para el análisis de la evolución reciente de la inmigración, presentan inconvenientes específicos: el censo de 1981 sólo contabilizó ciudadanos extranjeros, por tanto, omitió los nacidos en el extranjero nacionalizados españoles (o con una nacionalidad distinta a la del país de origen); el censo de 1991 subestimó de forma importante a la población de origen extranjero (hubo menos censados que personas con permiso de residencia); y el de 2001 quedó rápidamente desactualizado a raíz de la masiva llegada de inmigrantes en los años sucesivos.

El Padrón Municipal de Habitantes, o Padrón Continuo de Habitantes, es el registro administrativo donde constan los vecinos del municipio. Su formación, mantenimiento, revisión y custodia corresponden a los respectivos municipios y de su actualización se obtiene la Revisión del Padrón Municipal con referencia al 1º de enero de cada año. En 1996 se llevó a cabo una modificación de la normativa padronal que se puso en marcha dos años más tarde, quedando establecido un nuevo sistema de gestión continua e informatizada de los padrones municipales, basado en la coordinación de todos ellos por parte del INE.

Aunque la información que suministra es incomparablemente menor a la de un censo, tiene dos grandes ventajas: por un lado, dispone de datos actualizados anualmente; por otro, y sobre todo de cara al registro de los inmigrantes, es ampliamente comprehensivo ya que, a partir de la reforma legislativa del año 2000, esta población tiene poderosos incentivos para empadronarse porque se concede derechos a los extranjeros empadronados aunque carezcan de residencia legal en el país.[5] Por estos motivos se ha convertido en la fuente más válida y eficaz para estimar el volumen y describir la composición de la inmigración extranjera en España, y en consecuencia, la más utilizada por los investigadores, sustituyendo al Registro de Permisos de Residencia.

Sin embargo, como sostiene Arango (2004), es lícito albergar dudas acerca de la exactitud del Padrón como instrumento de medida de la población inmigrada a España. El sistema de revisión continua del Padrón propende a la sobreestimación de las cifras, sobre todo, si no va acompañado de frecuentes depuraciones. Efectivamente, para inscribirse en un municipio no es preciso darse de baja en el anterior, sino que es el nuevo municipio el que debe comunicarla. Ello resultaba en inscripciones duplicadas hasta que en 2006 se ensaya una solución a través de depuraciones sistemáticas del Padrón.[6] También es posible que muchos inmigrantes continúen empadronados después de abando-

---

5 Ley Orgánica 4/2000, del 11 de enero, sobre derechos y libertades de los extranjeros en España y su integración social (BOE núm. 10, de 12 de enero), modificada por la Ley Orgánica 8/2000, de 22 de diciembre (BOE núm. 307, de 23 de diciembre). A partir de la puesta en marcha de esta norma, la tendencia al empadronamiento masivo se explica porque hizo depender del mismo importantes ventajas como el acceso a servicios de educación y salud. Además, la inscripción padronal fue vista crecientemente como una prueba de presencia en el país ante futuras regularizaciones extraordinarias. También influyeron positivamente las campañas estimuladoras del empadronamiento que hicieron los poderes públicos.

6 A partir de 2006 se incluyen las bajas por caducidad. Estas bajas implican que los extranjeros no comunitarios sin autorización de residencia permanente tienen la obligación de renovar su inscripción padronal cada dos años. En caso de no llevarse a cabo tal renovación los municipios deben declarar la caducidad de la inscripción. Este procedimiento surgió como consecuencia de la modificación legislativa introducida por la Ley Orgánica 14/2003 de extranjería, en la Ley 7/1985 Reguladora de las Bases del Régimen Local.

nar el país. Pero, *sensu contrario*, es previsible que no pocos inmigrados hayan desistido de empadronarse, por desconfianza o falta de incentivos. Con todo, aunque sobreestimaciones y subestimaciones se compensen mutuamente el saldo neto es desconocido.

La ENI es una encuesta *ad hoc*, realizada en 2007 con un diseño probabilístico que utilizó el marco muestral del Padrón Continuo de Habitantes. De esta forma, sus resultados son representativos para el conjunto de España. Su objetivo era recoger información de la vida del inmigrante y de su familia durante todo el proceso migratorio, desde el país de origen hasta el asentamiento en España. En ese sentido, cubrió importantes lagunas en la información estadística sobre la inmigración extranjera en España. En lo que respecta a este trabajo, la explotación de los microdatos de la encuesta permitió, por un lado, discriminar a la población nacida en Argentina sin perder representación estadística y, por otro, describir exhaustivamente sus atributos y aspectos relevantes de la migración. En ese sentido constituye un aporte innovador de este trabajo.

Siempre que fue estadísticamente posible y relevante, los datos fueron discriminados a partir de las variables independientes sexo y período de llegada. La primera se fundamenta en la intención de lograr una perspectiva de género, imprescindible en los estudios migratorios. La relevancia de la segunda variable se comprobó en una investigación anterior (Actis y Esteban, 2008; 2007) en la cual distinguimos cuatro flujos de inmigración de argentinos a España, cuantitativamente significativos y con características propias bien definidas: los emigrados antes de 1975, el flujo del exilio entre 1976 y 1983, los emigrados durante el período de inestabilidad económica y reformas estructurales (entre 1984 y 1999) y el flujo del corralito que emigró durante la etapa de crisis y estabilización entre 2000 y 2007.

Esta clasificación implicó una interpretación cautelosa de los resultados debido al sesgo que introdujo la variable año de llegada, de modo que los inmigrantes que arribaron más recientemente tuvieron una menor probabilidad de poder marcharse, frente a los que arribaron antes. Por otra parte, a medida que discriminamos subpoblaciones cada vez más pequeñas, la muestra va perdiendo fiabilidad. Una situación que se presenta sobre todo en el análisis de los dos primeros flujos (antes de 1975 y 1976-1983), porque cuentan con muestras más pequeñas (97 y 49 entrevistados, respectivamente), que los flujos posteriores (1984-1999 y 2000-2007), con muestras mucho más amplias (206 y 441 entrevistados, respectivamente) (ver Tabla 1.2).

Tabla 1.2. España. Población nacida en Argentina, de 16 y más años, entrevistada por la Encuesta Nacional de Inmigrantes según período de llegada. A 1 de enero de 2007

Flujos	N	(%)
Hasta 1975	97	12,2
1976-83	49	6,2
1984-99	206	26,0
2000-07	441	55,6
Total	793	100,0

Fuente: INE, ENI y elaboración propia.

Como puede advertirse, la muestra estuvo compuesta por 793 personas nacidas en Argentina que tenían en ese momento 16 o más años. El diseño de la ENI excluyó a los menores de 15 años bajo el supuesto de que emigraron acompañando a sus padres. Nuestra explotación contempló un universo distinto. Consideramos sociológicamente más interesante circunscribir el análisis a la población que emigró de Argentina a España en edades comprendidas entre los 16 y 64 años, es decir, personas económicamente activas y con autonomía para tomar la decisión de emigrar. De ese modo, no sólo quedaron excluidas 33.613 personas entre 0 y 15 años, sino también 4.411 con 65 o más años y 1.527 casos que no ofrecían información sobre la edad al emigrar. Con todo, el universo representado en nuestra explotación ascendió a 192.069 personas, el 83% de la población total compuesta por 231.620 personas (Tabla 1.3).

Por último, cabe describir la Encuesta de Población Activa (EPA). Se trata de una encuesta trimestral que recoge información acerca de población económicamente activa en relación al mercado laboral. En ese sentido, es una fuente singular respecto a las mencionadas anteriormente. La desventaja más notoria de esta fuente es que adolece de problemas de representatividad. La EPA cubría con notables deficiencias a la población inmigrante hasta 2004. A comienzos de 2005 el INE revisó las series trimestrales entre 1996 y 2004, aplicando nuevas cifras de población total, tomando en cuenta la incidencia de los flujos de inmigración. Según esta revisión, a finales de 2004 afloraron casi un millón de ocupados extranjeros (la mitad de los que hasta entonces se contabilizaban), lo que muestra las dificultades que tuvo hasta dicha fecha la EPA para cubrir a este segmento de trabajadores y señala su escasa utilidad para analizar lo ocurrido hasta entonces.

Tabla 1.3. España. Población nacida en Argentina, de 16 y más años, según período de llegada y edad al llegar. A 1 de enero de 2007

Año llegada	N				(%)			
	Edad			Total	Edad			Total
	0-15	16-64	65-69		0-15	16-64	65-69	
*Hasta 1975	11.492	5.617	0	17.109	67	33	0	100
1976-83	3.466	8.022	0	11.488	30	70	0	100
1984-99	11.333	37.427	1.311	50.071	23	75	3	100
2000-07	7.322	141.003	3.100	151.425	5	93	2	100
Total	33.613	192.069	4.411	230.093	15	83	2	100
Sin información				1.527				
Población total				231.620				

Fuente: INE, ENI y elaboración propia.

Hasta el día de hoy, el tamaño de la muestra no recomienda desagregar datos a partir del país de origen o la nacionalidad de los inmigrados. Pero en la medida en que es el único instrumento que mide específica y sistemáticamente la situación de los inmigrantes en el mercado de trabajo, es de gran utilidad para describir la coyuntura actual, fuertemente influida por la crisis económica. Recordemos que la información referida al mundo laboral proporcionada por la ENI data de comienzos de 2007, cuando apenas comenzaba el deterioro de los indicadores laborales.

2

Los flujos migratorios

Como se ha visto, ninguna fuente nacional o internacional mide con exactitud la población de origen extranjero que vive en España y, por tanto, todas las aproximaciones deben considerarse con cautela. Sin embargo, a partir de 2001 se puede estimar esta población con cierto grado de fiabilidad mediante la explotación estadística del Padrón Continuo de Habitantes. El inconveniente surge cuando se pretende analizar períodos previos. En ese momento el investigador debe plantearse qué fuentes son las más idóneas. En trabajos precedentes resolvimos el problema utilizando dos métodos complementarios (Actis y Esteban, 2007; 2008): el primero consistió en rastrear en los censos de población los habitantes con nacionalidad argentina y, cuando fue posible, los nacidos en Argentina, de acuerdo a las variables disponibles en cada momento. El segundo fue un ejercicio de triangulación de datos. Hasta 1975 se utilizó el Registro de Residentes, con lo que sólo se contabilizaron ciudadanos argentinos con permiso de residencia en vigor. A partir de entonces fue posible contar con cifras anuales de argentinos nacionalizados españoles: así, entre 1976 y 1994 el stock se calculó sumando residentes y nacionalizados. Desde 1995 el Padrón permite distinguir a los extranjeros por país de nacimiento, con lo cual, desde ese año y hasta el año 2000 el conjunto resultó de reunir las poblaciones de extranjeros y de españoles nacidos en Argentina.

A partir de 2008 contamos con un tercer método para estimar los stocks anuales de población argentina en España con anterioridad a 2001. La publicación de la Encuesta

Nacional de Inmigrantes permitió conocer el año de llegada de los inmigrantes y, a partir de ese dato, estimar flujos migratorios anuales. No obstante, y como señala el informe de la encuesta (Reher et al., 2008: 21-23), no es un instrumento adecuado para medir flujos y stocks de inmigrantes, para lo cual está el Padrón Continuo de Habitantes.[1] Por consiguiente, con toda la precaución que merece esta apreciación pero como una manera de suplir la carencia de datos fiables antes de 2001, en este trabajo utilizaremos la ENI como una fuente alternativa (más) para estimar los flujos anuales de argentinos hacia España entre 1976 y 2000.

Mediante estos tres métodos fue posible identificar seis etapas en las migraciones desde Argentina hacia España. Una más que en estudios anteriores (Actis y Esteban, 2007; 2008), porque ahora ampliamos el análisis hasta el año 2010. A continuación describiremos cada una de ellas, prestando especial atención a la estimación del volumen de población y a sus principales características sociodemográficas, siempre que las fuentes lo permitan. En la Tabla A.1 (Anexo), a modo de resumen, pueden apreciarse las diferentes estimaciones poblacionales del período 1970-2010.

1. Los pioneros

Antes de la Guerra Civil española ya existía un núcleo de ciudadanos argentinos residiendo en España. El censo de 1930 identificó a 3.629, algo más de la mitad, radicados en la provincia de Barcelona. Una vez superada la posguerra, en 1950 se contabilizaron 6.463 argentinos además de

---

1 Como hemos mencionado antes, dado que no todos los que llegaron a España permanecieron en el país ni han tenido las mismas pautas de permanencia, existe cierto sesgo de selección en la utilización de la variable año de llegada, de modo que los inmigrantes que arribaron en fechas más recientes han tenido una menor probabilidad de poder marcharse de España, frente a los que vinieron en las primeras etapas del proceso migratorio.

11.921 españoles nacidos en Argentina. En ambos grupos se registró un importante predominio femenino (64% entre los españoles, 55% entre los argentinos), una fuerte concentración en el grupo de 25 a 44 años (dos tercios del total) de personas que no superaban la escolarización primaria (más del 85%), con tasas de actividad diferenciadas (42,9% los españoles y 52,5% los argentinos); dos tercios eran asalariados, el 25% empleadores y el resto trabajadores autónomos o perceptores de ayudas familiares.

El primer grupo se mantuvo en volúmenes similares hasta mediados de los setenta: las cifras de argentinos residentes en España (recordamos que se trata de personas de esa nacionalidad poseedoras de un permiso de residencia) se mantuvieron en torno a los 5.000 individuos, mientras que el censo de 1970 contó 7.784 argentinos. Además, hasta mediados de los setenta alrededor de 200 inmigrantes obtuvieron la nacionalidad española y por tanto quedaron excluidos del registro de residentes.[2]

La ENI, en cambio, estimó en 17.109 a los argentinos que vivían en España en 1975. Este último dato debe interpretarse con cautela porque, como ya se ha dicho, excluye a personas que no tuvieron la oportunidad de ser encuestadas en 2007 debido a probables defunciones, retornos o reemigraciones. La diferencia entre las estimaciones realizadas por las distintas fuentes puede deberse a la existencia de un segmento de inmigración en situación irregular,[3] de ciudadanos españoles (o extranjeros no argentinos) nacidos en Argentina o bien a que por entonces los censos contabilizaban la población de hecho (incluidos turistas y residentes

2 No es posible conocer la cantidad de nacionalizaciones anuales con anterioridad a 1977. Sin embargo, un recuento realizado por el Colectivo IOÉ (1987: 91) a partir de los registros del Ministerio de Justicia, cifró en 215 los argentinos nacionalizados en España para ese mismo año, de los cuales 132 habían accedido a la nacionalidad entre 1975 y 1970 y 83 entre 1969 y 1956.

3 Teniendo en cuenta el contexto sociopolítico de la época (dictadura franquista), pudiera obedecer más a la falta de controles de la política de extranjería que a flujos de inmigración sumergida.

circunstanciales). Las características de esta población son poco conocidas. El censo de 1970 sólo indica que existía un equilibrio entre sexos, con un ligero predominio masculino (51%).

Dado que en el mapa de las migraciones internacionales España fue expulsor de población hasta la década de 1970, es muy probable que una gran parte de la inmigración argentina que llegó hasta entonces se produjera a consecuencia de las relaciones transnacionales establecidas entre los dos países a partir de la emigración masiva de españoles a la Argentina.[4] Existen evidencias que apoyan este argumento: la importancia de la emigración familiar española en la época en que el flujo alcanzó proporciones masivas (Sánchez Alonso, 1992: cap. IV); la elevada tasa de retorno de inmigrantes extranjeros que presentó Argentina (casi del 60%), frente a otros países receptores de la migración transatlántica de la época (Graciarena, 1987: 19); la emigración significativa de esposas e hijos de inmigrantes extranjeros que los acompañaban en el retorno a sus países de origen (Lattes et al., 2003: 76), y el hecho de que los hijos de los inmigrantes españoles nacidos en Argentina eran ciudadanos argentinos.[5] Es probable, entonces, que una gran parte de la inmigración argentina que arribó a España hasta mediados de los setenta estuviera compuesta por familiares retornados de españoles emigrados a la Argentina.

---

4 La Memoria de la Dirección de Migraciones de la República Argentina de 1956 contabiliza 2.302.560 españoles llegados de ultramar entre 1857 y 1956.

5 Argentina atribuye la ciudadanía mediante el criterio conocido como *ius solis*, es decir, son ciudadanos argentinos todas las personas nacidas en el país con independencia de la nacionalidad de sus progenitores (Ley 145 del 7/10/1857, Ley 346 del 8/10/1869 y sus sucesivas reformas).

2. La época del exilio (1975-1983)

El ciclo abierto en Argentina luego de la renuncia del presidente Héctor Cámpora (13 de julio de 1973), y especialmente después de la muerte de Juan D. Perón (1 de julio de 1974), hasta el final de la dictadura militar, generó un significativo flujo de migración entre Argentina y España. Probablemente, entre 1976 y 1979, el período más sanguinario de la represión, la mayor parte de esta emigración estuvo compuesta por exiliados políticos. Pero en la medida que éstos se sumaron a flujos preexistentes que se producían en el marco de un antiguo sistema migratorio que vinculaba España con Argentina (Esteban, 2011), y considerando la fuerte crisis económica que afectó al país a comienzos de la década de 1980, es probable que la migración de argentinos hacia España también estuviera compuesta por migrantes económicos (Mira y Esteban, 2003; Actis y Esteban, 2007).

Hay varias evidencias que apoyan esta conjetura. La primera se basa en el trabajo de Jensen (1998). La autora encontró un notable incremento de registros en el censo de ciudadanos del Consulado Argentino de Barcelona a partir de 1980,[6] y señaló como explicación más plausible que se trató de una migración económica impulsada por el fracaso del plan económico del ministro José Alfredo Martínez de Hoz. La segunda se basa en la evolución de la emigración de argentinos a Estados Unidos. Adriana Marshall (1991: 153) identificó un incremento regular de la emigración de argentinos a finales de los setenta y comienzos de los ochenta a causa de los cambios en el mercado de trabajo en Argentina (drástica caída de los salarios, reducción del empleo en la industria y en la construcción y aumento del

---

6 El promedio anual fue de 410 registros entre 1976 y 1979 y de 590 entre 1980 y 1983, siendo los años 1980, 1981 y 1983 los que registraron el mayor aumento absoluto (Jensen, 1998: 49).

desempleo).[7] Asimismo, Zuccotti (1987: 43) observó un crecimiento constante de las visas otorgadas en el consulado de Estados Unidos en Buenos Aires entre 1976 y 1982, alcanzando el 50% del total de visas concedidas en los 21 años anteriores. Según el autor, se trató de "una válvula de escape a la represión militar y el malestar económico". La tercera evidencia la encontramos en los análisis de saldos migratorios de nativos a partir de fuentes estadísticas argentinas. Lattes y colaboradores (2003) estimaron un saldo migratorio negativo de nativos de 168.710 efectivos en el quinquenio 1975-1979,[8] el período de mayor violencia política en Argentina, y un saldo negativo similar (165.416) en el quinquenio siguiente que abarca el fin de la dictadura y los primeros años del gobierno democrático de Raúl Alfonsín. De acuerdo con los autores, esta dinámica migratoria se explica no sólo a partir de la coyuntura política, sino también por la situación económica adversa que atravesaba el país.

El volumen de argentinos que arribó a España en el período 1976-1983 se puede estimar siguiendo los tres métodos descriptos anteriormente. El censo de 1981 contabilizó 34.780 personas de origen argentino (12.191 residentes y 22.589 españoles nacidos en Argentina). De acuerdo a esta fuente, se produjo un incremento de residentes de 4.407 efectivos con respeto a los 7.784 censados en 1970 (57%). Sin embargo, en el momento en el que se realizaron los censos, el Ministerio del Interior tenía registrado un volumen inferior de argentinos con permiso de residencia: 5.635 en 1970 (lo cual suponía 2.149 residentes menos que los censados) y 7.634 en 1981 (4.557 residentes menos que los censados). En ambos casos, la diferencia eran personas

7 El volumen de argentinos en Estados Unidos se incrementó en un 170% en la década de 1960 (pasó de 16.500 a 45.000 efectivos); 54% en la década de 1970 (pasó de 45.000 a 69.000) y 34% en la década de 1980 (69.000 a 92.500) (*US Bureau of the Census*).

8 La Dirección Nacional de Migraciones no publicó estadísticas entre 1977 y 1981, por lo que es imposible saber con exactitud el volumen y el sentido de los flujos (Graciarena, 1987: 24).

sin permiso de residencia (ver Tabla A.1 en Anexo). El censo también contó a 22.589 españoles nacidos en Argentina, lo cual significó un aumento de 10.600 personas respecto al censo de 1950. Sabemos que 4.000 de ellas obtuvieron la nacionalidad después de residir como argentinos. Por tanto, en 30 años los emigrados que arribaron con nacionalidad española presentaron un saldo de 6.000 personas. No se sabe cómo se distribuyeron las entradas a lo largo del tiempo, pero parece claro que los españoles nacidos en Argentina que arribaron en la época del exilio lo hicieron en menor número que las personas con nacionalidad argentina.

El segundo método consiste en sumar las cifras anuales de residentes argentinos a las de aquellos que obtuvieron la nacionalidad española (Gráfico 2.1). Este grupo experimentó un crecimiento del 58,3% entre 1976 y 1983 (de 8.130 a 12.871 personas). Pero la dinámica migratoria real se capta mejor incluyendo las cifras de 1986, año en el que se produjo el primer proceso de regularización extraordinaria de extranjeros previsto en la primera ley de inmigración española (LOE 7/1985) que incorporó 2.905 inmigrantes argentinos (30%), en su mayor parte llegados durante el período de la dictadura pero que no consiguió sus papeles hasta ese año (antes de dicho proceso, los que tenían permiso de residencia eran 9.706).[9] Como veremos en capítulos sucesivos, hasta la promulgación de la primera ley de extranjería (LOE 7/1985) la situación de irregularidad no ocasionaba problemas importantes a los inmigrantes extranjeros, por lo que algunos argentinos sólo se preocuparon de obtener su permiso de residencia durante la regu-

---

9 La disposición transitoria segunda de la Ley Orgánica 7/1985, de 1 de julio, sobre Derechos y Libertades de los Extranjeros en España, estableció la posibilidad de que regularizasen su situación todos los extranjeros que, en la fecha de entrada en vigor de la Ley, se hallasen residiendo o trabajando en España. Al amparo de dicho disposición, 14.304 extranjeros obtuvieron autorización de estancia o para cursar estudios y 23.877 autorización de residencia (Aragón y Chozas, 1993: 28). Los ciudadanos argentinos que regularizaron su situación ascendieron a 2.905.

larización extraordinaria de 1986. Considerando entonces el período 1976-1986, los argentinos residentes y nacionalizados españoles incrementaron su volumen en 132%, pasando de 8.130 a 18.841.

El tercer método permite calcular la entrada anual de argentinos en España entre 1976 y 1983 mediante la explotación de los microdatos de la ENI (ver Tabla A.1 en Anexo). Así se observa que en 1976 y 1977 llegaron en torno a 2.000 personas por año, 1.500 en 1978, alrededor de 1.000 por año en 1979 y 1980, y 556 en 1981. Seguramente, debido a la intensidad de la represión dictatorial, en estos seis años se concentraron la mayor parte de los exilios. Sin embargo, al final de la dictadura y durante los primeros años de democracia (1982 a 1985) se incrementaron de forma significativa las entradas de argentinos, ascendiendo a un volumen similar al del período de mayor represión en Argentina (2.000 por año, aproximadamente). En conjunto, la ENI estima en 11.490 las personas que ingresaron a España durante esta etapa.

En síntesis, el saldo migratorio de la época del exilio es controvertido según las fuentes: por un lado, considerando residentes y nacionalizados a 1986, se observa un aumento de 10.700 efectivos y un stock de argentinos en España de 18.800. Si se considera a la población nacida en Argentina encuestada en 2007 por el INE, el aumento fue de 11.500 y el stock a 1983 de 28.600. Por último, el censo de 1981 registró un total de 34.780 personas nacidas en Argentina. De un modo u otro, vale remarcar que estas estimaciones distan mucho de otras publicadas previamente que hablaban de 240.000 argentinos en España en 1980 (Zuccotti, 1987: 61) o de una cifra aproximada a los 42.000 al final de la dictadura (Colectivo IOÉ, 1987).[10] Más allá de la discutible precisión de los datos, la hipótesis más razonable

---

10 Esta estimación del Colectivo IOÉ (1987: 138) se apoya en un cálculo aproximado de 25.000 indocumentados realizado a partir un trabajo de campo exploratorio.

para explicar la evolución de la emigración de argentinos a España durante este período apunta al deterioro de la situación económica en Argentina y al efecto de las cadenas migratorias reactivadas a partir del exilio.

El Censo de Población de 1981 permite conocer algunas características de la población de nacionalidad argentina (12.191 personas). El 52% eran mujeres, una preponderancia que parece haberse producido a raíz de las migraciones posteriores a 1976, ya que en 1970 existía una ligera mayoría masculina (51%). La estructura de edades mostraba un predominio del segmento entre 25 y 44 años (40,2%), equilibrando una estructura en la que presentaban peso similar la población joven (los menores de 25 años eran el 30,6%) y la de mayor edad (los mayores de 45 años sumaban el 29,8%). Estos datos resultan llamativos porque indican: 1) la importante presencia de grupos familiares, con hijos menores de edad (el 15% tenía menos de 15 años); y 2) el elevado porcentaje de personas de edad madura (18%) y anciana (12%). Esta diversidad refleja la presencia de personas llegadas en distintos momentos: más jóvenes las asentadas a partir de la dictadura, mayores las que arribaron en años anteriores. La moderada tasa de actividad (52,3%), en comparación con otros inmigrantes económicos, refleja también la existencia de personas en edad de retiro.

En cuanto a la distribución territorial, la primera mitad de los años setenta indica una importante concentración de residentes argentinos en las provincias de Madrid y Barcelona (ambas reunían a más del 50%), que se acrecentó de manera notable (hasta el 63%) en 1979. Los flujos arribados en la época del exilio cambiaron de manera significativa la distribución entre ambos núcleos: tradicionalmente había más argentinos en Barcelona que en Madrid, pero en la segunda mitad de los setenta la mayoría se estableció en la capital del estado. Otras zonas de asentamiento eran, aunque a gran distancia, Galicia, el País Vasco (fundamentalmente la provincia de Guipúzcoa y en menor medida la de Vizcaya), Andalucía, la Comunidad Valenciana y Navarra.

Con la llegada de exiliados y otros emigrantes, perdieron importancia relativa Galicia, el País Vasco y Navarra, mientras aumentaron las Islas Canarias, las Islas Baleares, Málaga y Alicante. En suma, el grueso de este flujo de argentinos parece haberse concentrado en Madrid más que en Barcelona, en tanto que ganaron peso zonas relacionadas con los servicios turísticos y el clima costero, en desmedro de regiones de antigua emigración de españoles a Argentina.

3. El inicio de la emigración económica (1984-1992)

Los comicios electorales de diciembre de 1983 marcaron el final de la dictadura y por consiguiente el final oficial del exilio. La cuantificación del retorno en Argentina, así como antes la del exilio, no produjo datos fiables. Jensen (2007: 212), revisando diversas fuentes encontró un abanico de cifras que iba de 15.000 a 50.000. A esta confusión contribuyó el hecho de que el número de asilados y refugiados no fue significativo en el conjunto del exilio y, por consiguiente, las cifras del Alto Comisionado de la Naciones Unidas para los Refugiados (ACNUR), del Comité Internacional de Migraciones (CIM), de las agencias nacionales de los países receptores o de las comisiones gubernamentales y no gubernamentales de retorno no fueron significativas. Por tanto, y como señala la autora, la mayor parte de los retornos se concretó fuera de los canales institucionales, a partir de medios propios o con ayuda de familiares.[11]

El inicio de la democracia no produjo una reducción en el flujo de salidas del país, más bien coexistieron desplazamientos en ambas direcciones: exiliados que retornaban y nuevos

11 De un modo general puede decirse que el retorno de emigrados de Argentina no ha sido objeto de un tratamiento sistemático por parte de los investigadores. Las razones de estas insuficiencias probablemente se encuentran en la convergencia entre algunas dificultades: fuentes de información inadecuadas, escasa visibilidad del fenómeno y concentración de los investigadores en el estudio de la inmigración extranjera hacia y en Argentina (ver Luchilo, 2007).

emigrados económicos; entre éstos, también exexiliados que reemigraban después de un intento frustrado de retorno. En todo caso, se trató de una emigración influida por el progresivo deterioro de la coyuntura económica argentina: el "derrumbe" del Plan Austral y luego la crisis de hiperinflación en 1989-1990.

A través del Registro de Residentes, las llegadas a España no pueden seguirse con precisión año tras año, puesto que las cifras de residentes regulares recogen sólo parcialmente, y con retraso, la incorporación de inmigrantes. En 1991 se produjo el segundo proceso extraordinario de regularización de extranjeros,[12] que incorporó a buena parte de los que llegaron durante la segunda mitad de los ochenta. Considerando entonces las cifras de residentes y nacionalizados en 1992, había 33.059 argentinos en España (21.571 residentes y 11.488 nacionalizados). Si comparamos esa población con la que existía en 1983, se observa un incremento de 20.188 efectivos (157%), de una proporción similar al de la etapa del exilio (132%), con crecimientos importantes en 1989 (10%), 1990 (10%) y 1991 (11%) (ver Gráfico 2.1).

12 En el año 1991 el Parlamento decidió completar el proceso de regularización de 1985 para aflorar y legalizar a los extranjeros llegados después de aquél. Se presentaron una 135.393 solicitudes y fueron resueltas 128.068 (85%); de las cuales 7.435 correspondían a ciudadanos argentinos (238 fueron denegadas) (Aragón y Chozas, 1996: 39-86).

Gráfico 2.1. España. Población de nacionalidad argentina, residente y nacionalizada española, 1976-1999. A 31 de diciembre

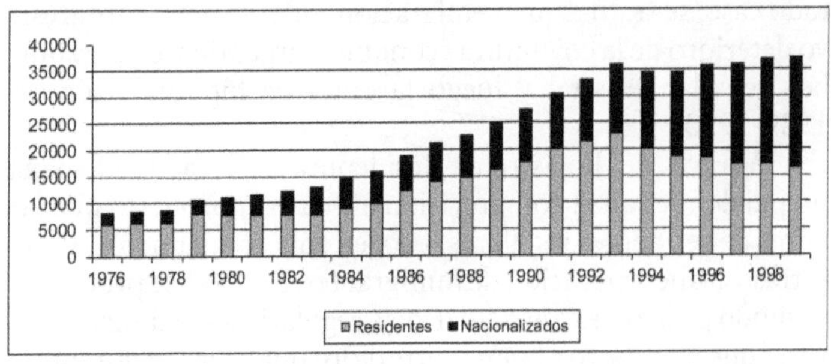

Fuente: Observatorio Permanente de la Inmigración y elaboración propia.

El censo de 1991, como ya se ha dicho, subestimó de manera considerable el volumen de inmigrantes extranjeros en España. En el caso de los argentinos, por ejemplo, hubo 20.800 censados frente a 21.500 inscriptos en el Registro de Residentes un año después. Si atendemos ahora a la estimación derivada de la ENI, las personas nacidas en Argentina que emigraron a España entre 1984 y 1992 ascendieron a 30.887, conformando un stock acumulado a 1992 de 59.500 (ver Tabla A.1 en Anexo). El aumento de efectivos respecto al año 1983 fue de 30.887 (108%), especialmente significativo en 1989 (11%) y 1990 (18%). Por tanto, a partir de contrastar distintas fuentes puede afirmarse que la década del ochenta, especialmente la "crisis de la hiperinflación" que se desató al final esta, tuvo su reflejo en un nuevo flujo de migrantes hacia España.

Durante este período, la inmigración mostró un ligero predominio masculino que se incrementó en los momentos de mayores entradas (1989 y 1990). A partir de 1988 es posible acceder a información referida a la titulación académica: desde entonces hasta 1992 se registró un descenso porcentual de los poseedores de titulación secundaria y un incremento de los que contaban con estudios primarios o inferiores, es decir, disminuyó el nivel educativo de los inmigrantes (españoles y de otra nacionalidad) llegados desde Argentina (Esteban, 2005). A pesar de ello, el perfil ocupacional de los argentinos (derivado de la estadística de permisos de trabajo) seguía destacando respecto al de otros inmigrantes: casi no trabajaban en el sector agrícola, se concentraban menos en el sector servicios que otros latinoamericanos (debido al escaso empleo en servicio doméstico y servicios personales) y presentaban niveles de profesionales y técnicos que triplicaban los valores medios de otros trabajadores no comunitarios.

La concentración de argentinos en las provincias de Madrid y Barcelona, que era de antigua data y se había intensificado con el asentamiento de los inmigrantes arribados en la época del exilio, disminuyó crecientemente durante la década del ochenta (desde el 63% de los residentes en 1979 hasta el 40% en 1990). En cambio, duplicaron su peso las provincias de Málaga y Alicante, y lo incrementaron moderadamente las de Santa Cruz de Tenerife, Las Palmas e Islas Baleares. Las provincias gallegas y vascas conservaron su importancia relativa. En síntesis, la migración económica de los ochenta continuó llegando a destinos con presencia anterior de argentinos, especialmente zonas de la costa (los archipiélagos, Málaga y Alicante).

4. Receso y reanudación de la emigración (1993-1999)

Durante este período los poseedores de permiso de residencia disminuyeron un 29% (de 21.571 a 16.610) mientras aumentaron un 61% los que obtuvieron la nacionalidad española (de 11.488 a 21.595). Entre los residentes, a su vez, descendieron los que estaban inscriptos en el Régimen General (desde 63% en 1995 a 49% en 1999) mientras aumentaron los que estaban en Régimen Comunitario, circunstancia que constituye una ventaja comparativa respecto a otros grupos de inmigrantes.[13] El conjunto, residentes y nacionalizados, creció sólo en un 4%, alcanzando las 37.224 personas en 1999 (ver Gráfico 2.1). En torno a dos tercios de esta población estaba en posesión de la nacionalidad española (66% en 1996 y 63% en 2000), algo menos de la mitad tras haberla obtenido después de dos años de residencia en el país, el resto por ser descendiente de emigrantes españoles. En cuanto a los de nacionalidad argentina, puesto que después del proceso de regularización extraordinaria de extranjeros de 1996 se cerraron casi todas las puertas para obtener un permiso de residencia en España,[14] y sólo desde 2000 cobró interés el empadronamiento para los "sin papeles", es de suponer que el flujo real haya sido mayor que el registrado estadísticamente.

Las entradas anuales registradas por la ENI, aunque deben considerarse con prudencia, avalan la conclusión anterior. Según esta fuente, las personas migradas desde Argentina a España durante este período se pueden estimar en 19.189 y el stock acumulado para 1999 en 78.670, un 32% más que en 1992. Las llegadas anuales oscilaron en torno a las 2.000 personas entre 1993 y 1997, pero hubo aumentos significativos en 1998 (4.568 personas) y 1999 (5.781) (ver Tabla A.1 en Anexo). La enorme diferencia con la estimación anterior (realizada mediante la suma de residentes y nacionalizados españoles) se debe a que esta no considera a las personas en situación irregular y a las que llegaron desde Argentina con ciudadanía de otro país, estas últimas con volumen significativo durante esta etapa. Por

---

13 De acuerdo al Registro de Residentes, al final de este ciclo (1999 y 2000) el 39% de los inmigrantes con nacionalidad de algún país de Iberoamérica estaba inscripto en el Régimen Comunitario, el 91% de los procedentes de algún país de África y 86% de Asia.

14 Según la Resolución del 15 de abril de 1996, de la Subsecretaría, por la que se dispone la publicación del Acuerdo del Consejo de Ministros del 12 de abril de 1996 por el que se desarrolla el Proceso de Documentación de Extranjeros en situación irregular, previsto por el Real Decreto 155/1996, de 2 de febrero, por el que se aprueba el Reglamento de ejecución de la Ley Orgánica 7/1985 (BOE núm. 93, de 17 de abril).

ejemplo, según cifras del Padrón Continuo de Habitantes, en 1995 había 38.400 españoles nacidos en Argentina y con ciudadanía obtenida en ese país.[15]

Esta misma fuente, pero referida a personas nacidas en Argentina, muestra un crecimiento importante de esta población entre enero de 1996 (57.835) y enero de 2000 (70.491) (ver Tabla A.1 en Anexo). Y si bien el incremento en todo el período fue menor al 5%, en 1999 superó el 10%, lo cual indica una aceleración de la inmigración al final del segundo gobierno de Carlos Menem. En suma, y si bien los datos no deben considerarse definitivos, parece evidente que la estabilización ocurrida en Argentina a partir de 1992 obró como freno a la emigración internacional y que a partir de 1998 ésta volvió a ser una opción frente a la galopante crisis económica. No obstante, el descenso de la entrada de inmigrantes, junto a las regularizaciones extraordinarias y las naturalizaciones, redundó en una mejora en la situación legal del colectivo hacia fin de siglo.

Entre 1993 y 1998 (período recesivo de la emigración) el colectivo se feminizó: disminuyó la supremacía masculina entre los emigrados con pasaporte español y desapareció entre los de nacionalidad argentina. Desde 1999, al relanzarse las entradas, se aprecia una tendencia moderada hacia la masculinización. En cuanto a la edad, se registró un rejuvenecimiento de ambos grupos: aumentó el porcentaje de españoles menores de 55 años y el de extranjeros (argentinos y otros) hasta 25 años. El nivel educativo de los de nacionalidad extranjera continuó disminuyendo (el 50,8% de los llegados en 1993 tenía título secundario, cifra que descendió hasta 39,7% en 2000) en tanto que el de los de nacionalidad española se polarizó (crecieron bachilleres y analfabetos, mientras disminuyeron los porcentajes de edu-

---

15 En 1995, a las 34.000 personas que habían llegado a España con nacionalidad argentina (18.000 la conservaban y 16.000 habían obtenido ya la española) se sumaron otras 22.000 (más de un tercio del total) que arribaron en posesión de un pasaporte español. Entre 1995 y 2000 este segmento se mantuvo con muy pocas variaciones.

cación primaria). El mapa de asentamiento territorial de este período no es muy diferente al de los años ochenta, excepto por el hecho de que Barcelona conservó el porcentaje de argentinos mientras que disminuyó en Madrid, aunque continuó siendo la provincia con mayor número de residentes. Al parecer, pues, los inmigrantes económicos que comenzaron a llegar hacia 1995 mantuvieron la pauta de distribución territorial preexistente con la excepción de Madrid, que perdió una cuota importante a favor de provincias como Alicante, Málaga o las insulares (Islas Baleares, Las Palmas y Santa Cruz de Tenerife).

5. El éxodo (2000-2004)

A partir de 2000 la explotación del Padrón Continuo de Habitantes permite acceder a información estadística más completa y fiable, por lo que no es necesario recurrir a una triangulación de fuentes como hicimos para los períodos anteriores. De acuerdo con esta fuente, entre 2000 y 2004 se produjo un incremento sin precedentes del número de emigrados argentinos a España. Los 70.491 empadronados a 31 de diciembre de 1999 ascendieron a 84.872 en 2000, 118.903 en 2001 (una parte como afloramiento de "sin papeles" que ya se encontraban en el país), 191.653 en 2002, 226.548 en 2003, 260.386 en 2004. El incremento fue del 40% en 2001 y del 61% en 2002, los años de mayores desplazamientos. En síntesis, el total de nuevos efectivos en este período ascendió a 189.895 (ver Tabla 2.1 y Gráfico 2.2).

Esta dinámica migratoria se encontraba en sincronía con el desarrollo de la crisis económica y social en Argentina. Recordemos que entre 2001 y 2003 se registraron índices críticos de pobreza, indigencia, desempleo y concentración del ingreso.[16] Para decirlo en términos funcionalistas, se trató de un contexto de expulsión en toda regla. Al mismo tiempo, crisis de similares características afectaron a varios países de la región, sobre todo Uruguay, Ecuador y Colombia, que también se transformaron en expulsores de grandes contingentes poblacionales. Una proporción elevada de esos emigrantes se dirigió a España, que recibió en ese momento los flujos de inmigración extranjera más importantes de su historia.

Si tomamos como referencia las cifras del año 2000, al inicio del *boom* migratorio, el conjunto de población nacida en Argentina que vivía en España se incrementó un 207%. Sin embargo, el grupo de nacionalidad española creció apenas un 59%, en contraste con los de nacionalidad italiana (523%), los argentinos "con papeles" (238%) y los "sin papeles" (529%) (ver Tabla 2.1 y Gráfico 2.2). El importante crecimiento de inmigrantes en situación irregular (que llegaron a ser el 73% de los empadronados en 2002) obedeció a la confluencia de dos circunstancias: por una parte, la llegada masiva de una inmigración "improvisada" que buscaba un refugio a la crisis, por otra, la política de "cierre migratorio" operada por las autoridades españolas entre 1997 y 2004. El grueso de los emigrantes argentinos que arribaron en ese momento no pudieron acogerse a los procesos de regularización de 2000 y 2001.[17] Posterior-

---

16 Según la Encuesta Permanente de Hogares (INDEC) en octubre de 2002 el desempleo alcanzaba al 18,8% de la población activa, el 54,3% de los hogares se encontraban bajo la línea de pobreza y el 24,7% bajo la línea de la indigencia. En esa misma fecha, y según la escala de ingreso *per cápita* familiar, del 85% de hogares que recibían ingresos, el 20% con ingresos más altos (deciles 9 y 10) acumulaba el 47,4% del total de ingresos.

17 La Disposición Transitoria Primera de la Ley Orgánica 4/2000, sobre Derechos y Libertades de los Extranjeros en España y su Integración Social, reformada posteriormente por la Ley Orgánica 8/2000, obligaba al Gobierno ("establecerá" dice la Ley) a abrir un procedimiento para la regularización de los extranjeros que se encontrasen en el territorio español antes del día 1 de junio de 1999 y acreditasen haber solicitado en alguna ocasión permiso de residencia o trabajo o que lo hubieran tenido en los tres últimos años. Efectivamente, el grueso de los inmigrantes argentinos en situación

mente, la regularización realizada en 2005 así como otras modificaciones de política migratoria tuvieron un efecto positivo pero limitado: a pesar de la depuración del padrón, en enero de 2007 había 47.000 empadronados que carecían de permiso de residencia (16%). Aunque las cifras reales de irregularidad pueden ser algo menores a nuestras estimaciones,[18] parece evidente la persistencia de un segmento de inmigrantes argentinos sometido a una situación duradera de precariedad jurídica.

La nacionalidad italiana, como la de otros países comunitarios, es una puerta de entrada a cualquier destino de la Unión Europea desde 1992. El sensible incremento de "italianos" nacidos en Argentina que se puede apreciar con claridad en el Gráfico 2.2 (523% desde 2000 a 2004 y 993% desde 2000 a 2010) se explica por la existencia de una amplia colonia de inmigrantes de aquel país en Argentina.[19]

---

irregular no cumplía con esos requisitos. Prueba de ello fue que en el Proceso de Regularización de 2000 se presentaron 3.065 solicitudes de un total estimado de 14.500 irregulares (2.617 fueron concedidas, 276 denegadas, 92 archivadas y 80 permanecían en trámite un año después), y en el de 2001 de un total estimado de 35.000 irregulares se presentaron 5.922 solicitudes (4.593 se resolvieron satisfactoriamente, 717 fueron desestimadas, 236 archivadas y 380 continuaban en trámite en 2002) (MTAS, 2002:298-305).

18 Debido a errores en los registros padronales (duplicidades, no baja de personas que han salido de España, etc.) y al incremento de personas con permiso de residencia.

19 El recuento de la población nacida en el extranjero en el Censo Nacional de Población, Hogares y Vivienda de 2001 (INDEC), ubicaba a los italianos como tercera minoría extranjera (216.718), tras paraguayos (325.046) y bolivianos (233.464). En el Censo de 2010, la población italiana perdió efectivos (147.499) y pasó a ocupar el quinto lugar después de Chile (191.147) y Perú (157.514).

Tabla 2.1. España. Población empadronada nacida en Argentina, según nacionalidad y situación jurídica de residencia (1997-2010). A 31 de diciembre

Año	Española	Italiana	Argentina				Otras	Total	Increm. anual (%)
			Empadronados	Residentes**	Estudiantes	Sin papeles*			
1997	40.039	1.920	19.315	17.188	668	1.459	49	61.323	
1998	40.767	2.100	21.096	17.007	951	3.138	57	64.020	4,4
1999	44.349	2.700	23.351	16.290	1.229	5.832	91	70.491	10,1
2000	47.247	5.000	32.429	16.610	1.297	14.522	196	84.872	20,4
2001	52.607	8.800	56.714	20.412	1.317	34.985	782	118.903	40,1
2002	62.896	18.271	107.144	27.937	2.065	77.142	3.342	191.653	61,2
2003	69.225	25.158	128.153	43.347	2.349	82.457	4.012	226.548	18,2
2004	75.010	31.125	149.545	56.193	1.944	91.408	4.706	260.386	14,9
2005	81.819	37.341	146.796	82.412	1.222	63.162	5.488	271.444	4,2
2006	86.953	42.198	137.837	86.921	1.076	49.840	5.997	272.985	0,6
2007	93.335	46.837	143.555	96.055	1.112	46.388	6.554	290.281	6,3
2008	99.829	50.415	138.190	97.277	1.064	39.849	6.967	295.401	1,8
2009	104.636	51.701	128.309	103.171	976	24.162	7.094	291.740	-1,2
2010	110.915	51.568	117.016	91.056	948	25.012	6.950	286.449	-1,8
(%) 2004-2010	59,0	523,0	361,0	238,0	50,0	225,0	529,0	2301,0	
(%) 2000-2010	150,0	993,0	301,3	444,7	21,6	162,2	3.520,9	265,3	

(*) Estimación basada en la diferencia entre empadronados y poseedores de permiso de residencia. (**) Las cifras de residentes corresponden a 31 de diciembre de cada año; las de empadronamiento a 1 de enero. Debido a ello, consignamos los datos del Padrón de 1998 (enero) en 1997 (diciembre), y así sucesivamente. Las cifras de italianos a 1997 y 2001 son estimaciones propias.Fuente: INE, Padrón Continuo de Habitantes; Observatorio Permanente de la Inmigración y elaboración propia.

En cuanto a los españoles nacidos en Argentina, el incremento porcentual fue mucho más moderado (59% entre 2000 y 2004) porque se partía de un número ya elevado (había 47.000 en 2000), pero en valores absolutos el aumento fue algo superior al de los italianos: 27.000 personas. Los inmigrantes con nacionalidad argentina que poseían un permiso de residencia crecieron significativamente durante este período (238%), sobre todo en los años 2002 (37%) y 2003 (55%). Esta tendencia no sólo refleja el aumento de la emigración desde Argentina a partir de 2000, sino también la presencia de inmigrantes que habían llegado antes y permanecían en situación irregular. El proceso de regularización extraordinaria de extranjeros llevado a cabo en 2000 concedió 2.617 autorizaciones de residencia y/ o trabajo y el proceso complementario que se llevó a cabo en 2001, (denominado "Documentación por Arraigo") 4.593. Asimismo, se puede apreciar un aumento de las nacionalizaciones a partir de 2000, invirtiendo la tendencia decreciente que venía desde 1995. Todo ello contribuyó, en gran parte, a un significativo descenso de las personas en situación irregular (del 73% en 2001 al 36% en 2004).[20]

Como consecuencia de estos diferentes ritmos de crecimiento se produjo un cambio fundamental en la composición por nacionalidad del colectivo argentino, fácilmente apreciable en el Gráfico 2.2: en 1999 el 63% tenía nacionalidad española, el 33% argentina y el 4% la de un tercer país; en cambio, en 2004 sólo el 29% eran españoles, los argentinos representaban el 57% y los de otra nacionalidad el 14% (12% italianos). El gran crecimiento de los inmigrantes con nacionalidad argentina hizo más importante los efectos de la política migratoria española, lo cual se tradujo, como hemos visto, en un gran incremento de personas en situación irregular.

---

20 En este sentido habría que considerar también los decesos, retornos, reemigraciones y la obtención de alguna nacionalidad comunitaria, como la italiana por ejemplo.

Gráfico 2.2. España. Población empadronada nacida en Argentina, según nacionalidad y situación jurídica de residencia (1997 - 2010). A 31 de diciembre

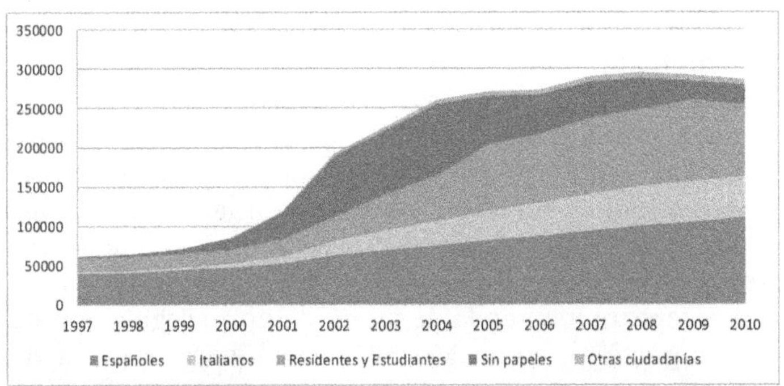

Fuente: Ídem Tabla 2.1.

Como ya se ha señalado, la inmigración argentina se caracterizó por una tendencia al equilibrio en su composición por sexo, a diferencia de otras nacionalidades no comunitarias. Esta tendencia se apoyó en dos procesos: por un lado, la emigración de grupos familiares completos (parejas jóvenes, matrimonios con hijos); por otro, la relativa "emancipación" de las mujeres solteras de capas medias urbanas que emigraron en la misma proporción que los varones de ese origen social. Con la última crisis se produjo un incremento continuo del porcentaje de hombres (del 48,3% a comienzos de 2000 hasta el 51,7% en 2005), a raíz del cual se revirtió el inicial predominio femenino (ver Tabla 2.2). Una situación, por cierto, recurrente en momentos de llegadas masivas. Por tanto, el éxodo estuvo compuesto por personas de ambos sexos, pero con una mayor proporción de hombres. Este proceso de "masculinización" se verificó de forma continua entre los llegados con nacionalidad española; sin embargo, para los portadores de nacionalidad argentina u otra el proceso se detuvo en 2003, fecha a partir de la cual se recuperaron los porcentajes de mujeres. Como resultado, al final de ese ciclo de cinco años aumentó la proporción de hombres de nacionalidad española y argentina y se mantuvieron las proporciones iniciales (con fuerte predominio masculino) entre los de otra nacionalidad (mayoritariamente italianos).

La creciente masculinización del colectivo argentino durante este período contrasta con el predominio femenino entre otras colonias latinoamericanas, como la dominicana (66%), cubana (55%), brasilera (62%), colombiana (57%), boliviana (55%), peruana (55%) e incluso la ecuatoriana (52%), la más cercana al equilibrio.[21] El peso relativo de hombres y mujeres en la migración, así como su evolución a lo largo del tiempo se encuentra afectado por múltiples factores tanto relativos a la sociedad receptora (demanda de mano de obra, regulación de la inmigración), como la sociedad emisora (sistema de género) y a los vínculos históricos entre ambas. Profundizaremos este tema en el capítulo siguiente.

Tabla 2.2. España. Población empadronada nacida en Argentina, según sexo y nacionalidad (1999-2010). A 31 de diciembre. En porcentajes*

	Total		Españoles		Argentinos		Otra nacionalidad		Italianos	
Año	H	M	H	M	H	M	H	M	H	M
1999	48,3	51,7	47,9	52,1	47,9	52,1	57,4	42,6	--	--
2000	49,3	50,7	48,6	51,4	49,2	50,8	55,8	44,2	--	--
2001	50,6	49,4	49,5	50,5	50,5	49,5	56,9	43,1	--	--
2002	51,6	48,4	50,6	49,4	51,0	49,0	58,1	41,9	--	--
2003	51,6	48,4	51,0	49,0	50,6	49,4	58,0	42,0	--	--
2004	51,7	48,3	51,3	48,7	50,7	49,3	57,6	42,4	--	--
2005	51,8	48,2	51,4	48,6	50,6	49,4	56,7	43,3	56,9	43,1
2006	51,8	48,2	51,6	48,4	50,1	49,9	56,7	43,3	57,0	43,0
2007	51,8	48,2	51,7	48,3	50,2	49,8	56,5	43,5	56,8	43,2
2008	51,7	48,3	51,5	48,5	49,9	50,1	56,2	43,8	56,4	43,6
2009	51,5	48,5	51,4	48,6	49,5	50,5	56,3	43,7	--	--
2010	51,2	48,8	51,2	48,8	49,1	50,9	55,5	44,5	55,8	44,2

*Los datos a 1 de enero se consignan a 31 de diciembre del año anterior. H = Hombres; M = Mujeres.Fuente: INE, Padrón Continuo de Habitantes y elaboración propia.

---

21 Proporciones calculadas con base en el Padrón Continuo de Habitantes, INE, a 1 de enero de 2005.

En cuanto a la edad, se constata un proceso de rejuvenecimiento debido a la llegada masiva de población adulta-joven. Los menores de 45 años crecieron del 69,1% (2000) al 78,9% (2004), mientras se redujo la importancia de los grupos de mayor edad (del 30,9% en 2000 al 21,1% en 2004) (ver Gráfico 2.3). Es interesante señalar que el ritmo de crecimiento de la población menor de 20 años (664%) fue apenas inferior al del segmento de 20 a 44 años (595%). Esta circunstancia habla a las claras de la importancia de la emigración de grupos familiares que incluyeron dos generaciones: padres e hijos menores de edad. Así, tanto al final como al comienzo de este período, los menores representaban en torno a la tercera parte de la población adulta-joven. Por su parte, los otros segmentos de edad también crecieron, aunque a menor ritmo, lo que habla a las claras de la extensión de la crisis, puesto que no es habitual la emigración de personas mayores de 65 años (que pasaron de 2.500 a 6.600 entre 2000 y 2004). También resulta llamativo el importante incremento registrado en los comprendidos entre 45 y 64 años (de 5.500 a 26.000) (ver Gráfico 2.3). En síntesis, los datos muestran una emigración que afectó a personas de ambos sexos y de todas las edades, aunque se concentró especialmente en los hombres y en los menores de 45 años.

Gráfico 2.3. España. Población extranjera nacida en Argentina según grandes grupos de edad (1999-2010). A 31 de diciembre. En porcentajes*

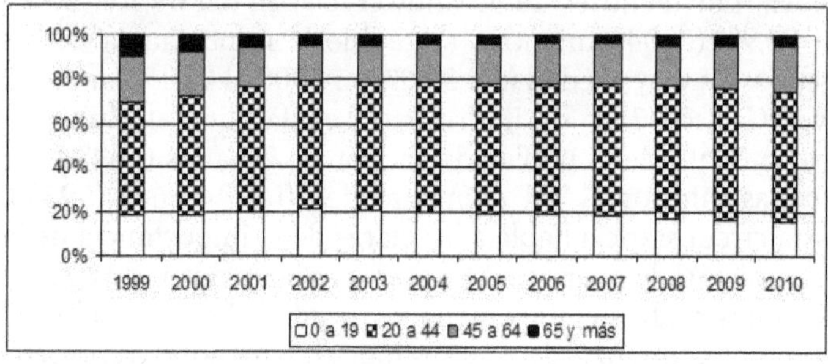

*Los datos a 1 de enero se consignan a 31 de diciembre del año anterior.Fuente: INE, Padrón Continuo de Habitantes y elaboración propia.

El rejuvenecimiento demográfico que aportó el flujo del corralito acercó los perfiles de edad de la migración argentina al del resto de inmigrantes extranjeros extracomunitarios en España, que se diferenciaban, a su vez, del perfil etario de la población autóctona. Se trata de dos estructuras claramente diferenciadas: el 60% de los inmigrantes tenía entre 20 y 44 años mientras que en ese segmento sólo se ubicaba el 37% de los españoles. En cambio, éstos predominaban a partir de los 45 años (eran el 43% frente al 24% de los nacidos en otro país o al 20% de nacidos en Argentina). De todas formas, el perfil de edades de los argentinos continuaba siendo más elevado que el de otros inmigrantes extracomunitarios.[22]

La "gran oleada" migratoria de principios de este siglo se dispersó por todo el territorio (ver Gráfico 2.4). No obstante, los incrementos de población argentina más significativos se produjeron en la Comunidad Valenciana (299%), Andalucía (293%), Canarias (282%), Islas Baleares (286%),

22 Entre los empadronados de nacionalidad extranjera nacidos en otro país, el porcentaje de mayores de 45 años era más elevado entre argentinos (21%) que en el caso de europeos no comunitarios (16%), el conjunto de americanos (14,9%) o africanos (11,7%).

Cataluña (270%) y Castilla-La Mancha (270%). Si distinguimos a las personas con nacionalidad argentina, observamos que los incrementos poblacionales se registraron en las mismas comunidades autónomas pero en proporciones mayores.

La llegada de este gran flujo migratorio cambió la distribución regional del stock de argentinos: dejó en primer lugar destacado a Cataluña, mientras Madrid conservó el segundo puesto pero ya a una distancia considerable, prácticamente alcanzada por Andalucía y seguida a muy corta distancia por la Comunidad Valenciana; Galicia perdió el cuarto puesto a favor de las Islas Baleares y Canarias a pesar del crecimiento experimentado. Del resto de regiones, sólo en Castilla La Mancha, Aragón y Murcia se registraron incrementos superiores a la media estatal, aunque el volumen de inmigrantes en estas zonas era más reducido (ver Gráfico 2.4). En síntesis, continuó el flujo hacia zonas costeras y se inició otro, de "difusión", hacia zonas del interior, al tiempo que Madrid continuó perdiendo importancia relativa, confirmando la tendencia iniciada en la segunda mitad de los noventa. Por tanto, cabría sintetizar los destinos elegidos por la inmigración argentina en cuatro tipos diferenciados: 1) metrópolis globales (Madrid y Barcelona) y sus periferias; 2) zonas turísticas, de costa; 3) capitales gallegas; y 4) zonas del interior.

Gráfico 2.4. España. Población empadronada nacida en Argentina según comunidad autónoma de residencia (1999, 2004 y 2010). A 31 de diciembre*

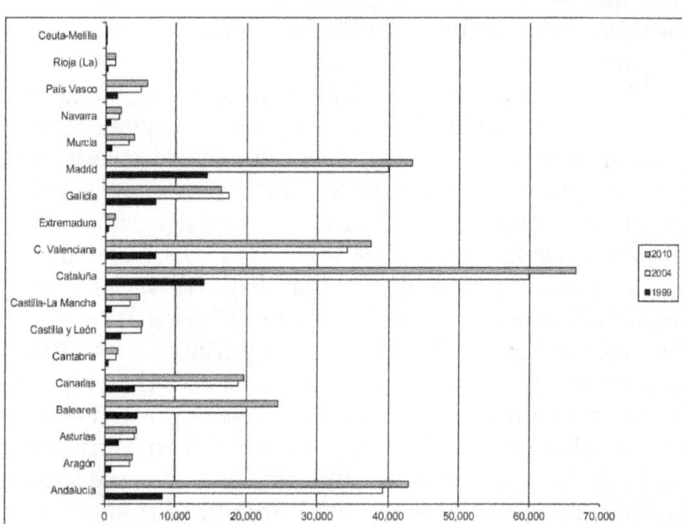

* Para el año 1999 se trata de personas extranjeras (no españolas) nacidas en Argentina. Los datos a 1 de enero se consignan a 31 de diciembre del año anterior. Fuente: INE, Padrón Continuo de Habitantes y elaboración propia.

6. Descenso y... ¿retorno? (2005-2010)

La progresiva normalización de la situación política y económica en Argentina a partir de 2003 se tradujo, primero, en una ralentización del crecimiento de la emigración hacia España y luego en saldos negativos que hacen pensar en desplazamientos con sentido inverso. Entre 2005 y 2008 se produjo un modesto crecimiento del empadronamiento de argentinos en España (4,2% en 2005, 0,6% en 2006, 6,3% en 2007 y 1,7% en 2008), aunque éste adquirió distintas velocidades de acuerdo a la nacionalidad de los inmigrantes (ver Tabla 2.1).

Los residentes con nacionalidad argentina aumentaron un 47% en 2005 debido al extraordinario (por definición y por dimensiones) proceso de regularización de extranjeros que se llevó a cabo ese año;[23] luego crecieron en torno a un dígito. Los españoles siguieron la misma tendencia (crecieron entre 7% y 9%), aunque en términos absolutos supone un volumen menor, alrededor de 6.000 personas. Este crecimiento obedeció más a las nacionalizaciones de argentinos que ya se encontraban en España que a la llegada de nuevos inmigrantes con nacionalidad española. Entre 2005 y 2008 casi 16.000 argentinos se naturalizaron españoles, la mitad de todas las nacionalizaciones concedidas hasta entonces a ciudadanos argentinos residentes en España. En ese mismo período el stock de españoles nacidos en Argentina aumentó en 18.000 personas. Los argentinos con ciudadanía italiana fueron los que más crecieron en términos proporcionales (20% en 2005, 13% en 2006, 11% en 2007, 8% en 2008), aunque en términos absolutos lo hicieron en una magnitud similar a la de los españoles (ver Tabla 2.1).

En 2009 y 2010 se produjo un descenso del stock de personas nacidas en Argentina empadronadas en España (de 295.401 en 2008 a 291.740 en 2009 y a 286.449 en 2010, lo cual supuso descensos de 1,24% y 1,81% respectivamente) (ver Tabla 2.1). Una baja de 8.900 empadronados en dos años tan solo puede explicarse a partir de reemigraciones

23 La Disposición Transitoria Tercera del nuevo Reglamento de la LO 4/2000 (Real Decreto 2393/2004, de 30 de diciembre, por el que se aprueba el Reglamento de la Ley Orgánica 4/2000, de 11 de enero, sobre derechos y libertades de los extranjeros en España y su integración social estableció un nuevo proceso de regularización. Fue el más amplio jamás realizado en el país por el que se regularizaron 565.121 extranjeros. Los argentinos presentaron 23.896 solicitudes, de las cuales 21.519 fueron concedidas, 861 denegadas, 267 inadmitidas; 1.203 fueron archivadas y 16 continuaban en trámite a 11 de enero de 2007, última referencia verificable.

y retornos.[24] Aunque no hay datos fidedignos que permitan comprobar empíricamente estos procesos, existen al menos tres indicadores que brindan indicios al respecto.

El primero es que desde 2010 el INE proporciona saldos migratorios según el país de nacimiento y la nacionalidad de los migrantes. De acuerdo a la primera variable el saldo migratorio de argentinos fue negativo en 1.784 personas; de acuerdo a la segunda, fue negativo en 2.972 personas. Es decir, emigraron de España (retornando a Argentina o emigrando a un tercer país) más personas con ciudadanía argentina que personas nacidas en Argentina. Un dato razonable teniendo en cuenta el contexto de crisis en España y que el colectivo que posee un permiso de residencia es más vulnerable (en términos jurídicos y también porque probablemente lleven menos tiempo de residencia) en relación con aquellos que poseen alguna ciudadanía comunitaria.

El segundo indicador es el Padrón Continuo de Habitantes y conduce a la misma conclusión: el descenso de argentinos empadronados en 2009 y 2010 se produjo, sobre todo, entre aquellos que se encontraban en situación irregular o tenían un permiso de residencia. Si observamos los datos de 2009, los argentinos que poseían nacionalidad española se incrementaron en 4.800 efectivos (5%), la mayoría debido a las 4.600 nacionalizaciones que se concedieron ese año, los de nacionalidad italiana se incrementaron en 1.300 (3%), mientras los ciudadanos argentinos descendieron casi 10.000 efectivos (7%). Pero dentro de este colectivo, los argentinos con permiso de residencia aumentaron en

---

24 Las defunciones por sí mismas no podrían explicar ese volumen de bajas padronales. Los datos proporcionados por el INE discriminan las defunciones de acuerdo a la ciudadanía de los difuntos, más allá del país de nacimiento. Considerando esta limitación, encontramos que las defunciones de argentinos en los últimos cincos años (2006-2010) oscilaron en torno a las 260 por año (274 en 2010; 266 en 2009, 275 en 2008, 259 en 2007 y 255 en 2006). Esto supone una tasa de mortalidad de 0,2% aproximadamente. Si, por ejemplo, aplicáramos ese factor al conjunto de argentinos empadronados en España, el resultado serían 590 defunciones en 2009 y 583 en 2010. Valores muy inferiores a las bajas padronales.

5.900 (6%). Por tanto, gran parte del descenso de ciudadanos argentinos empadronados se debe a la baja de personas irregulares que, según nuestras estimaciones, disminuyeron en 15.600 personas en 2009 (ver Tabla 2.1).

En 2010, el año en el cual la crisis económica comenzó a golpear con más fuerza a la economía española, la evolución del descenso de empadronados fue diferente. Los españoles nacidos en Argentina aumentaron en 6.279 (6%) efectivos, pero nuevamente el grueso del aumento se debe a las nacionalizaciones de los que ya estaban residiendo en el país (6.395). Los italianos nacidos en Argentina disminuyeron por primera vez desde 2001 (cuando comenzó a publicarse ese dato). También se produjo un acentuado descenso de los ciudadanos argentinos (11.300 personas) pero a diferencia de lo que ocurrió en el año anterior, esta vez disminuyeron los que tenían permiso de residencia (12.100 personas, un 12%) en lugar de los irregulares, que crecieron muy levemente (850 personas). Por tanto, es probable que la extensión de los efectos de la crisis económica haya logrado que el retorno o la reemigración comenzaran a ser estrategias admisibles para inmigrantes con cierto grado de asentamiento en el país, como demuestra la obtención de un permiso de residencia.

El tercer indicador lo componen noticias publicadas en los periódicos más importantes de Argentina sobre retornos de argentinos emigrados a España y sobre la llegada de nuevos inmigrantes españoles a la Argentina.[25] Es interesante resaltar que estos últimos presentaron cifras abultadas en 2010 (entre 2.000 y 3.000 personas) que hacen supo-

---

25 Las noticias que hacen referencia al retorno de argentinos emigrados a España describen la situación de vulnerabilidad que viven muchas familias de inmigrantes a consecuencia de la crisis económica en España. Vivencias de trayectorias de movilidad descendente, desempleo prolongado, desalojos, deudas... Las noticias sobre inmigración española a la Argentina, si bien también relacionan la migración con las consecuencias sociales de la crisis, se centran en el desempleo de jóvenes altamente calificados y su búsqueda de oportunidades laborales. Las noticias se encuentran nominadas en un apartado específico en la bibliografía.

ner retornos encubiertos, es decir, probablemente se trate de argentinos nativos que ingresaron al país con pasaporte español o de cualquier otro país.

La ralentización y posterior retroceso de la inmigración tuvo consecuencias lógicas sobre la demografía del conjunto de inmigrantes argentinos en España. Aunque incipientes, son cambios de tendencias respecto al período anterior (2000-2004) que conviene apuntar. El primero consiste en una relativa feminización. Si bien la composición por sexo continuó mostrando un moderado predominio masculino (51,6% de media), se incrementó la proporción de mujeres, sobre todo entre los emigrados aún no naturalizados españoles (ver Tabla 2.2). El segundo ha sido la aparición de signos de envejecimiento: los mayores de 45 años pasaron del 21,1% en 2005 al 25% en 2011, los menores de 19 años del 19,6% al 15,4% (ver Gráfico 2.3). El tercero son las pautas de (des)asentamiento. Las regiones que experimentaron las pérdidas más significativas de inmigrantes argentinos fueron, precisamente, algunas de las que habían recibido grandes contingentes de esta población durante el flujo del corralito: Andalucía (4%), Comunidad Valenciana (5,2%), Canarias (2,5%) y Cataluña (2,4%). Sin embargo, otras comunidades autónomas que también habían sido receptoras de aquel flujo migratorio continuaron con una tendencia creciente: destacan los casos de Madrid (2,7%) e Islas Baleares (2,1%) y, con volúmenes de población más discretos, Extremadura (9%), Castilla-La Mancha (5,3%), Cantabria (5,6%), País Vasco (4%), Asturias (4%) y Navarra (3,7%) (ver Tabla 2.3). Seguramente, esta pauta poblacional está influida por el diferente impacto del desempleo, más alto en el litoral que en la cornisa cantábrica, y por la búsqueda de oportunidades laborales y redes sociales de acogida.

Con todo, considerando el conjunto de argentinos en España al final de 2010, podemos concluir que la crisis económica no alteró la distribución de la población resultado del último ciclo migratorio: Cataluña quedó como destino preferente (23% del total), Madrid pasó a compartir el segundo lugar con Andalucía (15%), seguida de cerca por la Comunidad Valenciana (13%). Islas Baleares continuó en el cuarto puesto (9%) y Canarias en el quinto (7%), relegando a Galicia (6%). El resto de las regiones no superaba el 2% (con poblaciones entre 5.000 y 6.000 personas). Está visto que los argentinos continuaban prefiriendo zonas costeras del litoral mediterráneo (Andalucía, Valencia, Cataluña, Islas Baleares), aunque a partir de la crisis se afianzaron destinos de la "España interior" que habían sido receptores del flujo masivo 2000-2004 (Extremadura, Castilla-La Mancha, Cantabria) (ver Tabla 2.3).

Tabla 2.3. España. Población empadronada nacida en Argentina, según comunidad autónoma de residencia (2007 y 2010). A 31 de diciembre

CCAA	2007	2010	Diferencia 2010-2007 (%)
Andalucía	44.672	42.857	-4,1
Aragón	3.993	3.961	-0,8
Asturias	4.346	4.518	4,0
Baleares	23.905	24.417	2,1
Canarias	20.150	19.646	-2,5
Cantabria	1.770	1.870	5,6
Castilla y León	5.415	5.283	-2,4
Castilla-La Mancha	4.688	4.939	5,3
Cataluña	68.195	66.546	-2,4
C. Valenciana	39.580	37.531	-5,2
Extremadura	1.249	1.368	9,5
Galicia	16.576	16.418	-0,9
Madrid	42.118	43.255	2,7
Murcia	4.134	4.086	-1,2
Navarra	2.156	2.236	3,7
País Vasco	5.763	6.003	4,2
Rioja (La)	1.454	1.355	-6,8
Ceuta-Melilla	117	160	36,7
España	290.281	286.449	-1,3

Fuente: INE, Padrón Continuo de Habitantes.

3

Las trayectorias migratorias

1. La experiencia migratoria

El 87,2% de los argentinos radicados en España en 2007 llegaron directamente desde Argentina, su país de nacimiento, otro 12,8% se estableció antes en otro país (ver Tabla 3.1). De ese grupo, el 6,4% emigró luego a España, el 3,9% regresó a Argentina y el 2,5% emigró a un segundo país. ¿Qué sucedió con las personas que volvieron a Argentina o se fueron a un tercer Estado? La mayoría emigró entonces a España (4,9%), el 1,3% emigró a un tercer destino y una mínima parte retornó a Argentina (0,2%). Posteriormente, de estos últimos dos grupos, 0,7% emigró a España, 0,4% retornó a Argentina y otro tanto reemigró a un cuarto país. La Tabla 3.1 expone dos episodios migratorios más, pero las magnitudes no merecen mayor atención.[1]

La Tabla 3.2 nos permite observar experiencias migratorias diferentes de hombres y mujeres de acuerdo al período de llegada y descubrir qué países fueron los primeros destinos migratorios antes del asentamiento en España. En este caso los datos deben considerarse con suma precaución debido a que algunas subpoblaciones (en concreto los migrantes arribados antes de 1983) derivan de muestras muy pequeñas.

---

1 Debe destacarse que las proporciones de argentinos que han seguido unas u otras trayectorias migratorias son similares a las del conjunto de inmigrantes extranjeros en España en cada una de ellas (Colectivo IOÉ y Fernández, 2010: 73-75).

En el flujo del corralito, prácticamente el 90% de hombres y mujeres se trasladaron directamente desde Argentina a España, una situación similar a la del flujo del exilio. Sin embargo, los que llegaron hasta 1975 y en el período 1984-1999 contaron con mayor experiencia migratoria: en el primer caso, el 17% de los hombres vivió en otro país antes de radicarse en España, en el segundo, el 28% de los hombres y el 12% de las mujeres. Los datos permiten hacer dos conjeturas: la primera es que la experiencia migratoria varía según si existió o no un contexto de expulsión en Argentina, de manera que en períodos críticos (dictadura o crisis económica) tendieron a emigrar más personas con menos experiencia migratoria; la segunda, que los hombres son más propensos a emigrar al extranjero que las mujeres, en muchos casos haciendo las veces de pioneros de futuras cadenas migratorias. Esta última es una tendencia similar a la del conjunto de inmigrantes extranjeros en España, donde la emigración internacional previa fue más habitual en los hombres que en las mujeres (15% versus 10%) (Colectivo IOÉ y Fernández, 2010: 75).

Tabla 3.1. España. Población nacida en Argentina, de 16 y más años, según migraciones internacionales previas. A 1 de enero de 2007. En porcentajes

País al que se trasladó	Población
España	87,2
2º país	12,8
España	6,4
País origen	3,9
País 2	2,5
3º país	6,4
España	4,9
País origen	0,2
país 3	1,3
4º país	1,6
España	0,7
País origen	0,4
país 4	0,4
5º país	0,8
España	0,1
País origen	0,1
país 5	0,6
6º país	0,7
España	0
País origen	0,5
país 6	0,1

Fuente: Colectivo IOÉ y Fernández, 2010: 261.

Tabla 3.2. España. Población nacida en Argentina, emigrada entre los 16 y 64 años, según primer destino migratorio, por sexo y período de llegada. A 1 de enero de 2007. En porcentajes

Sexo	Primer destino migratorio	Período de llegada				Total
		Hasta 1975	1976-83	1984-00	2000-07	
Hombre	España	83,1	89,1	71,9	90,8	85,3
	EE.UU.	10,7	0,0	5,6	3,3	4,0
	Italia	0,0	0,0	5,4	3,7	3,9
	Brasil	0,0	3,0	4,8	0,0	1,5
	R. Unido	0,0	0,0	3,5	0,2	1,1
	Chile	0,0	0,0	1,4	0,8	0,9
	Venezuela	0,0	0,0	2,3	0,2	0,8
	Suiza	0,0	0,0	2,2	0,0	0,6
	Australia	0,0	0,0	2,0	0,0	0,6
	Rumania	0,0	7,9	0,0	0,0	0,4
	Canadá	0,0	0,0	0,0	0,5	0,3
	Alemania	6,3	0,0	0,3	0,0	0,3
	Bélgica	0,0	0,0	0,0	0,3	0,2
	Francia	0,0	0,0	0,5	0,1	0,2
	Uruguay	0,0	0,0	0,0	0,2	0,1
	Total	100,0	100,0	100,0	100,0	100,0
Mujer	España	94,1	89,8	88,2	89,3	89,2
	EE.UU.	3,4	0,0	0,3	4,2	3,1
	Alemania	0,0	1,9	2,7	1,1	1,5
	Brasil	0,0	0,0	2,4	0,8	1,1
	Chile	0,0	8,3	1,5	0,5	1,0
	Italia	0,0	0,0	1,3	0,7	0,8
	R. Unido	0,0	0,0	2,4	0,0	0,6
	Bolivia	0,0	0,0	0,0	0,6	0,4
	Portugal	0,0	0,0	0,0	0,6	0,4
	Uruguay	0,0	0,0	0,0	0,5	0,4
	Canadá	0,0	0,0	0,0	0,5	0,4
	Suiza	0,0	0,0	0,0	0,4	0,3
	Francia	0,0	0,0	0,0	0,3	0,2
	Austria	0,0	0,0	0,9	0,0	0,2
	Paraguay	0,0	0,0	0,0	0,3	0,2
	Andorra	0,0	0,0	0,0	0,2	0,1
	Perú	2,5	0,0	0,0	0,0	0,1
	México	0,0	0,0	0,3	0,0	0,1
	Total	100,0	100,0	100,0	100,0	100,0

Fuente: INE, ENI y elaboración propia.

En cuanto al primer destino migratorio de los argentinos que luego reemigraron a España, también encontramos diferencias significativas entre hombres y mujeres y entre distintos períodos de llegada. Los que arribaron con anterioridad a 1975 habían residido principalmente en Estados Unidos, Alemania (los hombres) y Perú (las mujeres). Datos sorprendentes si pensamos que en las décadas de 1950 y 1960 la emigración argentina a Estados Unidos se caracterizó por un elevado componente de *brain drain* (lo cual también es válido para Alemania) y, evidentemente, España no era un destino preferente para ese tipo de flujos. Sin embargo, y a pesar de la escasa fiabilidad de estos datos, puede esbozarse una explicación razonable si se considera que la emigración a Estados Unidos también estuvo compuesta, y cada vez más crecientemente, por trabajadores manuales y especializados (Marshall, 1991),[2] muchos de los cuales podrían haber reemigrado luego a España atraídos por la pujante economía desarrollista de la década del sesenta, mercados menos competitivos y una sociedad más tolerante con los inmigrantes latinoamericanos, algunos, probablemente, españoles de segunda generación.[3] En el caso de Perú, como veremos a continuación, pudo ser una trayectoria de huida de exiliados políticos.

Los argentinos que emigraron a España entre 1976 y 1983 procedentes de un tercer país, lo hicieron principalmente desde Rumania y Brasil, en el caso de los hombres, y desde Chile y Alemania en el de las mujeres. Aunque es imposible discriminar quién emigró por motivos econó-

---

2 Si bien los datos sobre el nivel educativo de los inmigrantes que llegaron en este flujo migratorio no son confiables, de cara a la contextualización de esta hipótesis, pueden ser ilustrativos. Según la ENI, el 44% de los argentinos que llegaron a España antes de 1976 tenían estudios superiores y el 50% estudios secundarios. En el primer grupo, el 16% concluyó sus estudios en España, en el segundo, el 13%.

3 En las décadas de 1960 y 1970 llegaron a Estados Unidos importantes contingentes de trabajadores asiáticos, caribeños, centroamericanos y mexicanos que incrementaron la competencia en los nichos laborales más concurridos por los inmigrantes (Martínez Pizarro, 2008). En sentido inverso, España es considerado en esa época un contexto de recepción favorable para los inmigrantes latinoamericanos (Herranz, 1998).

micos y quién por motivos políticos, en el caso del exilio es factible explicar las trayectorias migratorias a partir de investigaciones previas (Mira, 2003; Jensen, 2007). Sabemos que para muchos exiliados la salida de Argentina a través de países fronterizos fue la única opción disponible por motivos de seguridad y facilidades de desplazamiento. Así, muchos de los que carecían de pasaporte, vivían en la clandestinidad o cuyos nombres figuraban en los listados de los poderes represivos, encontraron en países como Bolivia, Perú y sobre todo Brasil y Uruguay, destinos privilegiados (Jensen, 2007: 22).

Las trayectorias migratorias de los argentinos que arribaron a España en las décadas de 1980, 1990 y 2000 respondieron a patrones diferentes. En primer lugar, se aprecia una diversificación de destinos, que si bien ya se insinuaba en el período anterior, se manifestó con intensidad creciente a partir de los años ochenta. Posteriormente, esta tendencia se transformó en un signo de identidad del conjunto de la migración latinoamericana extra-regional (Martínez Pizarro, 2008). En segundo término, la reemigración a España desde los Estados Unidos volvió a ser la tendencia predominante. Un desplazamiento razonable considerando que Estados Unidos era el segundo destino migratorio de los argentinos (y el primero de los latinoamericanos). De este modo, y visto en perspectiva histórica, el período 1976-1983 constituyó una excepción, posiblemente, a raíz de que los exiliados consideraron ese país como un destino inseguro. En tercer lugar, se advierte en la Tabla 3.2 que algunos países europeos, sobre todo Italia, fueron escogidos como destinos previos a España, siguiendo también un patrón característico de la emigración argentina y latinoamericana reciente.[4] Por último, advertimos que hubo

4 De acuerdo a la CEPAL (2006: 17), a mediados de la década de 2000 se estima que un total cercano a tres millones de latinoamericanos y caribeños residían fuera de la región en un país distinto a Estados Unidos. Durante la primera mitad de los noventa, y sobre todo en los primeros años del nuevo siglo, los flujos hacia Europa se incrementaron considerablemente, en parti-

una reemigración hacia España desde varios países latinoamericanos, sobre todo desde Brasil durante la década del ochenta, que se explica a partir de las reiteradas crisis económicas que vivieron los países de la región en los años ochenta y noventa.

En síntesis, aunque la mayoría de los inmigrantes argentinos que residían en España en 2007 se desplazó directamente desde Argentina, existió una minoría que poseía experiencia migratoria internacional previa; en algunos casos, múltiple. Entre otras cuestiones, dicha experiencia puso de manifiesto la existencia de distintos sistemas y subsistemas migratorios que vinculaban a la Argentina con varios países de destino, entre los que destacaban Estados Unidos e Italia, y en menor medida Alemania y Reino Unido en Europa, Brasil y Chile en América Latina (Esteban, 2011).

2. Los medios de transporte y el costo del viaje

La ENI nos informa acerca del medio de trasporte, los costos del viaje y su financiación para las personas que llegaron a partir de 1984. Como hemos visto, la mayor parte de los argentinos emigró directamente desde su país de origen, mientras unos pocos lo hicieron desde otro país. Sin duda, esta situación determinó el medio de trasporte utilizado en la mayor parte de los casos. En la Tabla 3.3 se observa que el avión fue el medio elegido por la amplia mayoría (97%), mientras unos pocos viajaron en automóvil (1,6%), tren (0,5%) y ómnibus (0,7%). Lógicamente, estas últimas alternativas fueron utilizadas por personas que reemigraron desde otros países europeos, motivo por el cual los

cular hacia España pero también hacia otros destinos: caribeños en Reino Unido y Países Bajos, sudamericanos en Italia, Francia y Portugal.

porcentajes son algo más elevados para el período de llegada 1984-1999.

Tabla 3.3. España. Población nacida en Argentina, emigrada entre los 16 años y 64 años, según medio de trasporte utilizado para la migración, por sexo y período de llegada. A 1 de enero de 2007

Sexo	Medio	N			(%)		
		1984-99	2000-07	Total	1984-00	2000-07	Total
Hombre	Automóvil	1.311	547	1.858	5,6	0,8	2,1
	Ómnibus	490	377	867	2,1	0,6	1,0
	Avión	21.452	63.349	84.801	92,3	98,0	96,5
	Tren	0	380	380		0,6	0,4
	Total	23.253	64.653	87.906	100,0	100,0	100,0
Mujer	Automóvil	0	894	894		1,4	1,1
	Ómnibus	0	451	451		0,7	0,6
	Avión	15.891	62.518	78.409	96,7	97,9	97,6
	Tren	537	23	560	3,3	0,0	0,7
	Total	16.428	63.886	80.314	100,0	100,0	100,0
Ambos sexos	Automóvil	1.311	1.441	2.752	3,3	1,1	1,6
	Ómnibus	490	828	1.318	1,2	0,6	0,8
	Avión	37.343	125.867	163.210	94,1	97,9	97,0
	Tren	537	403	940	1,3	0,3	0,5
	Total	39.681	128.539	168.220	100,0	100,0	100,0

Fuente: INE, ENI y elaboración propia.

La información sobre el valor absoluto del viaje no es relevante en la medida que los precios han variado mucho en las últimas tres décadas y dependen en gran medida de la época del año en la que se realizó el traslado. Además, esta respuesta contiene un sesgo particular: los emigrantes compraron pasajes en pesetas, euros, dólares, pesos argentinos, australes, o peso-dólar, lo cual hace aún más ininteligibles los datos. Por ello, quizás sea más relevante conocer el impacto que tuvo el costo del viaje sobre la economía del migrante. Una aproximación a ese dato la encontramos en la Tabla 3.4. Allí observamos que el 95% compró el pasaje al contado, no existiendo prácticamente diferencias entre hombres y mujeres, y con mínimas diferencias entre flujos.

Tabla 3.4. España. Población nacida en Argentina, emigrada entre los 16 años y 64 años, según financiación del viaje, por sexo y período de llegada. A 1 de enero de 2007

Sexo	Financiación	N			(%)		
		1984-99	2000-07	Total	1984-99	2000-07	Total
Hombre	Al contado	15.982	54.834	70.816	94,3	95,7	95,4
	A plazos	966	2.484	3.450	5,7	4,3	4,6
	Total	16.948	57.318	74.266	100,0	100,0	100,0
Mujer	Al contado	11.384	52.502	63.886	97,6	94,4	94,9
	A plazos	278	3.132	3.410	2,4	5,6	5,1
	Total	11.662	55.634	67.296	100,0	100,0	100,0
Ambos sexos	Al contado	27.366	107.336	134.702	95,7	95,0	95,2
	A plazos	1.244	5.616	6.860	4,3	5,0	4,8
	Total	28.610	112.952	141.562	100,0	100,0	100,0

Fuente: INE, ENI y elaboración propia.

Estas cifras contrastan con las de otros inmigrantes latinoamericanos en España: el 29% de los ecuatorianos, el 19% de los colombianos y el 18% de los bolivianos financiaron el viaje (Colectivo IOÉ y Fernández, 2010: 98). De todas maneras, el pago al contado no supone que los inmigrantes argentinos contaran con los recursos necesarios, pues el 10% tuvo que pedir un préstamo. En los dos últimos flujos migratorios (1984-89 y 2000-07), las mujeres recurrieron a créditos en mayor medida que los hombres: 14% de las emigradas entre 1983 y 1999 frente al 9% de los hombres; y el 12% de las emigradas entre 2000 y 2007 versus el 9% de los hombres. El mayor endeudamiento de las mujeres fue una práctica compartida por todas las inmigrantes extranjeras en España (Ibíd.).

En términos generales, la experiencia de los argentinos fue más favorable que la del conjunto de la inmigración extranjera en España (un 17% tuvo que solicitar un préstamo para afrontar el gasto del traslado), y aún más que la experiencia de otros colectivos latinoamericanos: más del 40% de los bolivianos y ecuatorianos y el 31% de los colombianos solicitaron créditos para financiar el viaje a España. Estos datos ponen de manifiesto, como señalan el Colectivo IOÉ y Fernández (Ibíd.), que el endeudamiento inicial, mencionado con reiteración en la bibliografía especializada, no es una experiencia compartida por la mayoría de los inmigrantes extranjeros en España.

Si continuamos observando el panorama general, hallamos que el origen del préstamo solicitado también marcó diferencias entre los inmigrantes extranjeros en España: un 12% consiguió los recursos de un familiar, el resto tuvo que acudir a terceros; la mayoría a un prestamista (66%), los demás a una entidad bancaria (10%), al intermediario que organizó el viaje (4%) o a otras fuentes (11%). El préstamo de un familiar fue un recurso utilizado especialmente por inmigrantes de Ecuador, Bolivia y Colombia, precisamente, los colectivos que más se endeudaron para migrar. Así, el carácter familiar de la migración quedó reforzado, sumándose a la existencia de redes familiares en el municipio de destino (Colectivo IOE y Fernández, 2010: 100).

Los inmigrantes argentinos siguieron la pauta general al contrario que otros colectivos latinoamericanos: se endeudaron menos con familiares (3%) y más con prestamistas (71%) y otras fuentes (16%) (ver Tabla 3.5). El recurso a prestamistas se puede explicar por la desconfianza hacia el sistema bancario, especialmente durante y después del corralito financiero, y por las restricciones al crédito que suelen imponer los bancos a los sectores sociales con menos recursos. En cambio, más difícil de comprender es por qué no apelaron en primer lugar al endeudamiento con familiares. Es un hecho curioso que merece profundizarse a partir de algunas características distintivas del colectivo argentino que veremos a continuación.

Tabla 3.5. España. Población nacida en Argentina, emigrada entre los 16 y 64 años, según persona u organismo financiador del viaje, por sexo y período de llegada. A 1 de enero de 2007. En porcentajes

Financiador del viaje	Período de llegada		Total
	1984-00	2000-07	
Banco-institución financiera			
Hombre	43,5	0,0	10,8
Mujer	24,4	6,4	9,4
Ambos sexos	35,2	3,6	10,0
Familiar			
Hombre	0,0	4,6	3,5
Mujer	0,0	3,0	2,5
Ambos sexos	0,0	3,7	3,0
Prestamista			
Hombre	50,0	65,5	61,6
Mujer	75,6	81,2	80,2
Ambos sexos	61,1	74,2	71,6
Intermediario organizador del viaje			
Hombre	11,8	6,3	7,6
Mujer	0,0	0,0	0,0
Ambos sexos	6,7	2,8	3,6
Otros			
Hombre	0,0	23,7	17,8
Mujer	0,0	17,0	14,2
Ambos sexos	0,0	19,9	15,9

Fuente: INE, ENI y elaboración propia.

3. ¿Emigración de individuos o de grupos familiares?

El impacto económico de la emigración es diferente cuando se traslada una persona que cuando lo hace el grupo familiar o una parte de éste. Por consiguiente, las estrategias para afrontarlo también son diferentes. Pero conocer si la emigración inicial fue individual o familiar es fundamental porque la tenencia de familia propia genera efectos específicos sobre todo el proceso migratorio, desde la decisión de emigrar para ofrecerles un futuro mejor, hasta la integración laboral y social en la sociedad española (la premura por encontrar un empleo y solucionar el "tema de los papeles", las condiciones de la vivienda, el envío de remesas, el apoyo emocional, etc.).

La ENI permite analizar esta cuestión ya que brinda información sobre la situación familiar de los inmigrantes antes de partir y sobre cuántos miembros de la familia emigraron juntos. Respecto al primer tema, en la Tabla 3.6 se observa que las situaciones más habituales en las que se encontraban los inmigrantes argentinos antes del desplazamiento a España eran dos: el 49% estaba conviviendo con la pareja en el mismo domicilio (48% de los hombres y 50% de las mujeres) y el 40% no tenía pareja (43% de los hombres y 37% de mujeres). La proporción de quienes tenían a su pareja en España era exigua: el 1% de los hombres y el 6% de las mujeres. Si esta última estimación se calculara sobre la población que, efectivamente, tenía pareja antes de emigrar, las proporciones continuarían siendo irrelevantes: el 2% de hombres y el 10% de mujeres. Por tanto, los datos refuerzan la hipótesis, ya mencionada, de que en el grupo de inmigrantes que tenía pareja antes de partir, los hombres fueron más proclives a ser pioneros y las mujeres a seguir a sus cónyuges. En cuanto al lugar de residencia de los hijos al momento de emigrar, ocurre una situación similar. En la Tabla 3.7 puede apreciare que el 96% de los inmigrantes no tenía a sus hijos en España cuando emprendió el traslado; dicho de otra manera, sólo el 0,7% de los hombres y el 7% de las mujeres emigró después que lo hicieran sus hijos. Sin duda, este hecho varía de forma sustancial de acuerdo a la edad de los padres y de los hijos.

Tabla 3.6. España. Población nacida en Argentina, emigrada entre los 16 y 64 años, según el lugar de residencia de su pareja al emigrar, por sexo y período de llegada. A 1 de enero de 2007. En porcentajes

Sexo	Lugar de residencia de pareja al emigrar	Período de llegada				Total
		Hasta 1975	1976-83	1984-99	2000-07	
Hombre	Mismo domicilio	22,3	37,8	43,9	52,6	48,5
	Mismo municipio	0,0	0,0	4,6	5,5	4,8
	Misma región	0,0	0,0	0,0	0,7	0,5
	Mismo país	0,0	12,4	0,0	0,0	0,6
	En España	0,0	0,0	1,6	0,9	1,0
	Otro país	0,0	7,9	1,6	1,6	1,9
	No tenía	77,7	41,9	48,3	38,7	42,7
	Total	100,0	100,0	100,0	100,0	100,0
Mujer	Mismo domicilio	20,6	46,2	47,7	52,1	49,9
	Mismo municipio	11,0	0,0	7,1	2,1	3,5
	Misma región	0,0	0,0	0,0	0,9	0,6
	Mismo país	0,0	0,0	0,3	1,9	1,4
	En España	0,0	5,7	0,1	8,3	6,0
	Otro país	0,0	0,0	0,0	1,4	1,0
	No tenía	68,3	48,1	44,8	33,2	37,5
	Total	100,0	100,0	100,0	100,0	100,0
Ambos sexos	Mismo domicilio	21,5	41,2	45,6	52,3	49,2
	Mismo municipio	4,9	0,0	5,7	3,8	4,2
	Misma región	0,0	0,0	0,0	0,8	0,5
	Mismo país	0,0	7,3	0,1	1,0	1,0
	En España	0,0	2,3	1,0	4,6	3,4
	Otro país	0,0	4,6	0,9	1,5	1,5
	No tenía	73,5	44,5	46,7	36,0	40,2
	Total	100	100	100	100	100

Fuente: INE, ENI y elaboración propia.

Tabla 3.7. España. Población nacida en Argentina, emigrada entre los 16 y 64 años, según si tenía hijos en España al emigrar, por sexo y período de llegada. A 1 de enero de 2007. En porcentajes

Sexo	Hijos	Período de llegada				Total
		Hasta 1975	1976-83	1984-99	2000-07	
Hombre	No	100,0	100,0	100,0	98,9	99,3
	Sí	0,0	0,0	0,0	1,1	0,7
	Total	100,0	100,0	100,0	100,0	100,0
Mujer	No	100,0	100,0	93,3	92,7	93,3
	Sí	0,0	0,0	6,7	7,3	6,7
	Total	100,0	100,0	100,0	100,0	100,0
Ambos sexos	No	100,0	100,0	97,0	95,8	96,4
	Si	0,0	0,0	3,0	4,2	3,6
	Total	100,0	100,0	100,0	100,0	100,0

Fuente: INE, ENI y elaboración propia.

Una investigación previa de Cerruti y Maguid (2010) sobre la migración de familias sudamericanas a España ya había advertido esta situación.[5] Centrándose en los colectivos más significativos, las autoras hallaron que dos tipos de arreglos familiares eran los más frecuentes entre los inmigrantes antes de emigrar: conviviendo con los padres sin hijos ni pareja (39,1% de argentinos; 31,1% de bolivianos; 34,6% de colombianos y 32,7% de ecuatorianos) y conviviendo con la pareja y/o los hijos (43,9%, 37,5%, 37,2%, 40,6%, respectivamente). En ambos casos, el colectivo argentino destaca sobre los demás. El trabajo señaló también que los argentinos presentaban las proporciones más elevadas de inmigrantes que convivían con el núcleo familiar antes de emigrar: con pareja e hijos (26,6%) y con pareja sin hijos (14%). Al mismo tiempo eran el colectivo con menor proporción de inmigrantes que vivían en hogares monoparentales o con los padres e hijos y sin pareja. Una situación más habitual entre los migrantes procedentes de Colombia, Bolivia y Ecuador, principalmente entre las mujeres. Las

5 Otras investigaciones, realizadas con una perspectiva de análisis cualitativa, también dieron cuenta del elevado índice de grupos familiares en la reciente emigración argentina a España (González y Merino 2008: 87; Castellanos, 2006: 381 y ss.; Novara, 2005: 220-221; Novick y Murias, 2005: 46; Jofre 2003: 47; Schmidt, 2009: 142, entre otras).

autoras sostienen que era bastante habitual en esos colectivos la emigración de madres sin pareja, seguramente mujeres separadas, divorciadas y madres solteras que encontraron en la emigración internacional una estrategia para proveer a sus hijos (Cerruti y Maguid, 2010: 31).

Sin duda, la composición de los hogares y los arreglos de convivencia se encuentran asociados a la edad de los migrantes antes de partir, ya que muchos de los que aún convivían con sus padres no habían conformado su propia familia de procreación; pero también con aspectos demográficos, económicos, sociales y culturales de las sociedades de origen.[6] Entre éstos, la clase social aparece como un indicador de primer orden porque existen diferencias importantes en la distribución de los tipos de hogares urbanos cuando se consideran los niveles de ingresos de esos hogares (Aguirre, 2004: 27). La fuerte presencia de jóvenes emancipados (o en vías de), sin familia de procreación, de parejas sin hijos y de familias nucleares entre los argentinos que emigraron a España, está indicando, *grosso modo,* que no se trató de personas de bajos recursos. En Argentina, según datos de la Encuesta Permanente de Hogares de 2002 (INDEC), en los hogares más pobres había un mayor peso de familias extensas (23%) y monoparentales a cargo de mujeres (14%); en cambio en los hogares de mayores ingresos había mayor variabilidad de arreglos familiares con mayores proporciones de parejas sin hijos y de quienes no convivían en familia.

La reconstrucción de las trayectorias migratorias puede complementarse con información sobre quién o quiénes acompañaron al inmigrante en el desplazamiento a España (ver Tabla 3.8). De acuerdo con la ENI, el 47% de los argentinos emigraron con todo el núcleo familiar, 7% sólo con una parte y 46% solos. Sin embargo, el 29% de asiáticos, 27% de africanos y 28% de latinoamericanos en España emigraron solos, y entre un 7%

---

6 El Sistema de Indicadores Regionales de CEPAL muestra diferencias notables entre países latinoamericanos y caribeños en cuanto a fecundidad, planificación familiar, atención materno-infantil, envejecimiento demográfico y sistemas de género que contribuyen a explicar las distintas composiciones familiares de los flujos migratorios procedentes de esta región.

y un 11% con una parte de su familia. Nuevamente, los datos constatan un patrón diferente en la emigración de argentinos: emigraron más núcleos familiares completos y personas solas sin pareja ni hijos y, en los casos de los inmigrantes que tenían pareja antes de partir, la mayoría viajaron juntos a España.

Tabla 3.8. España. Población nacida en Argentina, emigrada entre los 16 y 64 años, según con quién emigró, por sexo y período de llegada. A 1 de enero de 2007. En porcentajes

Sexo	Con quién emigró	Hasta 1975	1976-83	1984-99	2000-07	Total
Hombre	Solo	62,5	60,9	46,4	58,5	55,4
	Con el núcleo	37,5	39,1	46,5	35,1	38,5
	Parte del núcleo	0,0	0,0	5,4	6,2	5,5
	Otros familiares	0,0	0,0	1,7	0,2	0,6
	Total	100,0	100,0	100,0	100,0	100,0
Mujer	Solo	26,8	41,8	37,2	34,1	34,9
	Con el núcleo	69,2	49,3	50,1	58,2	56,2
	Parte del núcleo	0,0	8,8	10,6	7,5	8,1
	Otros familiares	4,1	0,0	2,1	0,3	0,8
	Total	100,0	100,0	100,0	100,0	100,0
Ambos sexos	Solo	46,6	53,1	42,3	46,4	45,6
	Con el núcleo	51,6	43,3	48,1	46,6	47,0
	Parte del núcleo	0,0	3,6	7,7	6,8	6,7
	Otros familiares	1,8	0,0	1,9	0,2	0,7
	Total	100,0	100,0	100,0	100,0	100,0

Fuente: INE, ENI y elaboración propia.

Como se puede apreciar en la Tabla 3.8, existen diferencias notables entre hombres y mujeres argentinos arribados en diferentes flujos migratorios acerca de quién emigró con ellos. En términos generales, la mayor parte de las mujeres emigraron con el núcleo familiar (56%) y la mayoría de hombres emigraron solos (55%).[7] Esta diferencia se agudiza en las migraciones anterio-

---

7 La distribución de la población de inmigrantes argentinos en España de acuerdo a la fecha de constitución del vínculo de pareja, avala esta conclusión. Allí se puede observar que el 72% de los mismos constitu-

res a 1975. Una pauta similar, aunque un tanto más moderada, presentaron los migrantes más recientes. En el flujo de la época del exilio hubo una gran proporción de hombres que emigraron solos (61%), pero también de mujeres que emigraron solas (42%) o con una parte del núcleo familiar (9%). En el período 1984-1999 disminuyó el porcentaje de hombres solos (46%), siendo elevada la proporción de mujeres que emigraron solas (37%) y con una parte de su familia (11%).

En síntesis, a partir de los indicadores analizados observamos que prevalecen dos tipos de migraciones de argentinos hacia España de acuerdo a las responsabilidades familiares del emigrante: el desplazamiento de núcleos familiares completos y el de personas solas (más hombres que mujeres). A consecuencia de ello, y en términos relativos, puede decirse que fueron pocas las familias divididas por el desplazamiento (tan sólo un 6,7% de personas migraron con una parte del núcleo familiar). Es una característica singular en el marco de la inmigración latinoamericana en España, especialmente sudamericanos, donde predominó la emigración independiente de personas solas o con conocidos, mientras los miembros de la familia conviviente permanecieron en el lugar de origen (Cerruti y Maguid, 2010: 35). Como ha insistido recientemente la literatura especializada, este tipo de fenómenos tiene amplias repercusiones en la construcción y reforzamiento de espacios sociales transnacionales. También debemos subrayar que, si bien estas trayectorias se encuentran presentes en todos los períodos, hubo tres situaciones específicas: 1) una mayor proporción de hombres "pioneros" y de mujeres "acompañantes" en los flujos más antiguos (hasta la década del setenta) y una presencia creciente de mujeres que emigraron solas a partir de la década del ochenta, acompañando una evolución histórica mundialmente extendida de las migraciones internacionales (Castles y Miller, 2003); 2) la emigración de mujeres solas se incrementó de forma notable en

yeron el vínculo antes de emigrar, siendo más habitual en las mujeres que en los hombres (68% versus 58%, respectivamente).

el flujo del exilio, presumiblemente a consecuencia de las salidas forzadas de Argentina de jóvenes de clase media urbana sin familia de procreación; y 3) en el flujo del corralito volvieron a predominar los roles de hombre pionero y mujer acompañante.

4. Las provincias argentinas de origen

Finalmente, el análisis de las trayectorias migratorias se completa con información sobre la provincia de origen de los emigrados. Es importante señalar que los datos relevados por la ENI corresponden a la provincia de nacimiento de los encuestados, no a su último lugar de residencia. Las 23 provincias argentinas fueron agrupadas en seis regiones para facilitar la lectura de los datos. En la Tabla 3.9 podemos observar que una amplia mayoría de los inmigrantes procedía de la "región Buenos Aires" (64%). Lamentablemente, no fue posible distinguir convenientemente entre la Ciudad Autónoma de Buenos Aires, la zona metropolitana del Gran Buenos Aires (compuesta por 24 municipios densamente poblados) y el resto de la provincia. A gran distancia destacan dos regiones, la zona Centro de la cual procedía el 16% de los inmigrantes, sobre todo de las provincias de Córdoba y Santa Fe (7% cada una) y la región de Cuyo con el 12% (principalmente Mendoza, 9%). En cambio, la inmigración de las regiones Noroeste (3%), Noreste (2%) y Patagonia (2%) fue exigua. La Tabla 3.9 también nos ofrece información sobre la población que residía en esas mismas provincias y regiones en Argentina en el año 2010. De ese modo podemos percibir que existe correlación entre la distribución provincial (y regional) de la población en Argentina y la distribución por provincia (y región) de origen de los emigrados argentinos a España. Sólo hay dos regiones, Buenos Aires y Cuyo (las provincias de Mendoza y San Juan), donde los inmigrantes estaban sobrerrepresentados. El primer caso, es una consecuencia lógica de la distribución de la población en Argentina; el segundo, es un hallazgo inesperado.

Tabla 3.9. España. Población nacida en Argentina, emigrada entre los 16 y 64 años, según provincia argentina de nacimiento, y población residente en Argentina según provincia de residencia (2007 y 2010, respectivamente). En porcentajes

Provincias		España (2007)		Argentina (2010)	
Buenos Aires		64,30	64,3	46,1	46,1
Centro	Córdoba	7,1	16,0	8,2	20,1
	Santa Fe	7,6		7,9	
	La Pampa	0,4		0,8	
	Entre Ríos	1,3		3,1	
Cuyo	Mendoza	9,3	11,9	4,3	7,1
	San Juan	2,3		1,7	
	San Luis	0,3		1,1	
Noreste	Chaco	0,6	2,5	2,6	9,2
	Formosa	0,0		1,3	
	Misiones	0,8		2,7	
	Corrientes	1,1		2,5	
Noroeste	Catamarca	0,2	3,0	0,9	11,4
	La Rioja	0,0		0,8	
	Jujuy	0,4		1,7	
	Salta	0,8		3,0	
	Santiago del Estero	0,8		2,2	
	Tucumán	0,8		3,6	
Patagonia	Chubut	0,2	1,6	1,3	5,2
	Neuquén	0,5		1,4	
	Río Negro	0,3		1,6	
	Santa Cruz	0,3		0,7	
	Tierra del Fuego	0,3		0,3	

Fuente: INE, ENI; INDEC, Censo Nacional de Población, Hogares y Viviendas 2010; y elaboración propia.

Por último, la Tabla 3.10 exhibe la distribución de los emigrados de acuerdo a la provincia de nacimiento y al sexo. En este caso debemos señalar que los datos que corresponden a provincias con escasa representación no son fiables, por lo que nos centraremos sólo en las provincias con más emigrados.[8] Así, observamos que en Buenos Aires y Mendoza hubo una leve preponderancia masculina (58% y 54%, respectivamente), en San Juan y Santa Fe ocurrió lo contrario, hubo una proporción mayor de mujeres (64% y 62% respectivamente). En Córdoba las proporciones fueron equitativas.

Tabla 3.10. España. Población nacida en Argentina, emigrada entre los 16 y 64 años, según provincia argentina de nacimiento y sexo. A 1 de enero de 2007. En porcentajes

Provincia	Hombre	Mujer
Buenos Aires	57,6	42,4
Catamarca	65,5	34,5
Chaco	11,7	88,3
Chubut	66,1	33,9
Córdoba	49,0	51,0
Corrientes	7,4	92,6
Entre Ríos	22,5	77,5
Formosa	0,0	100,0
Jujuy	0,0	100,0
La Pampa	51,0	49,0
Mendoza	54,2	45,8
Misiones	57,1	42,9
Neuquén	89,7	10,3
Río Negro	31,2	68,8
Salta	28,6	71,4
San Juan	35,7	64,3
San Luis	91,4	8,6
Santa Cruz	0,0	100,0
Santa Fe	37,8	62,2
Santiago del Estero	28,9	71,1
Tierra del Fuego	0,0	100,0
Tucumán	0,0	100,0
Total	52,1	47,9

Fuente: INE, ENI y elaboración propia.

---

8 La explotación de los microdatos de la ENI también contempló el análisis de otras variables en relación a la provincia de origen (nivel de estudios, condición de actividad, vivienda en Argentina, motivos para emigrar), pero la escasa representatividad de los datos para la mayor parte de las provincias desalentó la presentación de los resultados.

En resumen, es posible advertir una distribución por sexos diversa en cuanto a la provincia de origen que no es posible explicar con los datos recabados en esta investigación. La distribución de los inmigrantes de acuerdo a su provincia de nacimiento en Argentina también ha abierto interrogantes que por ahora no podemos responder. Entre ellos, la existencia de trayectorias migratorias previas dentro del territorio argentino, las causas de la desigual distribución por sexos en algunas provincias o la existencia de redes migratorias entre determinadas provincias argentinas y españolas. A este respecto sólo se encuentra documentada una red, la establecida entre la ciudad bonaerense de Mar del Plata y las Islas Baleares (Jofre, 2003; González, 2009), pero es probable que existieran otras, dada la enorme influencia social de la migración española en la Argentina.

4

El stock de inmigrantes

1. Período de llegada a España

De acuerdo con el Padrón Continuo de Habitantes, 286.449 personas nacidas en Argentina residían en España a 31 de diciembre de 2010.[1] Como hemos visto en el capítulo dos, se trata de un stock constituido por más de medio siglo de migraciones. La publicación de la ENI confirmó lo que habíamos estimado a través de otras fuentes: el mayor volumen de traslados se produjo en el marco de la última crisis económica en Argentina. Así, el 66% de los argentinos que residían en España en 2010 habían arribado entre 2000 y 2007;[2] el 8% entre 1993 y 1999; el 13% entre 1984 y 1992; el 5% durante la última dictadura militar y el 7% antes de 1976 (Gráfico 4.1).

---

1 Recordamos al lector que la fecha oficial de población publicada por el INE es el 1° de enero de 2011. El criterio de mencionar el día anterior, 31 de diciembre de 2010, se fundamenta en la armonización de los datos del Padrón con los del Registro de Residentes que se publican anualmente a 31 de diciembre.

2 Debemos recordar que la ENI sólo incluye a personas arribas en los primeros meses del año 2007.

Gráfico 4.1. España. Población nacida en Argentina, de 16 y más años, según período de llegada. A 1 de enero de 2007. En porcentajes

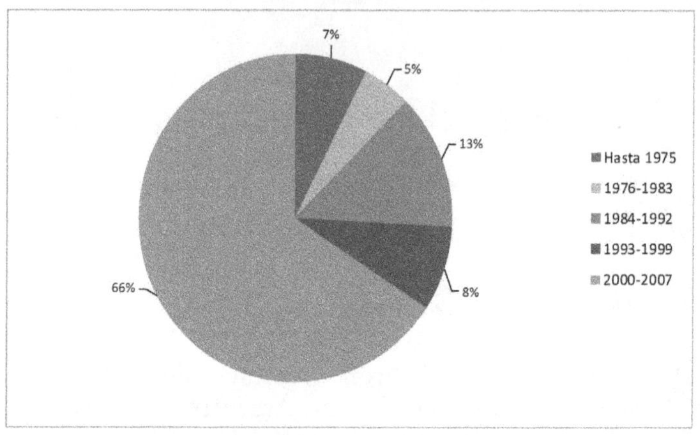

Fuente: INE, ENI y elaboración propia.

Debe subrayarse que el mayor auge de inmigración de argentinos a España coincidió con la llegada masiva de inmigración extranjera a este país. Entre los años 1997 y 2007, pero sobre todo a partir de 1999, llegaron a España aproximadamente tres cuartas partes de los inmigrantes argentinos (163.000) pero también de la población de origen extranjero (3.100.000) asentada en el país. Fue la misma etapa en la que llegaron más del 80% de los inmigrantes latinoamericanos: ecuatorianos y bolivianos arribaron casi exclusivamente durante esa década (94% y 97%, respectivamente), los colombianos tenían algo más de antigüedad (89%) y los argentinos eran quienes contaban con más efectivos residiendo con anterioridad a 1997 (23%) (ver Tabla 4.1).

Tabla 4.1. España. Población nacida en Argentina, América Latina y el extranjero, de 16 y más años, por período de llegada. A 1 de enero de 2007. En porcentajes

Período de llegada	Argentina		América Latina		Total	
	N	(%)	N	(%)	N	(%)
Hasta 1975	17.104	7,4	91.156	5,2	388.262	8,7
1976-1983	11.490	5,0	46.614	2,6	219.234,00	4,9
1984-1992	30.887	13,4	130.971	7,4	429.816	9,6
1993-1999	19.189	8,3	253.612	14,4	706.789	15,9
2000-2007	151.427	65,8	1.239.376	70,3	2.713.016	60,9
Total	230.097	100,0	1.761.729	100,0	4.457.117	100,0

Fuente: INE, ENI y elaboración propia.

2. Sexo y edad

De acuerdo con el Padrón Continuo de Habitantes, al final de 2010 residían en España 146.760 hombres (51,2%) y 139.689 mujeres (48,7%) nacidos en Argentina. Se trata de proporciones similares a las del total de personas nacidas fuera de España (51% y 49% respectivamente) y con apenas dos puntos porcentuales de diferencia respecto a la población autóctona (49,1% y 50,9% respectivamente). Sin embargo, si la comparación se realiza con inmigrantes oriundos de Latinoamérica encontramos divergencias notorias porque en este caso la proporción de hombres es bastante inferior a la de mujeres (44,5% y 55,5% respectivamente) (ver Tabla 4.2).

Resulta interesante analizar de qué manera se llegó a esta situación. Puede afirmarse que en los flujos iniciales desde América Latina predominaron las mujeres, sobre todo en el periodo 1992-1996 (donde el 62% de los llegados eran mujeres), y que con el asentamiento posterior de estos grupos se registró una tendencia (no concluida) hacia la equiparación entre sexos. De todas formas, el origen nacional presenta matices importantes respecto a este panorama general. En la migración desde Argentina, como se ha visto, hubo una mayor incidencia de hombres en los periodos que registraron los flujos más importantes (entre 1976-1983 y entre 2000-2004). En cambio, la migración procedente de Perú, Colombia, Ecuador y Bolivia fue predominantemente femenina cuando la corriente migratoria se hizo más intensa.

Tabla 4.2. España. Población según país y continente de nacimiento seleccionados, por sexo. A 31 de diciembre de 2010

Lugar de nacimiento	N			(%)	
	Hombres	Mujeres	Total	Hombres	Mujeres
Argentina	146.760	139.689	286.449	51,2	48,8
España	19.879.356	20.633.298	40.512.654	49,1	50,9
No España	3.403.831	3.274.008	6.677.839	51,0	49,0
América Latina y Caribe	1.093.074	1.363.301	2.456.375	44,5	55,5

Fuente: INE, Padrón Continuo de Habitantes.

La migración colombiana mostró un predominio femenino que se hizo máximo en la década 1987-1996 (75%) para moderarse sensiblemente en la década posterior, cuando se produjo la migración generalizada. La migración de ecuatorianos y bolivianos mostró un perfil similar: mayoría masculina hasta 1986, reemplazada por predominio femenino en las décadas posteriores a medida que se generalizaban las entradas de inmigrantes. En el caso de Perú la supremacía de mujeres se registró, ampliándose, hasta 1996, fecha a partir de la cual la situación se revirtió hacia una mayoría masculina. En definitiva, estos datos señalan la existencia de dos pautas diferenciadas: en los momentos de máxima migración desde Argentina arribaron más hombres, mientras que desde Ecuador, Colombia, Bolivia y Perú emigraron mayoritariamente mujeres.

En cuanto a los perfiles de edad, es conveniente analizarlos comprándolos con la población total y extranjera en España y total en Argentina. Los gráficos 4.2 y 4.3 ilustran las pirámides de población correspondientes al conjunto de argentinos en España y al total de habitantes en Argentina (*circa* 2010) y demuestran que se trata de estructuras claramente diferenciadas: el 54% de los inmigrantes argentinos en España tenía entre 20 y 44 años, mientras que en ese segmento de edad sólo se ubicaba el 36% de la población total en Argentina. Asimismo, el grupo etario que tenía entre 45 y 64 años también era más importante entre los inmigrantes (25% frente a 19%). En cambio, los menores de 20 años suponían más de un tercio de la población en Argentina (34%) y sólo el 13% entre los emigrados. En suma, la estructura etaria de los argentinos en España refleja la huella demográfica de la inmigración en la que predomina un elevado componente de población activa.

Gráfico 4.2. España. Población nacida en Argentina según sexo y grupos quinquenales de edad. A 1 de enero de 2011. En porcentajes

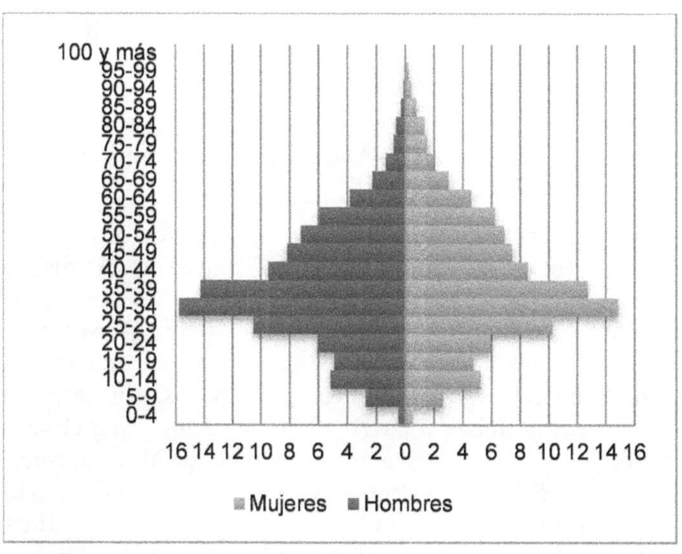

Fuente: INE, Padrón Continuo de Habitantes; INDEC, Censo Nacional de Población, Hogares y Viviendas 2010.

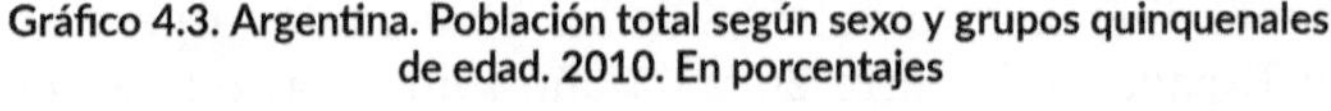

Gráfico 4.3. Argentina. Población total según sexo y grupos quinquenales de edad. 2010. En porcentajes

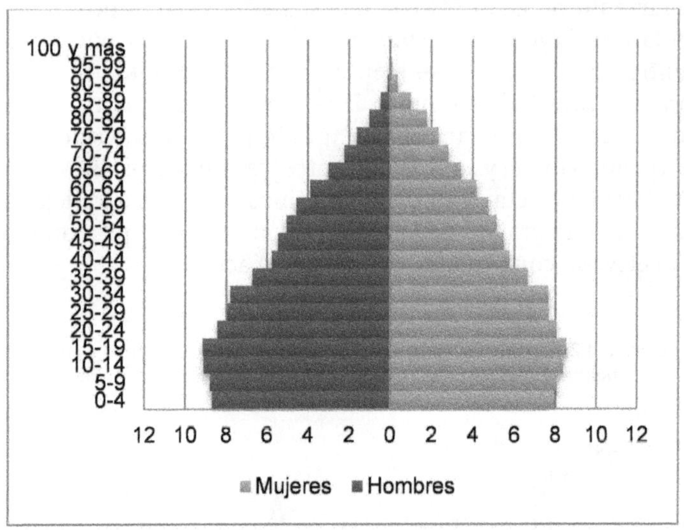

Fuente: INE, Padrón Continuo de Habitantes; INDEC, Censo Nacional de Población, Hogares y Viviendas 2010.

Si observamos ahora las pirámides de población de autóctonos e inmigrantes en España en el mismo momento (gráficos 4.4 y 4.5), hallamos una situación similar: el 58% de los inmigrantes extranjeros tenía entre 20 y 44 años, mientras que en ese grupo etario sólo se ubicaba el 34% de los autóctonos. En cambio, éstos predominaban a partir de los 45 años (eran el 45% frente al 27% de los nacidos en otro país) y también en el segmento de los menores de 10 años (11% y 4%, respectivamente),[3] en tanto que el tramo 10-19 años tenía la misma importancia en ambos grupos (10%).

---

3 Debemos considerar que una parte de los nacidos en España son hijos de padres extranjeros, por tanto, no son inmigrantes *stricto sensu* pero sí forman parte de las redes socio-familiares de la inmigración.

Gráfico 4.4. España. Población nativa según sexo y grupos quinquenales de edad. A 1 de enero de 2011. En porcentajes

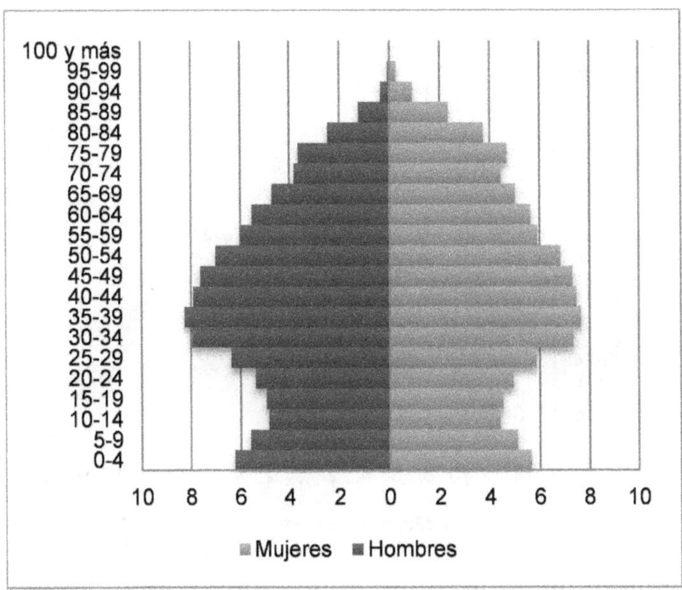

Fuente: INE, Padrón Continuo de Habitantes.

Gráfico 4.5. España. Población nacida en el extranjero según sexo y grupos quinquenales de edad. A 1 de enero de 2011. En porcentajes

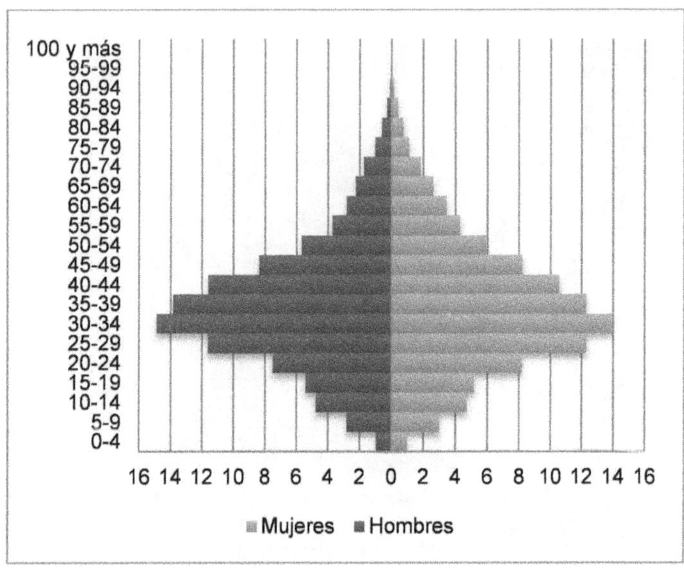

Fuente: INE, Padrón Continuo de Habitantes.

Una mirada de conjunto situaría la inmigración procedente de Argentina entre los colectivos nacionales más envejecidos con una media de edad de 40,7 años, a pesar de que el último flujo migratorio produjo un rejuvenecimiento de la colonia. Por encima de ese valor sólo se encontraban inmigrantes comunitarios originarios del Reino Unido (53,2), Alemania (45,2), Portugal y Francia (en torno a 44 años). Los más jóvenes, en cambio, eran grupos de inmigración más recientes procedentes de Bolivia (30,8), Rumanía (31,6) y Ecuador (32,7) (Colectivo IOÉ y Fernández, 2010: 41).

La media de edad más elevada de los argentinos respecto a otros inmigrantes no sólo puede explicarse a partir de la antigüedad de la colonia en España, sino también porque se constata que tanto los hombres como las mujeres emigraron a España en edades más avanzadas. Si atendemos al conjunto de los inmigrantes extranjeros, la edad media en la que emigraron los hombres y las mujeres era de 28 años. En los casos de los oriundos de América Latina, los hombres emigraron a una edad promedio de 28 años y las mujeres de 29, mientras que los hombres y mujeres argentinos llegaron a España cuando tenían en término medio 30 y 31 años respectivamente (ver Tabla 4.3).

Tabla 4.3. España. Población nacida en Argentina y América Latina, con 16 y más años, según edad promedio al llegar a España por período de llegada y sexo. A 1 de enero de 2007

Hombres	Todos	América Latina	Argentina
Total	28	28	30
Hasta 1969	12	11	9
1970-1986	17	20	25
1987-1991	25	21	23
1992-1996	28	27	22
1997-2001	30	29	34
2002-2007	32	30	33
Mujeres	Todas	América Latina	Argentina
Total	28	29	31
Hasta 1969	12	9	9
1970-1986	20	21	24
1987-1991	26	26	24
1992-1996	28	30	36
1997-2001	31	30	34
2002-2007	32	30	34

Fuente: Colectivo IOÉ y Fernández, 2010: 227.

Antes de pasar al siguiente tema, es interesante subrayar que la edad media que tenían los inmigrantes al llegar a España no decreció en los períodos de migraciones masivas, sino, al contrario, fue en aumento (ver Tabla 4.3). Esta situación es verificable tanto para el conjunto de los inmigrantes extranjeros como para los procedentes de América Latina y la Argentina. En este contexto sería lícito preguntarse cuáles fueron los factores que alentaron ese proceso. Si pensamos en el país receptor, los cambios en la demanda del mercado de trabajo sería un factor de primer orden; en el caso de los países emisores y concretamente de Argentina, la respuesta estaría en la profundidad de las crisis económicas que se sucedieron en las últimas décadas afectando a segmentos sociales cada vez más amplios, y al perfil de los propios emigrantes, compuesto por personas que permanecieron más tiempo en el sistema educativo. A continuación profundizaremos esta cuestión.

3. Nivel educativo

De acuerdo con los datos de la ENI, en el conjunto de argentinos emigrados a España en edades comprendidas entre los 16 y los 64 años predominaban las personas con educación secundaria (52%), sobre todo quienes tenían ese nivel concluido (41%). El resto lo componían dos segmentos: las personas con educación primaria, completa e incompleta (13%) y con educación superior (35%) (ver Gráfico 4.6). A su vez, ese nivel educativo incluye otros dos: la población con primer ciclo y con segundo ciclo de educación superior (32% y 3%, respectivamente).[4]

4 Estudios de primer ciclo eran los formados por tres o cuatro cursos, de un año de duración cada uno, que conducían a las titulaciones de Diplomado Universitario, Ingeniero Técnico y Arquitecto Técnico. Los estudios de segundo ciclo estaban formados por uno o dos cursos más, de un año de duración cada uno, que conducían a las titulaciones de Licenciado, Ingeniero y Arquitecto. Esta clasificación estuvo vigente hasta finales de 2007, cuando entró en vigor una nueva ordenación de los estudios superiores a raíz de la puesta en marcha del Espacio Europeo de Educación Superior (Real Decreto 1393/2007 del 29 de octubre, por el que se establece la ordenación de las enseñanzas universitarias oficiales, BOE núm. 260 de martes 30 de octubre).

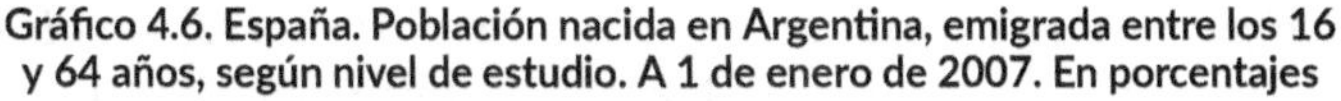
Gráfico 4.6. España. Población nacida en Argentina, emigrada entre los 16 y 64 años, según nivel de estudio. A 1 de enero de 2007. En porcentajes

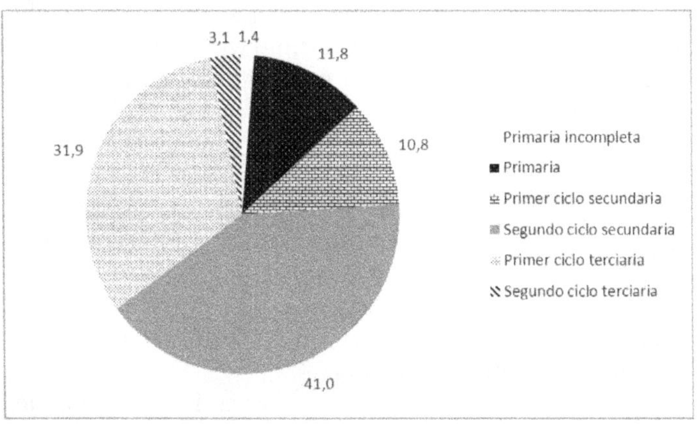

Fuente: INE, ENI y elaboración propia.

En la medida que el nivel educativo es un indicador válido de la selectividad de los flujos migratorios y de las capacidades para la integración laboral y social de los inmigrantes en la sociedades de destino, es interesante comparar el nivel educativo de los inmigrantes argentinos y extranjeros en España con el del conjunto de la población en Argentina y en España. Así, en la Tabla 4.4 observamos que, efectivamente, entre los emigrados existía una mayor proporción de hombres y mujeres con educación secundaria y terciaria que en el conjunto de la población en Argentina; asimismo, el porcentaje de hombres y mujeres que sólo tenían estudios primarios era significativamente inferior. La selección fue más evidente en las mujeres con estudios superiores y hombres con educación media (con una diferencia entre argentinos emigrados a España y la población total de Argentina de 18,6 y 17,5 puntos porcentuales, respectivamente). Una selección favorable a los perfiles educativos elevados también se detecta respecto a la población total en España. Ésta presentaba una mayor presencia en el segmento con estudios primarios o inferiores (más del doble entre los hombres y del triple en las mujeres) y una incidencia menor en los niveles secundario y terciario, este último con una diferencia significativa (15 y 23 puntos porcentuales en hombres y mujeres, respectivamente). Una situación similar acontece con relación a la inmigración latinoamericana y al conjunto de personas de origen extranjero que residían en España. Estos colectivos exhibían una proporción mayor de personas con estudios primarios y secundarios (de 2 a 4 puntos porcentuales en los hombres y de 6 a 8 en las mujeres) y menor con estudios superiores, sobre todo en las mujeres (6 puntos en los hombres y entre 13 y 15 en las mujeres) (ver Tabla 4.4).

En suma, considerando las personas de 16 y más años, los inmigrantes argentinos presentaban un mejor perfil educativo que el total de la población residente en Argentina y en España. En este último país, la selección favorable se extiende también al conjunto de la inmigración extranjera (y latinoamericana). Ello significa que los argentinos presentaban una proporción menor de inmigrantes con educación primaria o menos, y una proporción mayor con educación superior, especialmente las mujeres.

Tabla 4.4. España y Argentina. Población de 16 y más años, inmigrante y autóctona, por nivel educativo y sexo. A 1 de enero de 2007. En porcentajes

Población	Hombres			Mujeres		
	Primario o menos	Secundario	Terciario	Primario o menos	Secundario	Terciario
España. Población total (1)	35,9	50,9	13,2	40,8	45,3	13,9
España. Inmigrantes extranjeros (2)	19,7	58,7	21,5	19,7	58,7	21,5
España. Inmigrantes latinoamericanos (2)	18,6	59,4	22	18,2	58	23,8
España. Inmigrantes argentinos (2)	16,3	55,9	27,9	11,9	50,8	37,3
Argentina. Población total (3)	46,5	38,4	15,1	45,4	35,9	18,7

Fuente: (1) INE, Censo de Población y Viviendas 2001; (2) INE, ENI, población nacida en los países de origen de 16 y más años; (3) INDEC, Censo Nacional 2001, población de 15 y más años.

Obviamente, las cifras de la Tabla 4.4 están condicionadas por la estructura de edades de la población. Si la comparación se hiciera sólo con los adultos que tenían entre 20 y 34 años de edad, excluyendo a los jóvenes que aún estaban en período de formación y a las personas de edad avanzada que tuvieron menos oportunidades de estudiar, encontraríamos que las cifras se modifican sustancialmente: se incrementan los inmigrantes (todos los colectivos) con estudios secundarios y disminuyen los que tienen estudios superiores y los de nivel primario, aunque éstos de forma más moderada (ver Tabla 4.5). En este segmento de edad los argentinos continuaban presentando un perfil educativo más elevado que el conjunto de los inmigrantes extranjeros, sobre todo las mujeres; aunque inferior al de la población autóctona que incrementó notablemente el nivel medio de formación en las últimas décadas.[5] Con respecto a los colectivos latinoamericanos, se aprecia una disminución notable de las personas que sólo contaban con estudios primarios, sobre todo mujeres, y un incremento de las personas con nivel de estudios secundario y superior, más moderado en el primero y notable en el segundo.

---

5 En España, la proporción de estudiantes entre los 20 y los 24 años creció de manera ininterrumpida entre 1974 y 1999, momento en el que alcanzó un máximo histórico (con casi cuatro de cada diez mujeres y tres de cada diez hombres de estas edades estudiando). Una parte significativa de esa expansión se debió al ingreso masivo de la mujer a la educación superior, proceso que se ha prolongado hasta el presente. Merced a este proceso, la población española (económicamente activa) con educación superior pasó del 2,2% en 1970 al 22% en 2011 (INE, Censo de Población 1970 y EPA, resultados anuales).

Tabla 4.5. España. Población entre 20 y 34 años, inmigrante y autóctona, por nivel educativo y sexo. A 1 de enero de 2007. En porcentajes

Población	Hombres			Mujeres		
	Primario o menos	Secundario	Terciario	Primario o menos	Secundario	Terciario
Población total (1)	15,8	40,0	17,5	11,4	62,6	26
Inmigrantes extranjeros (2)	19,6	67,2	13,2	15,3	68,3	16,4
Inmigrantes latinoamericanos (2)	14,8	72	13,1	14,1	71,7	14,3
Inmigrantes argentinos (2)	7,8	76,8	15,4	4,0	75,6	20,3

Fuente: (1) INE, Censo de Población y Viviendas 2001; (2) INE, ENI, Población nacida en los países de origen.

Es interesante observar con más detalle las diferencias en el nivel educativo de los hombres y las mujeres argentinas emigradas a España. En el Gráfico 4.7 puede percibirse con claridad que hubo una mayor proporción de hombres que de mujeres con educación primaria, completa e incompleta (16% frente a 12%), y secundaria, ciclo básico y avanzado (56% versus 51%), y una diferencia muy significativa a favor de las mujeres en el nivel superior (primer y segundo ciclos): 37% frente a 28%. El elevado nivel educativo de las inmigrantes argentinas en España no sólo superaba al de sus connacionales, en origen y destino, sino también al de la población española y al del conjunto de inmigrantes extranjeros en ese país.

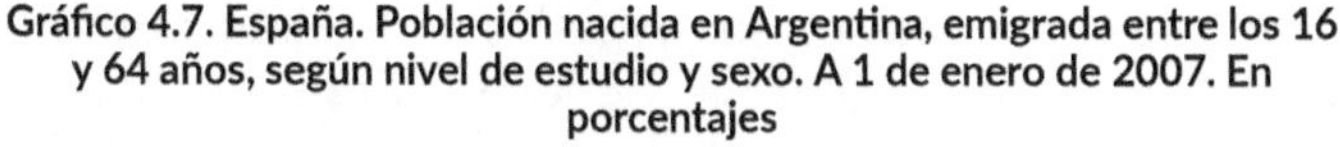

Gráfico 4.7. España. Población nacida en Argentina, emigrada entre los 16 y 64 años, según nivel de estudio y sexo. A 1 de enero de 2007. En porcentajes

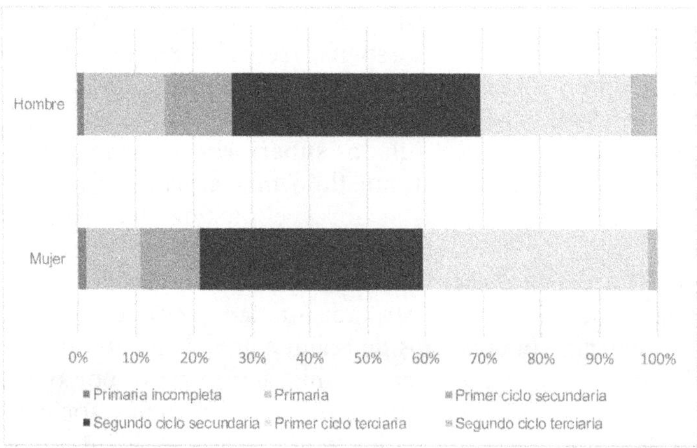

Fuente: INE, ENI y elaboración propia.

Otra cuestión importante, sobre todo tratándose de una migración con antigua presencia en España, es la evolución del nivel educativo de los inmigrantes a través del tiempo. A pesar de que hay un margen de error elevado en las estimaciones relativas a los flujos anteriores a 1983, en el Gráfico 4.8 resulta evidente el mayor nivel de formación de los llegados durante el período del exilio: el 46% tenía estudios universitarios frente al 39% de los llegados entre 1983-1999 y el 32% del ciclo más reciente. Paralelamente, se aprecia un incremento del porcentaje de personas con estudios secundarios en cada oleada (42%, 45% y 55% respectivamente). El bloque minoritario es de quienes no superaban la educación primaria, que se mantuvo en torno al 16%, excepto entre quienes arribaron antes de 1975 (5%) y a partir de 2000 (12%).

Sin embargo, junto a Walter Actis (Esteban y Actis, 2011), observamos que una franja de los titulados universitarios completaron sus estudios en España, por tanto, emigraron de Argentina sólo con los estudios secundarios completos: el 16% de los emigrados hasta 1975 y el 12% de los emigrados en el flujo del exilio realizaron estudios superiores en España, frente al 8% de los que llegaron entre 1984 y 2000 y el 3% de los emigrados en el período 2000-2007 (ver Gráfico 4.9).[6] Por consiguiente, la emigración de titulados superiores de Argentina a España cambió poco de un flujo migratorio a otro (del 35% al 29%), o en otras palabras, el plus de cualificación académica de los migrantes más antiguos no se consiguió antes, en Argentina, sino tras la emigración. Este diferencial tiene que ver, por un lado, con el tiempo transcurrido (a más años de residencia más posibilidades de completar estudios en la emigración) pero, por otro, hace referencia a las diferentes circunstancias sociales de los migrantes de cada ciclo. Parece evidente que los llegados durante el exilio tuvieron menos presiones económicas que les impidieron estudiar en universidades españolas, además, muchos de ellos llegaron con estudios universitarios ya comenzados.

---

6 Debemos aclarar que si bien en términos proporcionales al volumen de cada flujo el mayor porcentaje de graduados en universidades españolas se encuentra entre los migrantes más antiguos, considerando el conjunto de los graduados en educación superior las mayores proporciones corresponden a migrantes que llegaron en el último flujo migratorio (62%), jóvenes que reencauzaron sus trayectorias formativas en España (el 57% tiene menos de 40 años).

Gráfico 4.8. España. Población nacida en Argentina, emigrada entre los 16 y 64 años, según nivel de estudio y período de llegada. A 1 de enero de 2007. En porcentajes

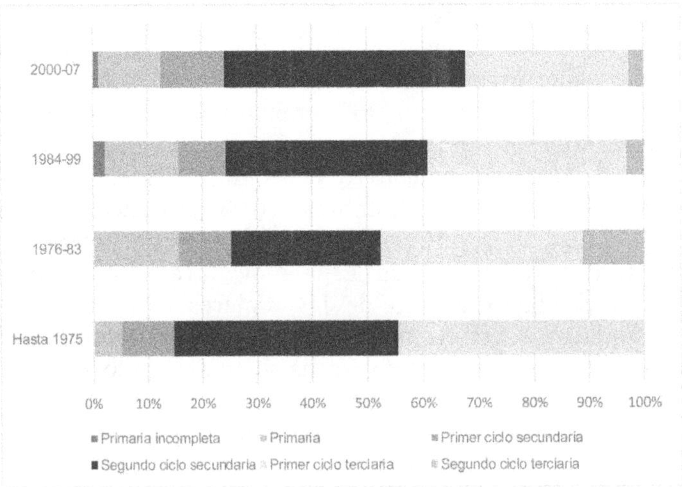

Gráfico 4.9. España. Población nacida en Argentina, emigrada entre los 16 y 64 años, según período de llegada, nivel de estudio y lugar donde terminó los estudios. A 1 de enero de 2007. En porcentajes

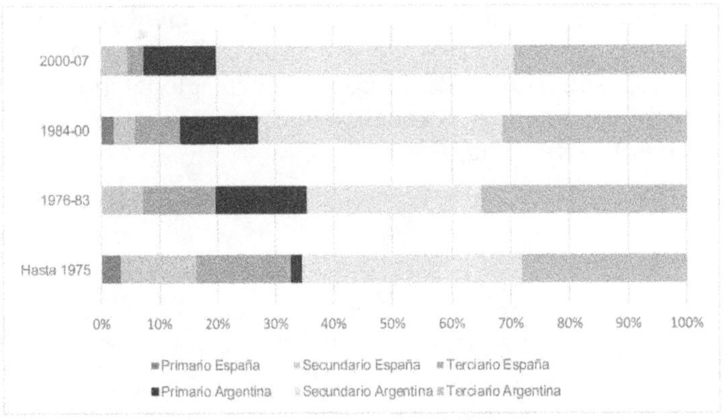

El análisis de la evolución del nivel educativo de los inmigrantes argentinos también evidencia diferencias significativas entre hombres y mujeres. A pesar de que a este nivel de desagregación los datos no son del todo fiables, la tendencia es clara: entre los inmigrantes con estudios superiores concluidos que llegaron a España en el período 1976-1983, el 80% eran hombres y el 20% restante mujeres;[7] por el contrario, la población que llegó con ese nivel educativo en el flujo del corralito se distribuía en 36% de hombres y 64% de mujeres. La misma situación se aprecia entre quienes concluyeron los estudios superiores en España (ver Tabla 4.6). Al parecer, el mayor acceso de las mujeres a la educación superior ocurrido en las últimas décadas, tanto en España como en Argentina, se ha visto reflejado en la composición de la migración.

El hecho de que la emigración de argentinos con educación superior a España no haya manifestado cambios significativos en las últimas cuatro décadas es un dato auspicioso. No obstante, antes de hacer valoraciones optimistas debemos tener presente que España no es un destino propicio para la migración calificada y que este tipo particular de flujos debe ser analizado en el marco de otros procesos como el incremento de la movilidad internacional de profesionales, científicos y estudiantes universitarios, de la cantidad de alumnos de educación superior y de la competencia global por la atracción de talentos. Procesos que exceden el marco analítico de este trabajo.

---

7 Aunque en la ENI esta población aparece identificada como "población con estudios realizados en el extranjero", es perfectamente asumible estimar que la gran mayoría estudió en la Argentina.

Tabla 4.6. España. Población nacida en Argentina, emigrada entre los 16 y 64 años, con estudios superiores, según período de llegada, sexo y lugar donde terminó los estudios. A 1 de enero de 2007

Período de llegada	Terciario extranjero			Terciario España		
	Ambos sexos	Hombres	Mujeres	Ambos sexos	Hombres	Mujeres
Hasta 1975	1.428	13,7%	86,3%	838	89,9%	10,1%
1976-83	2.746	80,5%	19,5%	978	86,7%	13,3%
1984-99	15.286	57,9%	42,1%	3.804	59,9%	40,1%
2000-07	36.489	36,1%	63,9%	3.590	34,3%	65,7%
Total	55.949	43,7%	56,3%	9.210	55,5%	44,5%

Fuente: INE, ENI y elaboración propia.

Por último, analizaremos datos sobre la homologación (o convalidación) en España de los estudios realizados en Argentina. En muchos casos este proceso es una evaluación imprescindible para el ejercicio profesional, en otros, aunque no lo sea, contribuye a incrementar las oportunidades de movilidad laboral. Según la ENI, tres cuartas partes de los argentinos emigrados a España no homologaron sus estudios y el 7% aún se encontraba en proceso de tramitación en el momento en que se realizó la encuesta.[8] De todos modos, es interesante señalar que es el colectivo de origen extranjero con la mayor proporción de estudios convalidados en España.[9] Si observamos ahora sólo las homologaciones de titulaciones de educación superior, las concedidas suponían el 33% y las que aún estaban en trámite el 10%. Es decir, más del 60% de los profesionales argentinos emigrados a España no podían acceder al ejercicio profesional a 1 de enero de 2007 (ver Gráfico 4.10). Aunque haya que considerar esta magnitud con cautela debido a que no hay

8 En este caso se trata del conjunto de la población emigrada de 16 y más años.

9 En el conjunto de la colonia latinoamericana, el 11,4% había convalidado estudios en España, siendo los colombianos (10%) y peruanos (13,3%) los colectivos con proporciones más altas. Los inmigrantes oriundos de África (10%), Asia (7,6%), incluso la Unión Europea (6,5%), presentaban magnitudes más bajas.

información en la encuesta respecto a 10.196 personas, estamos ante un primer indicador de subutilización de las cualificaciones o *brain waste,* acorde con la literatura especializada (ver, entre otros, Özden y Schiff, 2006).

Gráfico 4.10. España. Población nacida en Argentina, de 16 y más años, con estudios superiores, según ha homologado o no sus estudios A 1 de enero de 2007

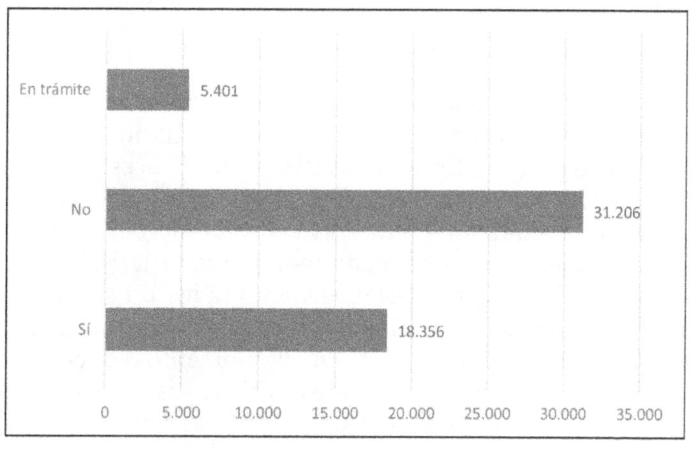

Fuente: INE, ENI y elaboración propia.

En un trabajo anterior ya citado, hallamos que las mayores proporciones de homologaciones correspondían a los argentinos que llegaron en la época del exilio (52%), luego le seguían los emigrados entre 1984 y 1999 (33%) y los que arribaron en el flujo del corralito (17%) (Esteban y Actis, 2011). Parece evidente que estas magnitudes están relacionadas con la proporción de graduados en educación superior en cada flujo y con el tiempo de residencia en España. Sin embargo, es probable que también obedezca a un factor menos evidente: las perspectivas de hallar un empleo acorde a la formación.

Si bien el aumento del nivel educativo de los trabajadores en España fue espectacular, los requerimientos de formación de los puestos de trabajo no avanzaron al mismo ritmo. Por ese motivo, la sobrecualificación de los trabajadores ha sido un problema recurrente en los últimos años. Según datos de la OCDE correspondientes a 2003-2004, y por tanto más favorables que los previsibles en la actual crisis económica, España poseía el mayor nivel de sobrecualificación de trabajadores de los países considerados: 25,5% de la población entre 15 y 64 años, una tasa que trepaba al 43% entre los trabajadores nacidos en el extranjero (OCDE, 2007: 135-138). La ENI, realizada tres años después de este informe, también detectó la existencia de un amplio contingente de trabajadores de origen extranjero que ocupaban posiciones muy por debajo del nivel real de sus cualificaciones. Uno de los datos que más llaman la atención es la presencia de un 12% de trabajadores no cualificados que tenía estudios superiores (Reher et al., 2008: 108).

4. Lazos familiares

En la década de 1980, en el marco de la corriente revisionista de las teorías clásicas y ante la incapacidad de éstas para dar respuesta a nuevos interrogantes, surgieron novedosos enfoques teóricos y metodológicos (los enfoques microanalíticos, los enfoques de la historia de la familia, los estudios de ciclo vital, las teorías de las redes), algunos de los cuales eran, en realidad, interpretaciones innovadoras de antiguas corrientes de pensamiento con larga tradición en las ciencias sociales, y en particular, en el campo migratorio. Entre otras aportaciones, estos enfoques (re)descubrieron la importancia de las redes sociales en los procesos migratorios, sobre todo, aquellas conformadas por las relaciones de parentesco. De ahí que resulte de gran interés conocer qué información ofrecen las fuentes secundarias sobre las estructuras familiares de los inmigrantes argentinos en España. A continuación analizaremos el estado civil y la conyugalidad de los migrantes, la existencia de hijos y progenitores, así como el lugar de residencia de esos familiares.

El 57% de las personas de origen argentino que emigraron a España entre los 16 y 64 años estaban casadas a 1 de enero de 2007, el 33% solteras, el 7% divorciadas y el 3% viudas (Tabla 4.7). De acuerdo al Colectivo IOÉ y Fernández (2010: 50), y aunque los datos no son estrictamente comparables, se trata de magnitudes cercanas a la media del conjunto de inmigrantes en España (52% de casados, 38% solteros, 7% divorciados o separados y 3% de viudos), pero con diferencias sustanciales respecto a los principales colectivos de latinoamericanos: los inmigrantes argentinos tenían mayor proporción de casados y viudos y menor de solteros y separados.[10] Diferencias que, sin duda, se vieron influidas por las estructuras de edades de los diferentes colectivos.

El estado civil de los inmigrantes argentinos variaba entre los sexos: había más mujeres casadas (61%) y viudas (5%) y hombres solteros (38%); en cambio, las magnitudes de separados/as eran similares (7%) (Tabla 4.7). Si comparamos de nuevo con el conjunto de los inmigrantes extranjeros hallamos una menor proporción de mujeres casadas (51%) y mayor de separadas y viudas (10% y 5% respectivamente), porcentajes mayores de hombres solteros (40%) y algo menores de separados (5%) y viudos (1%). Si la comparación se hace con los inmigrantes latinoamericanos los resultados son similares a los anteriores, excepto que entre

---

[10] El 45% de los latinoamericanos estaba casado a 1 de enero de 2007, más hombres (46%) que mujeres (44%), una medida algo superior a la de colombianos y ecuatorianos (41%) y bastante más elevada que la de bolivianos (35%). Una proporción similar de latinoamericanos estaban solteros (45%) al momento de realizarse la ENI, mientras en esa situación se encontraban la mitad de los ecuatorianos (50%) y colombianos (49%) y el 57% de los bolivianos. Las proporciones de separados y/o divorciados era del 8% para el conjunto de los inmigrantes de América Latina, una proporción similar presentaban los oriundos de Ecuador y Colombia, y menor los de Bolivia (5%) (Colectivo IOE y Fernández, 2010: 235).

las mujeres argentinas había más viudas (Colectivo IOÉ y Fernández, 2010: 235). Como hemos señalado antes, estas diferencias pueden ser atribuidas en gran parte a las estructuras de edades de los diferentes colectivos.

Tabla 4.7. España. Población nacida en Argentina, emigrada entre los 16 y 64 años, según estado civil y sexo. A 1 de enero de 2007

Estado civil	N			(%)		
	Hombres	Mujeres	Total	Hombres	Mujeres	Total
Casados	52.664	56.526	109.190	52,6	61,5	56,8
Solteros	38.348	24.239	62.587	38,7	26,4	32,6
Separados	7.307	6.857	14.164	7,3	7,5	7,4
Viudos	1.885	4.253	6.138	1,8	4,6	3,2
Total	100.204	91.875	192.079	100,0	100,0	100,0

Fuente: INE, ENI y elaboración propia.

En el caso de los inmigrantes que tenían pareja es interesante conocer el origen nacional de la misma. Las pautas de endogamia o exogamia en el grupo pueden indicar la existencia de distintos proyectos migratorios y, según los casos, acceso a recursos y oportunidades diferentes. De acuerdo a la ENI,[11] el 62% de los hombres y las mujeres argentinas tenían parejas del mismo origen, alrededor del 30% tenían pareja española, y en el 8% de los hombres y el 4% de las mujeres aquélla era inmigrante de origen extranjero. Por tanto, se aprecia una pauta endogámica dominante en ambos sexos.[12]

---

11 Son datos recogidos por el Colectivo IOÉ y Fernández (2010: 244), por tanto se refieren a personas de 16 y más años.

12 La endogamia es la pauta dominante entre los inmigrantes extranjeros que residían en España y tenían pareja en el momento en que se realizó la ENI: el 64% de los hombres y 59% de las mujeres tenían relaciones conyugales con personas del mismo país de origen. Ahora bien, si observamos los continentes de procedencia de esos inmigrantes, la pauta se mantiene pero con matices: alrededor del 70% los hombres latinoamericanos y las mujeres africanas y asiáticas tenían parejas del mismo origen, mientras se encontraban en una situación similar en torno al 60% de los hombres europeos, africanos y asiáticos, y las mujeres europeas y latinoamericanas. Esta diferencia por sexos

Ahora bien, si observamos cuándo se estableció el vínculo, antes o después de la emigración, este patrón se altera (ver Tabla 4.8). Considerando sólo las personas que constituyeron parejas después de la llegada a España (recordamos que el 40% de los migrantes no tenía pareja al emigrar), la proporción de parejas endogámicas disminuye, mientras aumentan las que vinculan a personas de origen argentino con españoles. En el caso de los hombres, 25% tenía pareja del mismo origen, el 71% española y el 4% inmigrante extranjera; en el de las mujeres aparece un patrón de conyugalidad más endogámico: el 41% tenía parejas argentinas, el 59% española y el 0,3% inmigrante.

Tabla 4.8. España. Población nacida en Argentina, de 16 y más años, en relación de pareja, según lugar de nacimiento de la pareja y fecha de formación de la misma. A 1 de enero de 2007. En porcentajes

Fecha de formación de la pareja	Hombres			Mujeres		
	Mismo origen	Mixta española	Mixta inmigrante	Mismo origen	Mixta española	Mixta inmigrante
Todas	62,0	30,0	8,0	62,2	33,3	4,5
Después de migrar	24,6	71,2	4,3	41,0	58,8	0,3

Fuente: Colectivo IOÉ y Fernández, 2010: 244-247.

También es interesante observar la fecha de constitución del vínculo y, en relación a ésta, el sexo de los inmigrantes y al período de llegada a España, tal como hemos venido haciendo hasta ahora. En la Tabla 4.9 observamos que a partir de 1984 la mayor parte (52%) de los emigrantes llegaron a España con parejas constituidas antes del desplazamiento, invirtiendo la tendencia anterior. La proporción

---

en el patrón endogámico de conyugalidad se acentúa en algunos colectivos de inmigrantes de Latinoamérica: entre el 85% y el 90% de los hombres de Ecuador y Colombia tenían parejas de su mismo país, porcentajes muy superiores al de las mujeres (77% de ecuatorianas, 53% de colombianas). Los inmigrantes procedentes de Perú, en cambio, presentaban las proporciones más bajas en ambos sexos (60%) (Colectivo IOÉ y Fernández, 2010: 244).

alcanzó los dos tercios en el último flujo masivo (72%). Los elevados índices de conyugalidad previos a la emigración se verifican tanto en hombres como en mujeres, con lo cual estamos frente a otra evidencia que explica por qué la migración económica que comenzó a mediados de la década de 1980 y se intensificó después del 2000, tuvo un fuerte protagonismo de grupos familiares. Las notables diferencias en los índices de conyugalidad entre los flujos previos y posteriores a 1984 se corresponden con la estructura de edad de los mismos, pero también es altamente probable que la composición social y el tipo de desplazamiento (político o económico) hayan incidido en las mismas.

Conocer si los cónyuges convivían o estaban separados también es un dato importante que brinda la ENI porque puede develar la existencia de familias trasnacionales si uno de los miembros de la pareja vivía fuera de España. De ser así, se trataría de un condicionante de primer orden de las estrategias de asentamiento y de los proyectos a futuro del inmigrante. En la Tabla 4.10 apreciamos que las personas de origen argentino con vínculos conyugales ascendían a 109.190, considerando a 1 de enero de 2007 a todos aquellos que emigraron entre los 16 y 64 años. De éstas, el 96% (105.376) convivía, 2% de las parejas mantenían relaciones conyugales trasnacionales (2.526) y el 1% restante (1.288) vivía en España pero en domicilios distintos. Cuando uno de los cónyuges vivía en otro país, en el 55% de los casos era en Argentina. A pesar del drama que supone la existencia de 2.500 familias divididas por la migración, los datos ponen de manifiesto una situación de relativo beneficio de la colonia argentina frente al resto de inmigrantes extranjeros, ya que el 13% de las parejas inmigrantes en España (240.000) tenían uno de los cónyuges viviendo en otro país (de las cuales en el 82% de los casos era el país de origen). La mayoría procedía de África y América Latina (Colectivo IOÉ y Fernández, 2010: 54).

Tabla 4.9. España. Población nacida en Argentina, emigrada entre los 16 y 64 años, con pareja actual, según fecha de constitución de la pareja, sexo y período de llegada. A 1 de enero de 2007. En porcentajes

Sexo	Fecha de constitución de la pareja	Período de llegada				Total
		Hasta 1975	1976-83	1984-99	2000-07	
Hombre	Antes de migrar	3,8	22,5	47,9	71,0	58,5
	Después de migrar	96,2	77,5	52,1	29,0	41,5
	Total	100,0	100,0	100,0	100,0	100,0
Mujer	Antes de migrar	43,8	45,4	57,2	73,6	67,9
	Después de migrar	56,2	54,6	42,8	26,4	32,1
	Total	100,0	100,0	100,0	100,0	100,0
Ambos sexos	Antes de migrar	21,1	31,4	52,2	72,4	63,4
	Después de migrar	78,9	68,6	47,8	27,6	36,6
	Total	100,0	100,0	100,0	100,0	100,0

Fuente: INE, ENI y elaboración propia.

La separación era más frecuente en los hombres que en las mujeres (5% frente a 2%), lo cual ratifica lo observado en el apartado anterior acerca de las trayectorias migratorias: el 6% de las mujeres tenía a sus parejas en España cuando emprendieron la emigración desde Argentina, mientras sólo el 1% de los hombres se encontraba en esa situación. Es decir, en los casos de familias divididas por la migración, fueron los hombres quienes emigraron primero haciendo de pioneros. Respecto a las diferencias entre flujos, como era previsible, la existencia de familias transnacionales aparece con frecuencia entre los inmigrantes arribados en última oleada migratoria (2,8%); no obstante, también se manifestó entre arribados en el período 1976-1983 (3,6%), aunque no es un valor fiable debido al tamaño de la muestra y al altísimo nivel de desagregación de los datos.

Tabla 4.10. España. Población nacida en Argentina, emigrada entre los 16 y 64 años, con pareja actual, según lugar de residencia de la pareja, sexo y período de llegada. A 1° de enero de 2007. En porcentajes

Sexo	Lugar de residencia del cónyuge	Período de llegada				(%)	N
		Hasta 1975	1976-83	1984-00	2000-07	Total	Total
Hombre	Convive	84,4	94,1	100,0	93,6	95,1	50.082
	Otro municipio	15,6	0,0	0,0	0,0	0,6	327
	País de nacimiento	0,0	5,9	0,0	5,4	3,7	1.939
	Otro país	0,0	0,0	0,0	1,0	0,6	316
	Total	100,0	100,0	100,0	100,0	100,0	52.664
Mujer	Convive	100,0	100,0	96,5	98,0	97,8	55.294
	Otra vivienda municipio	0,0	0,0	3,5	0,7	1,3	750
	Otro municipio	0,0	0,0	0,0	0,5	0,4	211
	País de nacimiento	0,0	0,0	0,0	0,7	0,5	271
	Total	100,0	100,0	100,0	100,0	100,0	56.526
Ambos sexos	Convive	91,2	96,4	98,4	96,1	96,5	105.376
	No convive (España)	8,8	0,0	1,6	0,7	1,2	1.288
	País de nacimiento Otro país	0,0	3,6	0,0	2,8	2,0	2.526
	Total	100,0	100,0	100,0	100,0	100,0	109.190

Fuente: INE, ENI y elaboración propia.

Igual que sucede con los arreglos conyugales de convivencia, emigrar con los hijos o dejarlos en el país de origen, configura situaciones diversas con consecuencias importantes para el inmigrante y su familia. De acuerdo con la ENI, sabemos que la población de origen argentino menor de 10 años que residía en España a 1 de enero de 2007 ascendía a 9.100 personas (3%) y los de 15 años y menores de 15 años a 24.000 (8%). Pero éstos eran sólo los menores emigrados. Para completar el cuadro familiar deben contabilizarse, además, los hijos de emigrados que permanecieron en Argentina. Para ello, a pesar de que los vínculos paterno y materno filiales son permanentes, vale la pena centrarnos en los hijos dependientes, es decir, en los padres y madres que eran menores de 45 años. En ese segmento, sólo 5.256 personas (7%) tenían hijos en Argentina, una proporción muy inferior a la media de la inmigración extranjera (23%), de la procedente de América Latina (30%) y de países como Bolivia (54%), Colombia (30%), Ecuador y

Perú (32%). Evidentemente, las personas afectadas eran las que emigraron más recientemente.

5. Lugar de residencia

En el capítulo segundo describimos la distribución de los inmigrantes argentinos en el territorio de España. De acuerdo a los flujos de llegada, vimos que el exilio se asentó principalmente en las zonas metropolitanas de Madrid y Barcelona, pero sobre todo en la capital del país; los primeros flujos económicos comenzaron a "colonizar" zonas costeras (Islas Baleares, Canarias, Alicante en la Comunidad Valenciana y Málaga en Andalucía); y el flujo del corralito se dispersó por todo el territorio, pero preferentemente en comunidades autónomas donde ya existía un stock significativo de argentinos (Valencia, Andalucía, Canarias, Islas Baleares y Cataluña), también en otras donde el asentamiento era reducido como Castilla-La Mancha, Aragón y Murcia, todas ellas, comunidades autónomas de fuerte "atracción inmigratoria" (Oliver, 2006).

En suma, el mapa del asentamiento de los argentinos en España a 31 de diciembre de 2010 distinguía a Cataluña (50.244 personas, 23%) en un destacado primer lugar, en segundo término Madrid (43.255 personas, 15%) y Andalucía (42.857; 15%). A continuación le seguían dos Comunidades de la costa del Mediterráneo, Valencia (37.531; 13%) e Islas Baleares (24.417, 8%), y luego las dos Comunidades atlánticas: el archipiélago Canario (19.646; 7%) y Galicia (16.418; 6%) (ver Mapa 1).

Mapa 1. España. Población nacida en Argentina según Comunidad Autónoma de residencia. A 31 de diciembre de 2010. En porcentajes

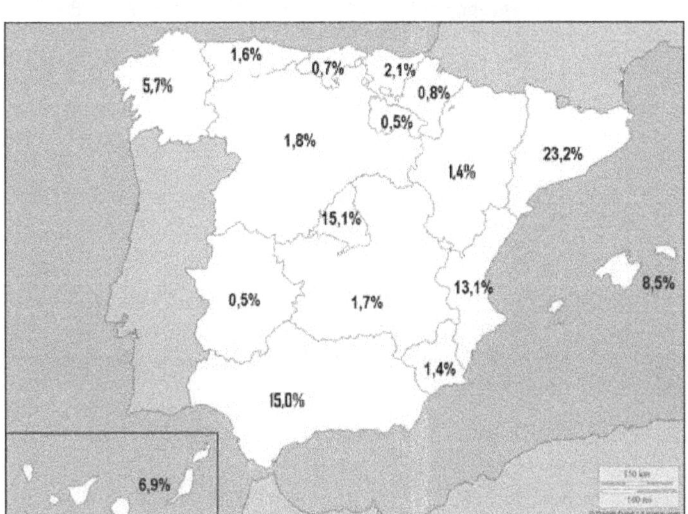

Fuente: INE, Padrón Continuo de Habitantes y elaboración propia.

En el Gráfico 4.11 afinamos el análisis distinguiendo las 13 provincias españolas que tenían una proporción igual o superior al 2% de la población de origen argentino y reunían, en conjunto, al 80% de esa población, gráfico presenta los porcentajes de inmigrantes latinoamericanos y de extranjeros que aglutinaban al 73% y al 71% de dichas poblaciones, respectivamente. La visión panorámica del gráfico refleja enseguida la elevada concentración de la inmigración en Madrid y el litoral mediterráneo. Fueron regiones de máxima atracción de inmigrantes en las cuales el patrón de asentamiento de los extranjeros respondió, en gran medida, a la generación de nuevos empleos durante el período de auge económico.

Gráfico 4.11. España. Población nacida en el extranjero, América Latina y Argentina, residente en provincias españolas seleccionadas, respecto al total de cada grupo poblacional. A 31 de diciembre de 2010. En porcentajes

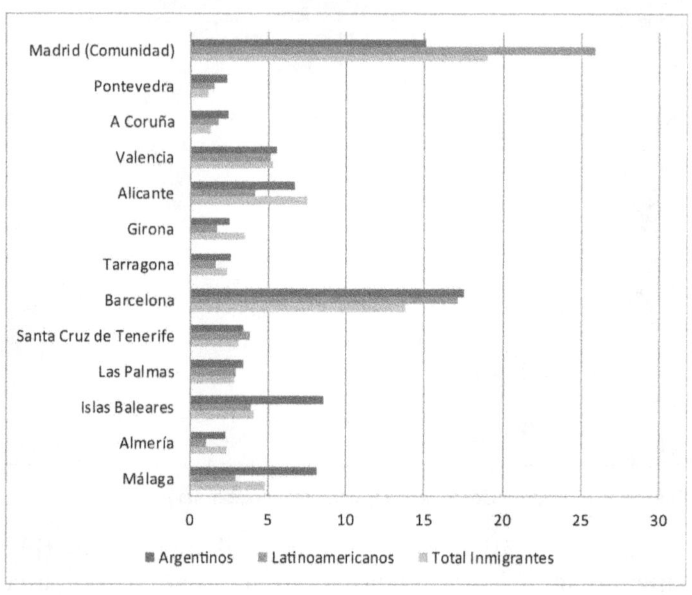

Fuente: INE, Padrón Continuo de Habitantes y elaboración propia.

El Gráfico 4.11 también permite comparar el patrón de asentamiento en el territorio español de los argentinos con el de los inmigrantes latinoamericanos y el total de nacidos en el extranjero. En términos proporcionales a cada colectivo, encontramos la mayor concentración de argentinos en las provincias de Barcelona (17%) y de Madrid (15%). Ambas poseían los centros metropolitanos más importantes del país y las poblaciones más significativas de inmigrantes extranjeros y latinoamericanos, aunque esta última era sin duda la "provincia latina" por excelencia (concentraba el 26% del padrón de latinoamericanos). Málaga (8%) y las Islas Baleares (8%) eran la tercera y cuarta provincia con más residentes argentinos. Curiosamente, allí se encontraban sobrerepresentados respecto al total de inmigrantes y al colectivo latinoamericano, con lo cual, pueden calificarse como "destinos distintivos" de la colonia argentina. Allí, el asentamiento comenzó a crecer con la llegada de los primeros inmigrantes económicos en los años ochenta, un período en el cual ambas provincias también recibieron importantes contingentes de inmigrantes europeos retirados del mercado de trabajo en busca de mejor calidad de vida. Posteriormente, recibieron migraciones de carácter económico con motivo de abastecer una creciente demanda laboral.

Las provincias de Valencia y Alicante, también en el litoral mediterráneo, aglutinaron el 5% y 6% de los argentinos que residían en España. Alicante presentaba una situación similar a las dos provincias mencionadas antes, en cambio el crecimiento de la colonia valenciana fue más reciente, a partir de la llegada del flujo del corralito. Con 3,4% del stock de argentinos le seguían cada una de las provincias del archipiélago canario, Santa Cruz de Tenerife y Las Palmas. Eran asentamientos que comenzaron a cobrar volumen significativo en la década de 1980, junto con los primeros "turistas residenciales europeos" y mucho antes de la llegada masiva de inmigrantes económicos.

A continuación, y con un stock que rondaba el 2% de población argentina, encontramos las provincias catalanas de Girona y Tarragona, Almería en Andalucía y las provincias gallegas de A Coruña y Pontevedra. Las tres primeras eran destinos relativamente nuevos para los argentinos, arribados en mayor medida junto al grueso de los inmigrantes económicos a partir del año 2000. En cambio, las dos últimas tenían la particularidad de que eran antiguos asentamiento de la colonia (incluso antes de la llegada de exiliados) y nunca fueron regiones de atracción de inmigrantes. Los investigadores constataron empíricamente que la llegada de los nuevos flujos de argentinos (junto a uruguayos y venezolanos) tenía características propias, tratándose en mayor media de una migración "diferida generacionalmente" que se dirigió a las comunidades de origen de sus padres o abuelos emigrados a Argentina. En un primer momento los denominaron "falsos retornados" (Lamela, López y Oso, 2005), aunque vista la complejidad específica de su situación, decidieron más tarde recalificarlos como "inmigración de retorno a las raíces" (Oso, Golías y Villares, 2008).

En este libro no nos detendremos en el análisis del asentamiento por municipios y barrios. Sin embargo, conviene hacer algunas puntualizaciones al respecto sobre la base de un trabajo anterior (Actis y Esteban, 2007: 239-240). En primer lugar, los mayores incrementos de la inmigración arribada en el flujo del corralito (que reunía al 66% del stock total de argentinos en España a 1 de enero de 2007) se registraron en municipios costeros-turísticos. Espacios que experimentaron un crecimiento demográfico superior a la media española y que se encontraban en expansión a razón de su elevada actividad económica. En segundo lugar, no hemos detectado en la literatura de referencia la existencia de "barrios étnicos argentinos", en el sentido de áreas urbanas en la que se concentraran los inmigrantes, sus comercios, locales comunitarios y lugares típicos de interacción (plazas, mercados y bares, por ejemplo).

No obstante, la dispersión espacial no debe interpretarse como un indicador de inserción social "exitosa". Las ciudades del sur de Europa se caracterizan por una distribución más dispersa de los inmigrantes extranjeros, en comparación con ciudades centroeuropeas y norteamericanas, pero con peores condiciones de habitabilidad (Malheiros, 2002; Arbaci, 2008). Concretamente, en el caso de España, el modelo de inserción urbana de los inmigrantes ampliamente mayoritario ha sido definido como copresencia residencial (Torres, 2011: 180 y ss.). Los inmigrantes se distribuyen de manera desigual en la trama urbana pero los espacios comunes de sociabilidad cotidiana (el edificio, la calle y la plaza) son compartidos con vecinos de diferentes orígenes.

Además, hay otro factor que contribuye a explicar la inexistencia de "barrios argentinos" en las ciudades españolas y es que la presencia de vecinos asentados previamente no configuró un "efecto llamada" para los "recién llegados", a diferencia de otros colectivos como chinos, marroquíes y paquistaníes. Con todo, y aunque es sabido que el crecimiento del empleo, la calidad de vida, el precio de la vivienda y la existencia de redes sociales condicionaron las pautas de asentamiento, aún resta por conocer qué incidencia han tenido cada uno de estos factores en las diferentes provincias españolas.

ley, es que la [illegible] que [illegible] proveían [illegible] no con[illegible] la [illegible] también [illegible] a [illegible] pequ[illegible] [illegible] aumento del [illegible] vivienda y [illegible] condiciones [illegible] partes de a[illegible] por con [illegible] de. Las [illegible] autores [illegible] nuevas [illegible]

5

Los motivos de la emigración

1. Los motivos para emigrar según la investigación sociológica

Según hemos visto, no hay una teoría que pueda explicar por sí misma y de una manera satisfactoria el origen de los movimientos migratorios. Tampoco hay *una* causa (estructural) ni *un* motivo (individual) para migrar. Los desplazamientos siempre son causados por una constelación de factores sociales y personales mutuamente imbricados. Estudios recientes de la migración de argentinos a España dan cuenta de ello, al mismo tiempo que realizaron un gran esfuerzo teórico de sistematización de significados de la migración. Éstos se plasmaron en tipologías de proyectos migratorios que no deben entenderse como compartimentos estancos con propiedades exclusivas, sino como rasgos esenciales de fenómenos sociales difusos con propiedades heurísticas, es decir, a modo de tipos ideales weberianos.

La bibliografía recoge tres tipologías aplicadas a la última oleada de inmigrantes argentinos a España. En el primer caso, Schmidt (2009: 180-188) halló cinco tipos de proyectos migratorios: 1) personas que consideraban que la inestabilidad económica y social en Argentina afectaba sus posibilidades de crecimiento personal y profesional; 2) jóvenes con trayectorias laborales erráticas que emigraban para probar suerte mientras "escampaba la tormenta" en Argentina; 3) un tercer grupo con trayectorias laborales prologadas y estables pero truncadas por la crisis, en edades relativamente avanzadas, que buscaban una segunda oportunidad en España; 4) jóvenes que llegaron a España a estudiar pero cuya experiencia era parte de un aprendizaje más amplio; y 5) personas, sobre todo mujeres, que emigraron para reagruparse con la pareja y/o los hijos.

Jiménez (2011: 239-271) enfocó las migraciones desde la Teoría de la Práctica de Pierre Bourdieu. A partir de los conceptos de enclasamiento y desclasamiento sostiene que la emigración a España de familias de clase media en Argentina fue una estrategia de reproducción social.[1] Desde este punto de vista, las personas decidieron emigrar porque la integración a la clase se vio truncada al no poder asumir posiciones laborales adecuadas. En sintonía con el argumento, la autora encontró proyectos y trayectorias migratorias diferenciados según fracciones de clase: 1) la pequeña burguesía patrimonial, relativamente más rica en términos económicos; 2) la emigración de la clase media de servicios, que tenía en el capital cultural su principal capital; 3) la clase media baja que carecía de patrimonio económico y de titulaciones universitarias.

La tercera tipología fue elaborada por Gandini (2012: 232) y demuestra que la decisión de emigrar guardó una estrecha correspondencia con los eventos del curso de vida.[2] Para quienes emigraron en una etapa inicial de la

---

1 En este sentido la emigración fue una estrategia para evitar el desclasamiento, es decir, la pérdida respecto a la posición de clase, aunque muchas condiciones (de clase) permanecieran intactas (por ejemplo, tener titulación universitaria o ser propietario de un pequeño negocio). La posición de clase se refiere a las características que asume una clase por el hecho de estar ubicada en relación con las otras posiciones; la condición de clase se refiere a las propiedades intrínsecas tales como las condiciones materiales de existencia (Jiménez, 2011: 112).

2 El significado social de los años (*aging*) generalmente estructura el curso de vida a través de expectativas de edad, sanciones informales, calendarios sociales, etc. De manera que no sólo representa una marca histórica y un punto en la vida, sino también un entendimiento cultural y subjetivo sobre la naturaleza temporal de esta última. La manera en que cada grupo de participantes concibe el momento de la vida como oportuno, extemporáneo o

vida, la migración se convirtió en la transición que posibilitó el paso a la adultez. La misma era concebida como un evento "sin riesgos", el momento era el apropiado y constituía una oportunidad de cambio. Quienes emigraron en una etapa media depositaron en el desplazamiento una oportunidad para la experimentación de una conjunción de sucesos correspondientes a distintos dominios, entre los cuales se hallaba el laboral. Finalmente, los que emigraron en un momento más avanzado de la vida, identificaron a la migración como una válvula de escape para resarcir el impacto de la crisis en sus trayectorias laborales.

2. Memorias de las crisis de 1989 y de 2001

En la medida en que las motivaciones de los migrantes para abandonar su país se encuentran constituidas socialmente y están enmarcadas dentro de los contornos específicos de su historicidad, decidimos comenzar su análisis por las representaciones que tenían los inmigrantes argentinos en Madrid acerca de los contextos de expulsión en los que se "incrustaron" sus proyectos migratorios. Nos referimos a las crisis de 1989 y de 2001.

Consultados sobre los acontecimientos políticos y económicos sucedidos en 1989 en Argentina, los informantes recordaron "una debacle" vivida con desconcierto, primero, y con angustia después. En los testimonios de esa época emergieron un conjunto ecléctico de sucesos que puso en evidencia la sensación de caos y desamparo que experimentaron los protagonistas: "la desvalorización del dinero hora tras hora", la pérdida de valor adquisitivo del salario, la escasez de productos de primera necesidad, las imágenes televisadas de saqueos a supermercados y personas en situa-

inesperado está permeada por la normativa social que indica roles, eventos y transiciones "adecuados" a cada edad (Gandini, 2012: 228).

ción de indigencia,[3] el Plan *Bonex,*[4] los alzamientos militares carapintadas y las leyes de Punto Final y Obediencia Debida. A continuación citamos dos ejemplos.

> Alfonsín me pareció un presidente muy democrático, pero me pareció mal administrador, y así terminó, también. Teniéndose que ir antes del poder, y con hiperinflación. La hiperinflación es algo que se le temía mucho ese año. Y nada, me pareció que hizo bien la transición a la democracia, que le dio un impulso grande a la cultura, pero bueno, que fue muy mal administrador (Damián).

> En la época de los saqueos yo me asusté muchísimo porque nunca había visto una situación social tan fuerte, tan mal. Me asusté muchísimo y conociendo lo que había aquí en España, que mis padres estaban en Salamanca y mi hermana con mi cuñado también, entonces lo hablamos, fue cuando nos decidimos a venir (Alejandra).

Los informantes que salieron del país en ese período mencionaron también otro tipo de factores determinantes a la hora de tomar la decisión de emigrar: tener fuertes redes sociales en España o una experiencia previa en ese país. Esto permite plantear que, probablemente, el contexto situacional actuó más como catalizador que como revulsivo porque si bien fue una crisis larvada después de varios intentos fallidos de estabilización económica, también fue una crisis breve porque el recambio anticipado de gobierno proyectó un horizonte de esperanza. Por ejemplo, Claudia

---

3 De acuerdo con el INDEC, el año 1989 finalizó con un aumento del índice de precios al consumidor de 4.923%. El proceso inflacionario arrasó con el poder de compra de los salarios, disparando los índices de pobreza a valores inéditos hasta ese momento (de 25,9% en mayo de 1989 se pasó a 47,3% en octubre, y la indigencia pasó del 8% al 16,5% en ese mismo período). No obstante, el desempleo se había mantenido entre el 7% y el 8%.

4 El Plan *Bonex* fue un plan económico impuesto en diciembre de 1989 durante los primeros meses de la presidencia de Carlos Saúl Menem y que consistió en el canje compulsivo de los depósitos a plazo fijo por títulos públicos denominados "*Bonex* 89".

y su marido se plantearon la emigración como un intento, *a priori* temporal, para sortear la difícil situación socioeconómica vigente en Argentina. Pero la posibilidad de contar con redes familiares en España y la posesión de la ciudadanía española fueron determinantes para tomar la decisión de emigrar.

> Yo tengo familia prácticamente por toda España [...]. Decidimos venir aquí a probar, al ver la situación tan mala, no había trabajo, había una gran inflación en esa época, que dijimos, vamos a probar en otro sitio, teniendo yo la doble ciudadanía aprovechamos. Y mi marido era el que venía un poquito... dijo, vamos un año, probamos un año. Un año, otro año, otro año, y... nos fuimos asentando (Claudia).

La crisis de 2001 fue diferente y así se puso de manifiesto en las entrevistas. En primer lugar, porque la fragmentación y pauperización afectó a prácticamente toda la estructura social, aunque las intensidades fueron distintas. También fue diferente en su morfología porque se trató de una crisis multidimensional que impactó sobre el modelo de desarrollo económico, la clase política y las instituciones republicanas (o al menos una parte de ellas) y las expectativas sociales. A nivel de la vida económica, tuvo un impacto devastador sobre el empleo (18% de desempleo y 16% de subempleo en octubre de 2002) y los ingresos (54% de pobres y 25% de indigentes en esa misma medición).[5] La falta de circulante había trastocado por completo la vida social.[6] El deterioro había calado más profundo que

---

5 La crisis de 2001, en contraste con la de 1989, fue una crisis de empleo. Casi cuatro de cada diez argentinos activos tenían serias dificultades de inserción en el mercado laboral. A diferencia de otras veces, el desempleo entre los "mejor posicionados" en el mercado de laboral, con un título universitario, había crecido más del doble que entre los "históricamente postergados" (población con estudios primarios) (Minujin y Anguita, 2004). Un dato que contribuye a explicar la composición del colectivo de argentinos en España.

6 Recuérdese el remplazo del papel moneda por "cuasimonedas" de circulación restringida y las limitaciones del "corralito" a la libre disposición de efectivo de plazos fijos, cuentas corrientes y cajas de ahorros.

en épocas anteriores, como dijo una informante: "esta vez la gota rebasó el vaso". Seleccionamos dos fragmentos de las entrevistas a Susana y María del Carmen que expresan la devastación producida en ese momento y el pesimismo social que engendró.

> Y esto ya empezó en 2001, a mitad de año, ahí empezó a ser mucho más graves las cosas. Ahí ya directamente se derrumbó todo, ahí ya los negocios cerraron sus puertas, y mucha gente en la calle, muchísima gente en la calle, horrible, y una situación muy grave, muy, muy grave. Un desastre, por decirlo así (Susana).

> Desde el punto de vista social entré en un estado de crisis, de depresión muy grande. Mi país había pasado malos momentos, pero no tan así. Porque veía a mis amigos sin trabajo, con enfermedades, con tensiones anímicas y psicológicas muy difíciles, con una clase media muy empobrecida y los pocos que quedaban luchando muchísimo para poder sostenerse (María del Carmen).

"No sé qué va a pasar si esa gente que estudia sigue trabajando como repartidor de pizza", nos dijo Susana subrayando un problema fundamental que resucitó la crisis de 2001. Por primera vez en el país se había hecho evidente la movilidad social descendente intergeneracional: los jóvenes vivían peor que sus padres, ya crecientemente empobrecidos. La educación superior, que había sido un formidable mecanismo real e imaginario de promoción social para un segmento de las clases medias, ya no garantizaba la posición de clase. La inversión en capital cultural de los hijos devino en una estrategia inútil.

> Si se hizo médico, trabajar en la medicina, trabajar de abogado. Pero en este momento, está abarrotado de médicos y abogados. Y hay gente que no tiene trabajo, entonces hace otra cosa que no es su especialidad. Ya te digo, por ahí está repartiendo pizza porque no le queda otra. Entonces, yo lo que espero, que tal vez dentro de unos años esa gente que

> estudia, que termina, que hace algo, trabaje de lo que realmente sabe. Pero no sé qué va a pasar (Susana).

La movilidad social a partir del esfuerzo individual es uno de los pilares fundamentales de las democracias capitalistas, pero cuando se detiene plantea un grave problema de gobernanza que pone en entredicho todo el contrato social. Por ello, en la Argentina de 2001, muchos jóvenes profesionales, o con ganas de serlo, encontraron en la emigración una estrategia legítima de movilidad social.

Hasta 1999 la corrupción fue concebida como desviaciones individuales, los costos sociales y las incongruencias del modelo económico como matices a corregir sin vinculación con el modelo de desarrollo económico y la estructura política. Parecía como si el recambio del elenco gubernamental fuera a solucionar los problemas. Pero a partir de 2001, la ciudadanía en una alianza policlasista que no se veía desde hacía décadas en Argentina, rechazó contundentemente la política económica y a la clase política que la impulsó y, por extensión, las instituciones de la República resultaron gravemente cuestionadas. Las memorias de la crisis de 2001 también fueron las memorias de la protesta y la indignación.[7]

> Menem fue el caos, el anticristo... Menem regaló la Argentina, la vendió. Metió el narcotráfico, todo lo mafioso. Con Menem el país se fue al cuerno. Aunque en la primera presidencia todo el mundo creyó ¡ah! (Daniela).

---

7 El ciclo de protestas y luchas que había comenzado hacia el año 2000 experimentó transformaciones cuantitativas y cualitativas de gran envergadura hacia el 2001. Se había ampliado el abanico de sectores participantes y se advirtió también un desplazamiento hacia la capital y el conurbano sin que hubiera perdido fuerza en el interior. Según el Observatorio Social de América Latina de CLACSO hubo un total de 947 acontecimientos de luchas y protestas en poco más de un año y medio (cortes de ruta, huelgas, manifestaciones, ocupaciones de edificios públicos, marchas).

> No le veo salida. Ojalá me equivoque, pero no le veo salida. Por el momento no le veo salida. Ya te digo, tal vez la gente joven, de acá en muchos, muchos años, vea, vea un cambio (Susana).

> Los primeros dos, tres años de Menem fueron años de mucho crecimiento en Argentina y con medidas como para ponerlo al alcance para todo el mundo. Luego ya se fue todo... Para mí, lo que hizo de bueno fue porque le salió, el crecimiento siempre fue porque llegó el dinero del lavado de dinero, siempre hubo una trampa de por medio, y siempre hubo corrupción, mentiras. Yo no creí nunca, se robaron el país, fue una mentira (Jorge).

La sensación de caos y el rechazo a los gobernantes (encarnados en la figura del presidente), no eran novedades en Argentina, pero el testimonio de Jorge señala experiencias nuevas en la crisis de 2001: dosis de frustración a una escala nunca vista en democracia. A diferencia de lo que ocurrió en el pasado, la sociedad civil expulsó un gobierno, y con él, un modelo de desarrollo económico que había generado enormes expectativas de prosperidad, insólitas desde el primer peronismo. Manolo lo expresó muy bien cuando dijo que sintió amargura por "el país que no fue" y Damián cuando se llamó iluso porque apoyó un proyecto que luego condujo a la crisis. Los emigrantes fueron parte del "elenco social de perdedores" del modelo económico neoliberal vigente en el país desde comienzos de los años noventa.

> Un poco esa bronca, esa sensación de amargura. Yo lo diría en una reflexión literaria. Y un poco lo leía en la nota de Sabato: la tristeza de ese país que no fue. Eso me parece imperdonable. Yo me vine después que le echaron a De la Rúa. Y era impresionante estar frente al televisor y ver... Porque no se podía hacer nada. Y la desesperación de querer estar ahí y ver que hay gente que está reclamando por un derecho, que los golpean, les agreden. Y que a vos te está pasando lo mismo y que no puedes hacer nada. ¿Entendés? (Manolo).

> Yo me siento un iluso porque pensé que las privatizaciones finalmente iban a terminar con tantos años del estado desastroso de la Argentina... Realmente hoy sé perfectamente que soy un iluso (Damián).

Otra diferencia fundamental con el contexto del año 1989 es que la situación de crisis fue percibida como resultado de factores estructurales que no se modificarían a mediano plazo. Un hecho que contribuyó a incrementar la impotencia y a instalar la idea de que la emigración a España era una estrategia razonable. La crisis de 2001 logró que se instalara una percepción desalentadora del futuro, una "pobreza de futuro" que propició la decisión de emigrar. Este concepto de Minujin y Anguita (2004: 17) propone que la falta de ética en las instituciones, junto con el continuo y creciente proceso de movilidad descendente, indujo una falta de confianza en que la situación pudiera revertirse, tal como había sucedido en el pasado. Ello significó que en Argentina el tránsito al siglo XXI fue vivido por un sector importante de la sociedad (que incluyó a todas las clases sociales y varias generaciones) con desencanto y falta de expectativas de cambio en el provenir, experiencias determinantes para engendrar la idea de que la mejor solución era individual y consistía en emigrar del país. Emigrar en busca del país que Argentina no fue, del "primer mundo" prometido que nunca llegó. Javier y Daniela lo manifiestan literalmente.

> [Emigré] por el peso del futuro. En Argentina siempre fue difícil planificar para el año que viene, y en los últimos tiempos ya era difícil planificar la semana que viene. Nosotros por ejemplo hemos estado cinco o seis días sin poder sacar dinero de un cajero, comiendo lo que teníamos en la despensa porque no teníamos dinero. Además, la situación muy violenta, de andar con miedo por la calle (Javier).

> Mal, mal, sin futuro. Por eso me vine, porque mis hijos, mis hijas no tienen futuro en Argentina (Daniela).

Además, los medios de comunicación actuaron como caja de resonancia de que "Ezeiza era la única salida para muchos argentinos", contribuyendo a legitimar socialmente la emigración. Si en el pasado la emigración se había caracterizado de manera negativa ("abandonar el barco cuando se hunde"), esta vez aparecía como una respuesta social más, entre otras como los cacerolazos, piquetes, asambleas, trueques...

Otro factor a destacar, presente en estudios previos (Novick y Murias, 2005: 42-44; Schmidt, 2009: 304; Novara, 2005: 228; Castellanos, 2006: 401) y que puede leerse entre líneas de lo que venimos diciendo hasta ahora, es que la emigración internacional apareció como una solución posible y legítima ante los padecimientos que aquejaban a muchas familias porque se inscribió en un nuevo marco de valores. Éste tenía tres características importantes en este aspecto: en primer lugar, un "individualismo negativo",[8] un "repliegue hacia uno mismo" inscripto en un contexto social de efectivo deterioro de las instancias colectivas de la sociedad argentina, tanto asociativas (partidos políticos, sindicatos, etc.) como comunitarias (vecinos, amigos, etc.), siguiendo la clásica distinción de Tönnies, especialmente las relativas al mundo del trabajo. En segundo término, la globalización de las expectativas de consumo y del estatus social derivado de éstas. Desde este punto de vista, y en relación a los testimonios de Arsenio y Macarena, la emigración fue la cara opuesta de la protesta. Así, la consigna "que se vayan todos" no se agotaba en la clase política sino que se hacía extensiva al conjunto de la sociedad: "nos vamos todos".

---

8 Para Castel (1997) la sociedad salarial, que se había caracterizado por un tipo de cohesión social basada en la centralidad del trabajo, ha dejado de ser la base de la identidad individual. Este proceso condujo a un "individualismo por defecto" que es un "individualismo negativo" erguido sobre la desprotección y la desafiliación, condiciones que implican la fragilidad de la identidad.

"No me importa más nada" ¡Es terrible! Cuando estaba Menem, ¿qué pasaba? No importa que no tuvieran otras cosas, no importa que despidieran de las fábricas y que ganaran menos. Pero se podían comprar el televisor en cuotas y podían ir de vacaciones (Macarena).

No le veo salida porque la sociedad se va haciendo cada vez más decadente. Al no tener recursos es como "sálvese quien pueda". ¿Y cómo me salvo? O robar, porque no te queda otra, porque trabajo no tenés. ¿Cómo subsistís? Una sociedad en la que se va perdiendo todo, los valores... Entonces, ¿cómo podés armar un país? (Arsenio).

Antes de irme era "el que se vayan todos, todos contra todos, un quiero mi dinero, un sálvese quien pueda". Y entonces, cada tanto hay como unas cosas raras, donde no importa quién trabaja y quién no trabaja. Veo que no fue negocio trabajar. Que hubiese sido mucho mejor no trabajar y haberme puesto a leer prensa internacional para darme cuenta de que había que sacar el dinero de mi madre de los bancos. El que ahorra pierde (Damián).

Las palabras de Damián ponen de relieve un tercer aspecto importante del "quiebre cultural" que mencionamos antes. Se trata de la "devaluación" de una ética basada en el esfuerzo personal como medio legítimo para alcanzar bienestar y logros de todo tipo. La impugnación de criterios meritocráticos que habían organizado la sociedad argentina en la última mitad del siglo XX y moldeado estructuras sociales y mentales. Como ya dijimos, la igualdad de oportunidades debe ser un principio irrenunciable del estado de derecho porque si existen sospechas de "privilegio", los más jóvenes y mejor predispuestos (en actitud y aptitud) se verán incentivados a marcharse donde crean que su esfuerzo los llevará más lejos.

La última peculiaridad de la crisis de 2001, respecto a contextos de expulsión anteriores, igualmente advertida por otros autores (Novick y Murias, 2005: 41-42; González y Merino, 2007: 67), se refiere a que los inmigrantes, sobre todo los mayores de 30 años, relacionaron la crisis con coyunturas críticas anteriores como "la hiperinflación" (1989) o incluso "el Rodrigazo" (1975). Así, la crisis de 2001 significó la continuidad histórica de un período errático de pauperización y desencanto, etapas de crisis-estabilidad-crisis que componían un proceso cíclico que se repetía cada cierta cantidad de años. Muchos inmigrantes, como Martín, decidieron que esa sería "su" última crisis "porque ya no tenía ganas de volver a empezar".

> Los periodos de Argentina son cíclicos. Hay periodos de buena estabilidad y de crecimiento, donde la gente puede gastar, puede ahorrar, puede cumplir sus sueños y periodos malos, de crisis, como ahora. Por esos periodos ya pasé por dos: a los 18 años con Alfonsín, en la hiperinflación, y ahora con Menem. Ojalá que no se repitan más, pero no tengo ganas de volver a empezar de nuevo para que alguien se lo lleve (Martín).

> Yo veo la crisis como que esto vuelve a suceder dentro de diez años. Ahora se puede acomodar, todo, pero vuelve a suceder en diez años. Y esto es lo mismo que pasó en 1989 con Alfonsín, es una crisis también, a lo mejor con diferentes consecuencias (Nicolás).

A continuación, presentamos en la Figura 1 un resumen de las representaciones de las crisis económicas de 1989 y de 2001 mencionadas anteriormente.

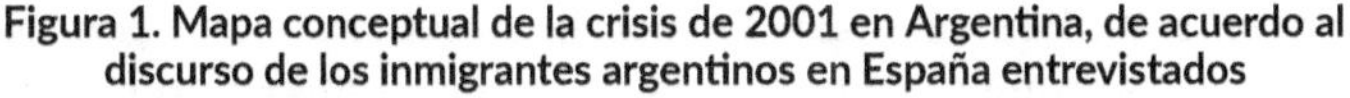

Figura 1. Mapa conceptual de la crisis de 2001 en Argentina, de acuerdo al discurso de los inmigrantes argentinos en España entrevistados

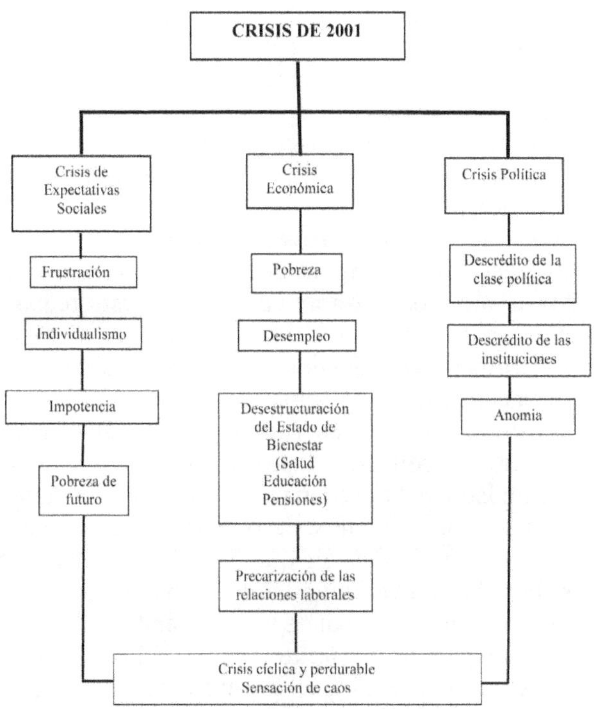

Fuente: elaboración propia.

3. Los proyectos migratorios: empobrecimiento, desencanto, reencuentro y aventura

Antes de avanzar, es necesario aclarar, siguiendo a Izquierdo (2000: 227), que entendemos aquí el "proyecto migratorio" constituido por tres elementos: el primero es el motivo aducido para emigrar, el segundo son los planes para establecerse y el tercero las expectativas (cuando las hay) de retorno. Supone una secuencia de movimientos, con plazos fijos y variables, que abarcan todo el proceso migratorio, desde la partida hasta el asentamiento. Pero es imprescindible tener en cuenta que siempre es un plan abierto, contingente, como cualquier proyecto de vida. Los migrantes van reelaborando sus proyectos migratorios, redefiniendo plazos y negociando metas consigo mismos, y con los miembros de su familia implicados en el proyecto, de acuerdo a las coyunturas que les ha tocado vivir y a cómo éstas han sido decodificadas.

Identificamos cuatro proyectos migratorios entre los emigrantes económicos argentinos. Los dos primeros están asociados a motivos económicos, fueron estrategias de afrontamiento de una situación crítica, aunque en este caso debe distinguirse entre aquellos emigrantes que huyeron de la pauperización y los que escaparon del miedo a padecerla. Los otros dos proyectos, en cambio, tienen una relación tangencial con los contextos históricos en el que se produjeron. Por un lado, personas que emigraron acompañando a sus parejas u otros familiares, pero no tenían una vocación migratoria; por otro, jóvenes que buscaban nuevas experiencias de vida y cuya emigración estaba asociada a una cultura generacional y global de la movilidad.

El primer proyecto migratorio al que hacíamos referencia es el de personas que huyeron de un inminente empobrecimiento, un desmejoramiento intenso de las condiciones de vida. Este proyecto fue emprendido por personas mayores de 30 años, casi todas con hijos a cargo. La mayoría emigró junto al grupo familiar pero otros lo hicieron solos, ya sea porque eran divorciados o esperaban asentarse primero para luego reagrupar a la familia. Las cualificaciones profesionales y los niveles de estudio eran diversos, así como la situación laboral, desde profesionales liberales hasta trabajadores no cualificados, una gran parte desempleados, otros ex cuentapropistas pero también ocupados en condiciones desventajosas.

Ante el interrogante de por qué emigraron, los informantes mencionaron un conjunto creciente de privaciones cotidianas, vivencias múltiples del deterioro de las condiciones materiales de existencia frente a las que se sintieron impotentes. Los padecimientos que acarreó el descenso social, y el miedo a que se incrementaran a futuro, condicionaron la decisión de salir del país. Los relatos no solo señalaron cambios en los hábitos de consumo habituales durante "las malas rachas", como la adquisición de mercancías de producción nacional y segundas marcas, o servicios que dejaron de adquirirse en el mercado y pasaron a recibirse del Estado (educación, atención sanitaria, medicamentos, transporte), sino restricciones que podían poner en peligro a corto plazo la propia reproducción social (vivienda, salud, higiene, alimentación, etc.). Por ejemplo, las narraciones de Gabriela y Macarena se refieren literalmente a la preocupación por lograr recursos para comprar alimentos.

> Era feliz porque tenía todo lo que yo quería. Y sentir que, poco a poco todos los proyectos que tenés se te van cayendo, que no podés proyectar nada, que no sabés si el mes que viene vas a poder comer (Gabriela).

> ¡Es terrible! Yo escucho a mi familia, porque mi familia es una familia humilde, y están pasando... que no cobran, hay días que no llega para comer... (Macarena).

No es necesario recurrir a los casos extremos para dar cuenta de que las trayectorias de las "caídas" individuales fueron muy diversas, porque el propio universo de los nuevos pobres era heterogéneo (Minujin y Kessler, 1995). Pero en todas ellas el descenso social fue percibido como el primer paso hacia la pobreza. Las narraciones caracterizaron la movilidad descendente como una realidad inevitable, mientras el camino inverso se asumía cada vez más improbable. Esos argumentos provenían de argentinos que por sus características podríamos calificar de "nuevos pobres" (o en vías inmediatas de serlo), expulsados de ese otro territorio heterogéneo al que aún se sentían adscriptos, "la clase media". Como sostienen los estudios centrados en la migración de clase media (Castellanos, 2006; Jiménez, 2011), el desplazamiento a España fue una estrategia para mantener la posición de clase, una forma de evitar y/o ocultar el desclasamiento. Pero además, los datos que aporta este estudio apuntan a que también fue una estrategia para mejorar la condición de clase con la intención de superar las privaciones materiales padecidas en Argentina.

A continuación citamos dos casos que ilustran trayectorias descendentes con diferentes intensidades. Élida, 54 años, casada y con dos hijos, era podóloga y emigró junto a su marido, que era empleado de la municipalidad de la ciudad de Buenos Aires. Sus clientes ya no demandaban sus servicios y su marido cobraba el salario con varios meses de retraso. Cuando la situación económica se hizo insostenible decidieron emigrar a España. Por otro lado, Jorge acababa de cumplir 50 años, con pareja y dos hijos, decidió emigrar cuando su pequeña empresa gráfica, en la que había invertido toda su vida, quebró en 2002.

> Porque yo no podía pretender que mis hijos me mantuviesen, cuando toda la vida yo he trabajado de forma independiente. Y lo mismo mi marido, que permaneció en la ciudad de Buenos Aires y cobraba cada cuatro o cinco meses, con lo que no podíamos tampoco (Élida).

> Exactamente, se cerró la empresa, por la situación económica del país, y bueno me tuve que buscar otro rumbo, porque allá no se podía andar. No teníamos nada que hacer, no teníamos trabajo. Perdimos todo, y también posibilidades de trabajo allá no había, y mucho menos para la gente de nuestra edad. Nos vinimos por eso, llegó un punto que no teníamos modo de vida y dijimos, bueno, vamos para allá (Jorge).

La onda expansiva de la crisis fue de tal magnitud que impactó también sobre el imaginario social arrasando con uno de los mitos fundantes de la Argentina moderna que había atraído a millones de inmigrantes extranjeros: la movilidad social ascendente. Se daba por tierra así con el "sueño argentino", una sociedad real e imaginaria con posibilidades de crecimiento individual y colectivo. Un sueño que se fue haciendo cada vez más difuso hasta que desapareció del imaginario social con la crisis de 2001. Posteriormente, la veloz recuperación económica que se produjo a partir de 2004 reinstaló la posibilidad de movilidad social en el país, "la posibilidad de volver a soñar con un futuro mejor en casa".

En el marco de la crisis, otro grupo de emigrantes proyectaron sus deseos de construir un futuro mejor, "de labrarse un porvenir" en España. No escapaban de un presente paupérrimo, sino más bien de una pobreza de futuro en Argentina. Cansados de esforzarse en pos de una movilidad insegura, sentían la amenaza clara de la pobreza o del desempleo y decidieron depositar sus expectativas en la emigración. Se trata de un proyecto de personas jóvenes (entre los 25 y 45 años), con niveles educativos medios y medio altos, solas y también familias recién constituidas con y sin descendencia. Aquellos que tenían hijos estaban especialmente preocupados por su bienestar, temían no poder brindarles buenos servicios de salud y educación. A diferencia de los testimonios anteriores, éstos contenían menos angustia. Este grupo no tenía mirada de derrota, como la de Jorge o de Daniela, sus ojos brillaban con ilusión, con esperanza en un futuro mejor.

Carla resume muy bien este tipo ideal cuando dice que emigró "por falta de perspectiva en Argentina". Eso significaba miedo a perder el empleo en un contexto de creciente desempleo y precariedad laboral, y en relación a ello, la imposibilidad de dedicarle más esfuerzo a los estudios universitarios para aspirar a un empleo mejor en el futuro. Javier pone el acento sobre otra cuestión, también interesante. Él y su esposa tenían trabajo y podían sobrellevar la crisis, pero ¿hasta cuándo se puede permanecer indiferente a las necesidades ajenas? Cuando un profundo deterioro social invade el espacio público, simples acciones cotidianas, como ir al supermercado o tomar un café, pueden transformarse en discernimientos morales y éstos en pequeñas traiciones a uno mismo que van minando la voluntad de seguir compartiendo el espacio social.

> Decidí venir, no por el caos, no por lo que me parecía que iba a venir, porque me planteé la posibilidad de que en ningún momento iba a poder tener una familia bien, una serie de cosas que no las puedes proyectar en un lugar que no sabes si vas a tener trabajo, si no vas a tener, o con un ingreso que siempre es limitado; y en ese momento ya sabía que si perdías un trabajo se complicaban muchísimo las cosas para volver a conseguirlo [...] Por falta de perspectiva en la Argentina. Yo quería seguir estudiando, sacar algún día una licenciatura, y allá, si estás trabajando, como que la posibilidad de estudiar no la tenés, siempre te falta tiempo, y a parte, había llegado un momento que se me había cerrado muchísimo el círculo de cosas... Entonces, bueno, cambiar (Carla).

> Además de la situación de angustia, no por lo que era el presente nuestro, yo no podría decir que me vine a España porque pasé hambre o porque no tenía trabajo, yo trabajo tenía pero el entorno hacía muy difícil que yo pudiera desarrollarme normalmente porque tendría que ser un inadaptado digamos, vivir encerrado y nunca pude vivir así. Me bastaba mirar a mí alrededor para darme cuenta de lo que era [...] Mi esposa también tenía trabajo, era empleada administrativa y profesora de Historia (Javier).

El caso de Daniela, a continuación, merece la mayor atención porque para las familias con hijos menores de edad, la pobreza de futuro se proyectaba indefectiblemente sobre sus hijos. Por eso los motivos de la emigración tenían a los niños como protagonistas. En este sentido hallamos tres preocupaciones vitales que esperaban resolver en España: la inseguridad ciudadana, la posibilidad de ofrecer a los hijos una buena educación y el cuidado de la salud. Servicios públicos que en Argentina antes brindaba el Estado con eficiencia, pero que en ese momento debían adquirirse en el mercado si se deseaba el mismo nivel de calidad que antaño.

En la entrevista a Daniela se percibe esa preocupación centrada el deterioro de la educación pública y el de sus "clientes", otrora clase media. Así como el desarrollo de ésta estuvo asociado a la expansión del Estado, también lo estuvo su declive. Pero en el caso de la educación, ese deterioro no solo tuvo consecuencias sobre las condiciones de vida, sino que dejaba de funcionar un formidable mecanismo de movilidad social que ofrecía a los hijos la oportunidad de un futuro mejor.

> Mal, mal, sin futuro. Por eso me vine, porque mis hijos, mis hijas no tienen futuro en Argentina. Yo apuesto a la escuela pública... Me gusta la escuela pública, porque me parece que esa es la realidad de la vida ¿no? Pero Menem destruyó la escuela pública. Las escuelas funcionan por el comedor escolar, para que los niños puedan comer. Y estoy hablando de niños de clase media, no ya del pobre, sino gente que quizás es propietaria de su piso pero que no tienen a veces para comer [...] Con nuestro comercio tratamos por todos los medios de buscar, seguir, pero es que no hay forma. No se puede ya vivir (Daniela).

El tercer proyecto que distinguimos en las entrevistas fue el de personas reagrupadas, es decir, personas que migraron "empujadas" por proyectos de familiares o allegados. Esto no significa que la decisión haya sido extemporánea, sino que estuvo condicionada en primer lugar por la emigración de otra(s) persona(s) con la que existía un vínculo significativo. A continuación mencionaremos tres casos. Los dos primeros son Mario y Juan, respectivos maridos de Alejandra y Claudia, hijas de un matrimonio de emigrantes españoles a Argentina que regresaron a España después de jubilarse, a finales de los ochenta. Alejandra se graduó de Licenciada en Enfermería en la Universidad Nacional de Rosario, donde comenzó a trabajar como jefa de trabajos prácticos, mientras trabajaba también como jefa de enfermeras de quirófano en un importante hospital sindical de la misma ciudad. Posteriormente, estuvo becada durante dos años para hacer una especialización en cardiología en Navarra, España. Regresó a Rosario, se casó con su novio y compraron una casa pensando en construirse una vida allí. Mientras tanto, su esposo terminaba la carrera de veterinaria. La crisis que se desató en 1989, la violencia colectiva con la que se manifestó y el aliento constante de sus padres la convencieron de emigrar a Madrid. Mario nunca había querido marcharse de Argentina, incluso cuando Alejandra le propuso que viajaran juntos a Navarra, él se había negado. Sin embargo, ante un contexto tan desalentador como el de 1989 y el empecinado entusiasmo de Alejandra, decidió seguir a su esposa. "La realidad rebatía todos mis argumentos a favor de Argentina", nos dijo.

> Yo vine acá a estudiar, luego volví a Argentina para casarme y quedarme allí definitivamente, aunque mis padres estuvieran en España. Hice una especialidad en cardiología en Navarra, acabé los estudios en dos años y volví a Argentina en 1989. Me casé en junio. Compramos casa y dijimos a ver si intentamos con la formación que había traído de España... pero no, igual, en el país era la época de los saqueos... No tenía ninguna posibilidad. Estaba contratada en los dos sitios, estuve tres años desde que terminé la licenciatura y nada, muy mal. Mi marido estaba terminando Veterinaria y nos vinimos a España ya definitivamente (Alejandra).

Claudia, la hermana menor de Alejandra, repitió la historia. La emigración de su hermana y su cuñado, y la insistencia de sus padres desde Madrid, la convencieron de emigrar. Juan, su marido, nunca se había imaginado vivir en otro país que no fuera Argentina, pero igual que Mario, decidió seguir a su esposa porque "era la mejor idea en ese momento". Además, sabía que si se oponía, era probable que se quedara solo. Claudia estaba decidida a marcharse con su familia. La decisión fue reñida y los argumentos de uno y otro reaparecen de vez en cuando bajo la forma de reproches. No se puede evitar, dicen, "fue la decisión más importante de nuestra vida y nunca sabés si fue la correcta".

El tercer caso es el de Andrés. Con 37 años, ya tenía una amplia trayectoria profesional cuando llegó a España en 2002: era docente, director y autor de teatro. Acumulaba 19 años dedicados al mundo del espectáculo. Antes de tomar la decisión de trasladar su residencia a España, había venido en marzo de 2002 para trabajar tres meses: por ese periodo tenía funciones teatrales con localidades vendidas. Estando aquí, se quedó sin trabajo en Argentina. Entonces decidió quedarse. Tres meses después llegó Clara, su compañera, que también se había quedado sin empleo y no quería quedarse sin marido. Decidió seguirlo, aunque no estaba convencida "porque ya no son chicos".

> En principio yo tuve una oportunidad, funciones de mis espectáculos compradas y eso era por tres meses y después viendo la realidad de aquí y de allá empezamos a pensar qué hacíamos porque nosotros nos quedamos sin nada, absolutamente sin nada, en esos tres meses que estuve aquí me quedé sin trabajo allá y ella también... enganché la peor época, así que dijimos bueno, nos vamos (Andrés).

Si la decisión de emigrar trajo tensiones a las parejas, la experiencia migratoria las amplificó, sobre todo durante los primeros años. Las experiencias derivadas de la migración fueron muy intensas y cada cual las soportó, sufrió y procesó de maneras diferentes. La migración siempre es una ruptura que involucra todos los ámbitos de la vida de un individuo, pero cala más profundo en los afectos. A partir de esa ruptura los migrantes están obligados a "reinventarse" y la reinvención es un proyecto individual en el que las relaciones previas se ponen en entredicho y deben "renegociarse". Por eso emigrar fue un desafío para muchas parejas y núcleos familiares. Como dijo Jorge, "venir fuera fue como si le tiraran [a la relación] una bomba adentro".

Por último, encontramos argentinos que llegaron a España a aprender, a emanciparse, a "seguir creciendo", "a transitar por la escuela de la vida", como dice Schmidt (2009: 186) en su tesis doctoral. Eran jóvenes veinteañeros (y treintañeros también) con estudios superiores concluidos o no, sin hijos, y que aún vivían con sus padres o, en ocasiones, se habían emancipado recientemente. Eran proyectos planeados desde el comienzo como temporales y abiertos y que contaron con apoyo de los padres. Como sostienen González y Merino (2007: 79), la franja de edad en la que está incluida la mayor parte de este grupo les permitía desandar lo que anduvieron, todavía tenían tiempo para retornar a la Argentina y empezar de nuevo. Eran proyectos reversibles en mayor medida que otros.

El anhelo de viajar, conocer, experimentar otras culturas, siempre estuvo presente en el imaginario de los jóvenes de clase alta. Pero actualmente, una serie de factores, entre los que destacan el abaratamiento del trasporte y el uso creciente de Nuevas Tecnologías de la Información y la Comunicación (NTIC), han difundido una cultura juvenil de la movilidad a segmentos de la clase media. El uso de las NTIC no solo ha globalizado las expectativas, sino también las soluciones para satisfacerlas. Muchos de esos jóvenes establecieron redes sociales a través de la web que posibilitaron el viaje mediante información, alojamiento, empleo, etcétera. Asimismo, esta tendencia se vio alentada por políticas públicas que estimulan la movilidad internacional como un componente cada vez más importante de las trayectorias laborales y educativas (el programa *Au Pair* o las becas para realizar estudios en el extranjero, por ejemplo).

Algunos de estos jóvenes viajaron por otros países europeos antes de llegar a España o tenían experiencias previas mediante viajes de vacaciones. Por eso muchos de ellos asociaron su estadía con "vacaciones trabajadas", donde combinaban estudio, viajes y trabajo. Fátima, por ejemplo, tenía 22 años, estudió escenografía y fotografía en una prestigiosa universidad de Buenos Aires. Siempre soñó con "ver nuevas tendencias en Europa". Primero viajó por algunas ciudades europeas, luego estuvo visitando amigas en España y después fue a Suiza a ver cómo trabajaba un conocido coreógrafo. Luego...

> Tengo muchas amigas que se vinieron para acá y bueno, nada, las extrañaba un montón. De mis amigas la mayoría emigró a Estados Unidos o una se fue a estudiar a Roma, no quedan muchas de mis amigas en Buenos Aires Entonces tenía plata ahorrada y decidí invertirla acá con ayuda de mis padres. Me salió para ir a conocer uno de los directores de ballet contemporáneo más importantes. Lo contacté para ver cómo funciona el teatro allá, para poder ir a los ensayos, ir a la puesta de luces en Suiza. Como era en febrero, aproveché y me vine todo enero acá a visitar a mis amigas, viajé un poco, fui a Barcelona, Holanda, París (Fátima).

Antes de terminar presentamos un mapa conceptual con los proyectos migratorios de los entrevistados (Figura 2). Hay que señalar que en todos ellos estaba latente un profundo deseo de superación, de cambio. En la mayoría de los casos los proyectos estuvieron asociados a logros económicos (mayores ingresos, una vivienda en propiedad, un negocio por cuenta propia), ya sea para mantener la posición, para mejorar la condición de clase o ambas cosas. Pero en otros, los proyectos se enfocaron en diferentes ámbitos de la vida: estudiar una carrera, educar a los hijos, disfrutar del trabajo, tranquilidad, emancipación, amor, reconocimiento. A veces los proyectos fueron la expresión de deseos que ni siquiera pudieron nominarse, pero latieron impulsando búsquedas. Precisamente, si hubiera que escoger una palabra que sintetizara los motivos de la emigración sería "búsqueda". Siempre, en todos los casos, la ausencia de control social fue un catalizador necesario para seguir intentándolo.

Figura 2. Mapa conceptual de los proyectos migratorios, de acuerdo al discurso de los inmigrantes argentinos en España entrevistados

Proyecto	Motivo principal para emigrar	Composición predominante	Período más representativo
Huir de la pobreza	Deterioro significativo de las condiciones materiales de existencia	Hombres solos y núcleos familiares. Adultos jóvenes y maduros	2000-2007
Búsqueda de estabilidad y ascenso social	Pobreza de fututo	Hombres y mujeres solos y núcleos familiares Adultos jóvenes	1984-1999 2000-2007
Acompañar al ser querido	Mantener la unidad familiar	Mujeres con y sin hijos, en pareja o solas.	1994-1999 2000-2007
Vivir nuevas experiencias	Nuevas vivencias asociadas a la movilidad internacional	Jóvenes solos	2000-2007

Fuente: elaboración propia.

4. Los motivos para escoger el país y la ciudad de asentamiento

Junto a los factores que motivaron la emigración existieron otros que influyeron en la elección del país de destino y de la ciudad de asentamiento. En la mayoría de los casos, unos y otros aparecieron enredados en los relatos porque estaban asociados a los proyectos migratorios, no obstante tenían especificidades propias. Emigrar significaba emigrar a España. Recordemos que el 87% de los inmigrantes argentinos llegaron directamente desde Argentina, su país de nacimiento. Pero la existencia de un 13% de personas que tuvieron experiencias previas en un tercer país, indica que en ocasiones la vocación migratoria se instaló primero y la elección del destino definitivo después. Por ejemplo, una de nuestras informantes quería trasladarse a Italia en un primer momento, pero la influencia de su cuñada la llevó a instalarse en la capital española.

> Mi idea original era irme a Italia, porque hablo italiano. Desde muy chica estudié, y bueno, un primo de mi papá es

> el presidente de la alianza "Il Olivo". Pero bueno, como que aparte siempre me tiró el país. Pero bueno, estaba mi cuñada acá, fue poner un dedo en el mapa y decir España (Carla).

Cuando afloraron los motivos de la elección de España fue posible identificar cuatro: el idioma y cierta asimetría cultural con Argentina, la posibilidad de residir legalmente, las redes sociales y la imagen de España como un país desarrollado.[9] Veamos a continuación cada uno de ellos.

La lengua castellana fue un motivo determinante. Como dijo Damián, España "es el único país del primer mundo en el que se habla castellano". Era la manifestación más inmediata de una cultura que se imaginaba "similar a la nuestra".

> Porque es el único país del primer mundo en el que se habla castellano. Me gusta mucho el idioma y la cultura. Me parece muy afín. Ya te digo, la ascendencia de mis abuelos. Hay mucha relación cultural (Damián).

> Porque pensábamos que España ahora tenía una situación mejor a la que tuvo, porque era la madre tierra, al final era lo más cercano a nosotros, en cuanto a idiosincrasia social y forma de pensar y demás. Y eso fue lo que nos decidió a venir a España. A lo mejor no hubiéramos elegido Alemania o Inglaterra porque está la barrera del idioma (María del Carmen).

En las palabras de María del Carmen se percibe que las afinidades culturales actuaron como "continentes" para el recién llegado: "la misma idiosincrasia y forma de pensar fue lo que nos decidió venir a España", nos decía.[10] En el

---

9 En una encuesta realizada a emigrados argentinos a España, Palomares y colaboradores (2005: 41) encontraron una ponderación de factores de similares características. Los principales eran: motivos familiares y tener acceso a la nacionalidad española (21%), debido a las condiciones que ofrecía el país de destino en términos económicos, políticos, etc. (14%), y mejores oportunidades laborales (12%).

10 Este tema fue profundizado por otros investigadores. González y Merino (2007) encontraron que muchos inmigrantes con vínculos parentales con

caso de nuestro país, a diferencia de otros emisores como Colombia y Ecuador, el origen de esas afinidades no se remonta a la Colonia sino que es relativamente reciente; debe rastrearse en las huellas culturales de la inmigración española en la sociedad argentina y en las representaciones que ésta fue construyendo de sí misma, donde predominaron elementos culturales europeos. Por ello las afinidades fueron compartidas por todos los argentinos y no sólo por los que eran segunda o tercera generación de inmigrantes españoles en Argentina. Sentir que estaban regresando, que llegaban a un sitio que también era suyo, que volvían a Europa, a la "madre tierra" como decía María del Carmen, fue un sentimiento generalizado y operó con eficacia para alentar la emigración, sobre todo en personas con edades avanzadas y menos capital cultural.

> Uno se ha criado con los españoles. No tanto por los contactos, sino por la cuestión cultural. Vos buscás un país, cuando te vas a vivir a otro, que tenga que ver con tus costumbres. Y para nosotros, nos hemos criado con españoles, cada uno ha tenido algún pariente, un abuelo, los padres de nuestros amigos (Isabel).

> Ya te digo... España porque me parece nuestro. No creo otro país, muy difícil que te integres (Susana).

Italia se decidieron a emigrar a España porque también se sintieron atraídos por afinidades culturales con este país. Ginieniewicz y Castiglione (2011) hallaron que la lengua y la cultura fueron razones significativas para elegir España como destino, lo cual les permitió introducir la noción de bienes culturales referida a las inversiones y el ahorro en las capacidades culturales. Novick y Murias (2005) también encontraron que "el parecido entre las culturas" contribuyó a la elección de España como destino migratorio. En sentido opuesto, Cook-Martin y Viladrich (2009) demostraron que la percepción de la afinidad étnica varía según el contexto social. Mientras que la semejanza étnica con los nativos puede ofrecer una ventaja para los inmigrantes en busca de vivienda u oportunidades de educación, también puede tener consecuencias negativas como obstaculizar la entrada al mercado de trabajo.

> Yo sabía algo de la cultura española. Mis abuelos españoles, mis padres que iban siempre al centro asturiano, de hecho, allí se conocieron, a pesar de que mi padre era hijo de mallorquines (Damián).

Fueron muchas las referencias simbólicas que los informantes tenían de España. Los más intelectualizados, el cine, la literatura, el teatro, la música; pero también, y de una manera más extendida, el fútbol, la comida, frases, canciones populares y algún que otro personaje de época. Las más antiguas databan de la inmigración masiva, como dijimos antes, pero otras eran actuales y estaban asociadas a una mayor presencia de España en Argentina a partir de la década de 1980. Como veremos luego, esas referencias estaban asociadas a un cambio de imagen de España y convencieron a muchos de que era el destino idóneo.

> Pero además, siempre hubo mucha relación, el cine, de la música, lo que quieras. O sea, me parece que son países muy emparentados. Y más que eso, digamos, me parecía que era el lugar más fácil para adaptarme (Luis).

Cuando la vinculación con lo español (y lo europeo) involucraba una relación de parentesco, facilitó el acceso a la residencia legal. Ese fue el segundo motivo que alegaron los inmigrantes para dirigirse a España. Algunos llegaron con la nacionalidad comunitaria; otros, al ser hijos, nietos o bisnietos de ciudadanos europeos pudieron tramitar el permiso de residencia y de trabajo de manera preferencial. De una forma u otra, "tener papeles" permitió pensar la emigración como una estrategia para sortear la crisis, dentro de ciertos márgenes de seguridad y libertad (para entrar y salir del territorio, por ejemplo). En el caso de Daniela, que citamos a continuación, observamos que la posibilidad de emigrar con derechos de ciudadanía alentó el desplazamiento del núcleo familiar completo, de otro modo no se hubiera planteado hacerlo.

> Aprovechando que yo era española. Porque sin papeles no me habría atrevido a venir con toda la familia (Daniela).

> Mi idea era que si seguía estando, por ahí en dos meses no iba a tener para comer. Y si venía acá, por ahí podía venir, ver qué pasaba, tener nacionalidad, mi nacionalidad española. Y si quería quedarme acá me podía quedar, y si quería volver allá, podía volver. Pero el día que volviera a pasar algo aquí yo iba a tener la esperanza que mis hijos iban a tener otro lugar a dónde ir. Y entre estar resignada allá y resignada acá, bueno, vine a estar resignada acá, que había una posibilidad (Gabriela).

Prácticamente todos los estudios previos detectaron la existencia de redes de relaciones sociales que facilitaron la elección de España como destino migratorio. El caso paradigmático, como ya se ha mencionado, fue el de marplatenses hacia Mallorca (Jofre, 2003). Nuestro trabajo de campo también avanzó en el mismo sentido. Pero a partir de la publicación de la ENI contamos con información detallada sobre la existencia y composición de las redes sociales antes de la emigración. La Tabla 5.1 muestra que el 84% de los inmigrantes tenían a alguien a quién dirigirse cuando llegaron a España. Esa situación fue compartida por hombres y mujeres (84% y 85%, respectivamente) y por emigrantes antiguos y recientes, aunque estos últimos en mayor medida que los anteriores (86% y 79%, respectivamente), como era previsible.

De acuerdo a la ENI, las redes estaban compuestas principalmente por familiares (63%), amigos (35%) y en menor media conocidos (10%). Otro tipo de vínculos formales e informales fueron menos relevantes. Las mujeres (74%), en mayor proporción que los hombres (53%), se apoyaron en redes de parentesco; éstos en cambio, confiaron más en los amigos (42% frente a 27% en las mujeres).

Esta información es congruente con el análisis de trayectorias migratorias que hicimos en el capítulo anterior, donde vimos que el 6% de las argentinas tenía a su pareja en España antes de emigrar, mientras que solo el 1% de los hombres se encontraba en esa situación, y el 7% de las mujeres tenía al menos un hijo frente al 0,7% de los hombres. En cambio, la emigración previa de la madre y el padre fue menos frecuente (en torno al 3%) y, además, no presentaba diferencias significativas entre los sexos. La presencia previa de hermanos en España sí fue significativa, aunque en este caso los porcentajes favorecieron a los hombres: 11% frente a un 8% las mujeres. En síntesis, las redes de apoyo a la migración estuvieron compuestas principalmente por parientes y amigos, y en menor medida conocidos. Entre los familiares, destacaron los hermanos en los hombres, y la pareja, los hijos y los hermanos en las mujeres.

Tabla 5.1. España. Población nacida en Argentina, emigrada entre los 16 y 64 años, según si tenía alguien a quien dirigirse cuando llegó, por tipo de vínculo. A 1 de enero de 2007. En porcentajes

¿Tenía alguien a quien dirigirse cuando llegó a España?				
Sexo		1984-00	2000-07	Total
Hombre	Sí	80,3	84,8	83,6
	No	19,7	15,2	16,4
	Total	100,0	100,0	100,0
Mujer	Sí	78,4	87,2	85,4
	No	21,6	12,8	14,6
	Total	100,0	100,0	100,0
Ambos sexos	Sí	79,5	86,0	84,5
	No	20,5	14,0	15,5
	Total	100,0	100,0	100,0
A Familiares				
Sexo		1984-00	2000-07	Total
Hombre	Sí	40,4	57,7	53,4
	No	0,0	0,0	0,0
Mujer	Sí	66,1	76,2	74,3
	No	0,0	0,0	0,0
Ambos sexos	Sí	51,1	67,1	63,5
	No			
A empresarios o agentes legales				
Sexo		1984-00	2000-07	Total
Hombre	Sí	8,2	6,4	6,8
	No	0,0	0,0	0,0
Mujer	Sí	0,0	2,4	2,0
	No	0,0	0,0	0,0
Ambos sexos	Sí	4,8	4,4	4,5
	No			
A intermediarios o personas no oficiales				
Sexo		1984-00	2000-07	Total
Hombre	Sí	0,0	0,9	0,7
	No	0,0	0,0	0,0
Mujer	Sí	2,0	0,0	0,4
	No	0,0	0,0	0,0
Ambos sexos	Sí	0,9	0,4	0,5
	No	0,0	0,0	0,0
A amigos				
Sexo		1984-00	2000-07	Total
Hombre	Sí	44,1	41,3	42,0
	No	0,0	0,0	0,0
Mujer	Sí	23,4	27,7	26,9
	No	0,0	0,0	0,0
Ambos sexos	Sí	35,5	34,4	34,6
	No	0,0	0,0	0,0
A conocidos				
Sexo		1984-00	2000-07	Total
Hombre	Sí	12,4	10,2	10,8
	No	0,0	0,0	0,0
Mujer	Sí	5,3	10,0	9,1
	No	0,0	0,0	0,0
Ambos sexos	Sí	9,5	10,1	10,0
	No	0,0	0,0	0,0

Fuente: INE, ENI y elaboración propia.

La importancia de las redes de amigos y conocidos fue un rasgo distintivo de la inmigración argentina frente a otros colectivos, como ecuatorianos, bolivianos y peruanos, en los que primaron los contactos con familiares (en torno al 70%). Al menos cuatro factores podrían explicar esa peculiaridad: 1) el carácter espasmódico de la migración argentina que impidió la formación de cadenas migratorias intergeneracionales (padres e hijos, tíos y sobrinos, hermanos mayores y menores); 2) una emigración significativa de núcleos familiares completos y, por ende, una menor cantidad de familias divididas por la migración; 3) la preeminencia demográfica y social en Argentina de familias nucleares sobre familias extensas debido a una transición demográfica y una urbanización tempranas; 4) ciertos rasgos culturales (emancipación de los jóvenes, relaciones de género más equitativas, niveles educativos medio-altos de las cohortes más jóvenes, etc.) derivados del peso de los sectores medios en la estructura social.

Cuando no existieron familiares directos ni amigos emigrados a España con anterioridad, los emigrantes procuraron contactos arduamente. Agotado el entorno más inmediato, recurrieron a conocidos, vecinos, compañeros de trabajo, amigos de amigos. Por este motivo se crearon varias páginas webs, algunas personales y otras con fines comerciales, que brindaron servicios al potencial emigrante entre los que se ofrecía un *pack* completo que contenía la búsqueda de parientes en el país de destino, los trámites de actas de nacimiento, defunción y matrimonio, asistencia jurídica para tramitar la ciudadanía o el permiso de residencia, la homologación de títulos y un largo etcétera que fue creciendo a medida que los flujos se incrementaban.

Este es sólo un ejemplo que demuestra cómo la búsqueda de contactos en España no estuvo limitada a los más jóvenes e informados, ni a personas ocupadas que, *a priori*, podrían tener más o mejores relaciones sociales que otras desempleadas o dedicadas a labores domésticas.[11] Innumerables mecanismos formales e informales se pusieron en práctica para la construcción de redes sociales y la búsqueda de apoyo para emigrar con resultado positivo, más allá de las dotaciones de capitales económico, social y cultural de cada inmigrante. Pero la existencia de contactos previos en España no dice nada acerca de los recursos que éstos pudieran brindan a los recién llegados, porque el acceso a la información de las redes depende de la posición de sus miembros en la estructura social (abordaremos este tema en el capítulo siguiente).

Por último, vale la pena mencionar dos casos que ilustran maneras muy distintas de construir redes de apoyo y muestran cómo cada segmento social movilizó sus capitales disponibles en aras de ese cometido. El primero es el de Élida, parte de ese 2% de mujeres que recurrieron a empresarios y agentes oficiales en España. Ella era un cuadro medio de un gran empresa española radicada en Argentina que entró en contacto con directivos de la casa matriz en Madrid, a través de las recomendaciones de sus exjefes. El segundo caso es el de Arsenio, tapicero de casi 60 años que encontró a su familia española a la que nunca había visto. Para su sorpresa el encuentro resucitó viejos rencores, sus primos le reprocharon la emigración de sus abuelos a la Argentina mientras ellos resistieron los malos tiempos de la postguerra y lo responsabilizaron por su situación actual: "no supieron cuidar lo que tenían", le dijeron.

> Yo no había venido nunca [a España]. La conocía a través de los datos que podían llegar a través de la información familiar y de los diarios y demás. Además, la gente de Telefónica, como yo era personal que ellos me consideraban importante, me hicieron todos los contactos acá, con Telefónica de

11 La ENI puso en evidencia que existía la misma proporción de inmigrantes con contactos en España entre los que tenían estudios primarios (o menos) y estudios de nivel terciario; también entre los ocupados (84%), desempleados (86%) y los dedicados a labores domésticas (79%).

> España. No cuajaron porque Telefónica en este momento está reduciendo personal (Élida).

> Yo lo único que creía era que se me iba a hacer más fácil por tener familiares. Pero al final no se dio. Porque me dijeron ellos: 'tus abuelos se fueron y nosotros nos quedamos, resistimos y hoy estamos bien. Ellos se fueron para allá y ustedes no supieron cuidar lo que tenían. Por eso están mal'. Y eso me dolió. Y me dijeron: 'Volvete a tu país que ya se va a arreglar. Andate para allá'. Y yo dije: 'No, yo no me voy a Argentina. Yo me voy a ir a Madrid y me voy a quedar en Madrid (Arsenio).

Ahora bien, ¿a qué España llegaron los argentinos? Sin duda, una diferente de donde emigraron los españoles hace un siglo. En las últimas décadas se había producido un cambio extraordinario en la imagen de España en Argentina que había convertido a este país en un destino apetecible para proyectos migratorios. Por eso indagamos qué representaciones tenían los inmigrantes acerca de uno y otro país antes de emprender el viaje. El resultado fueron calificaciones dicotómicas en las cuales España era calificada con atributos positivos y Argentina en términos negativos. Así, por ejemplo, España era "un país de bienestar", "Europa", "un lugar de proyectos", "donde se pueden hacer planes a futuro", o donde el "desarrollo personal se veía posible"; también donde existía un equilibrio entre esfuerzo y satisfacción expresado a través del tiempo que se le podía destinar al trabajo y al ocio. En cambio, Argentina era calificada con adjetivos opuestos: "un lugar de imposibilidades", "postergaciones", "lleno de incertidumbre", "inseguro" y "donde la vida se torna provisional" (ver Tabla 5.2).

Tabla 5.2. Representación de España y de Argentina según el discurso de los inmigrantes argentinos en España entrevistados

España	Argentina
Logro	Postergación
Posibilidades	Imposibilidades
Satisfacción	Insatisfacción
Desafíos	Rutina
Ascenso social	Descenso social
Incertidumbre	Previsibilidad
Enriquecimiento	Empobrecimiento
Honestidad	Deshonestidad
Trabajar para vivir	Vivir para trabajar
Seguridad	Inseguridad
Avance	Retroceso

Fuente: elaboración propia.

Como señalaron Portes y Böröcz (1989), la emergencia de flujos migratorios requiere una penetración previa de las instituciones del estado-nación más fuerte sobre aquellas más débiles del estado-nación emisor. En ese proceso histórico es que deben rastrearse las representaciones de España como país próspero. Así, de acuerdo a los testimonios, este proceso había comenzado a finales de los ochenta y mediados de los noventa y fue rememorado a través de varios acontecimientos: las Olimpíadas de Barcelona en 1992, las pensiones asistenciales por ancianidad que comenzaron a cobrar muchos emigrados españoles, la llegada al país de empresas multinacionales españolas a partir de la privatización de empresas públicas (Telefónica, Banco Santander y BBVA, REPSOL, etc.) y un ecléctico conglomerado de expresiones culturales: el cine de Almodóvar, la música (J. M. Serrat, J. Sabina, M. Bosé) y la literatura (Vázquez Montalván, Cela, Delibes, Marsé, Mendoza, Marías...).

En otros casos, la transformación de España "de aldea rural a aldea global" fue percibida personalmente a través de visitas previas. De una manera u otra, la información sobre España, mediada o de primera mano, más o menos fundamentada, transmitió seguridad al emigrante. A continuación exponemos fragmentos de las entrevistas a Manolo y Claudia.

> Ya cuando me había hecho el pasaporte español tenía la idea: si las cosas no van, me voy a España. Porque yo había estado en 1966, en plena época de Franco. Estuve trabajando en Barcelona un año. Siempre volví, porque soy argentino, y si soy argentino quiero morir allí, eso desde luego. Soy muy porteño, me gusta mucho Buenos Aires. Volví. Después estuve en 1986. Entonces todo había cambiado mucho, era la época del socialismo. Estuve dos meses, estuve muy poco tiempo. Estuve a punto de quedarme, porque estaba muy lindo esto. Pero Buenos Aires también estaba muy lindo. Todavía no había venido la gran crisis. Y después estuve en 1992 (Manolo).

> Porque yo hacía dos años había venido de vacaciones para ver cómo era, y me gustó todo, como el ritmo, la organización, me parecía todo muy bueno para vivir, ¿no? Y no al lado de lo que se estaba viviendo en Argentina, que es una inestabilidad y un estar angustiado por lo que pueda suceder a cada momento (Claudia).

Ese sentimiento de seguridad se sustentaba en informaciones, más o menos veraces, sobre las garantías que ofrecía el Estado de Bienestar. Un sistema de relaciones laborales "más garantista", al menos en el segmento primario del mercado de trabajo, y sistemas de salud y de educación universales y gratuitos con elevados niveles de calidad. Esto se complementaba con valoraciones muy positivas sobre la seguridad ciudadana y las infraestructuras urbanas (transporte, limpieza, servicios) que tenían un enorme impacto sobre la calidad de vida.

Cuando investigamos por qué los inmigrantes habían decidido asentarse en Madrid, hallamos tres respuestas complementarias. La primera estaba relacionada con el empleo. Madrid era una región de "fuerte atracción migratoria" (Oliver, 2006). El nivel de actividad económica de la ciudad permitía a los inmigrantes encontrar trabajo rápidamente y, aunque al principio la relación costo – beneficio no era satisfactoria, la esperanza de que el diferencial de ingresos se incrementase en el futuro alentó el asentamiento en Madrid.

> Conseguí trabajo rápido y me gustó. Al principio no sabía en qué ciudad quería trabajar y vivir, por supuesto. Hoy, que conozco más España, porque yo también recorrí, estoy muy contento de estar en Madrid (Damián).

Al mismo tiempo, los inmigrantes manifestaron que optaron por Madrid porque les gustó, y lo curioso es que le adjudicaron a la ciudad cualidades semejantes a las de sus ciudades de origen (Buenos Aires, Mar del Plata, Córdoba, Rosario, etc.). Por ejemplo, Mauricio, dijo que era pequeña y por ello "manejable"; Damián valoró el vértigo permanente y "la independencia" que caracteriza a las grandes urbes.

> Me gustó porque es una ciudad muy chica y muy manejable. Porque tiene todo lo que es una gran ciudad, como puede ser Buenos Aires, Rosario, Córdoba, que yo viví en los tres lugares (Mauricio).

> Es donde es más fácil adaptarse. Especialmente para un porteño. No tengo problema en vivir en una ciudad grande. En fin, me gusta la independencia que me da y eso. Me gusta. O sea, si ahora me tuviese que ir a un pueblo pequeñito, donde toda la gente habla de toda la gente, no sé (Damián).

Los más jóvenes valoraron las oportunidades de ocio nocturno, las parejas con niños los parques y centros deportivos, los más cultos las pinacotecas y bibliotecas públicas; todos, la seguridad y las infraestructuras de trasporte. En las observaciones que realizamos en Barcelona años más tarde hallamos las mismas opiniones, añadiéndose el tópico de "vivir en una ciudad cosmopolita".

En este sentido, González y Merino (2007: 105) hallaron que la elección de la ciudad de destino, pero sobre todo la permanencia en ella, tuvo que ver con la familiaridad que sintieron los inmigrantes. En nuestro trabajo de campo constatamos que, efectivamente, fue así pero la familiaridad no existe *per se*, sino que es una construcción social. Por ello decimos que los argentinos encontraron en Madrid y en Barcelona elementos propios de sus ciudades de origen y, a partir de éstos, fueron "construyendo" poco a poco "su ciudad".

Durante los primeros meses, los más difíciles para los inmigrantes, las ciudades presentaban ventajas obvias sobre los pequeños pueblos, sobre todo una y especialmente para los más jóvenes: brindaban la oportunidad de ver sin ser visto (o sentir que no se es visto, que es lo que cuenta). Las ciudades permitieron sobrevivir con interacciones mínimas y albergarse en el anonimato. Los flujos humanos que se mueven en todas las direcciones, propios de los no lugares (Auge, 1993), componían un entorno seguro, sin necesidad de compromisos. Así también los inmigrantes ganaron tiempo, imprescindible para que todo dejara de parecer extraño. Pero tarde o temprano ese estado de continua transitoriedad comenzó a mostrar sus límites. No quitaba, pero tampoco daba. En ese momento los inmigrantes comenzaron a extrañar la pertenencia a una comunidad, la "intimidad cultural" que hace posible el reconocimiento mutuo. Comenzaron entonces a construir vínculos en Madrid, pero sobre todo con Madrid.

Volviendo a la elección de Madrid, la tercera y última respuesta que nos brindaron los informantes ya había sido advertida por otros estudios (Castellanos, 2006: 380; González y Merino, 2007: 108 y ss.) y se refiere a los vínculos sociales y afectivos que tenían los inmigrantes antes de viajar. Familiares, amigos y conocidos animaron a venir a Madrid o a quedarse. La disponibilidad de información y alojamiento marcaron la elección del destino. La importancia de tener una vivienda donde llegar es obvia, sin embargo el recurso a información de primera mano a veces se soslaya en las investigaciones. Por insignificante que parezca, sugerencias acerca de cómo desplazarse dentro de la ciudad, qué trámites hay que hacer o dónde comprar ciertas cosas adquirieron una dimensión enorme porque permitieron que el inmigrante confiara en que era capaz de vivir en Madrid. Innumerables pequeñas vicisitudes cotidianas, aburridas rutinas en la ciudad de origen, se transformaban en Madrid en obstáculos que pudieron resolverse gracias a las redes sociales. De otro modo, la suma de pequeños fracasos en el día a día podría haber quebrado la voluntad y hecho desistir del proyecto migratorio.

> La familia que tengo acá me había invitado antes a venir. Y mi mamá me insistía mucho. Viví unos meses con mis familiares, pero ahora no. Alquilé un apartamento con Silvia. Pero todo gracias a la familia que tengo acá. Todo, absolutamente todo (Gabriela).

> Vine a la casa de una amiga que me convenció que viniera a su casa. Yo pensaba ir a Alicante sin conocer nada y no iba a pasar por Madrid, porque con el poco dinero que teníamos, no queríamos gastar aquí en un hotel. Pero esta chica dijo: "No, te vienes a mi casa". En Madrid, y vinimos a la casa en Arganda del Rey que queda en la provincia de Madrid (Daniela).

5. Los motivos para migrar según la Encuesta Nacional de Inmigrantes 2007

A partir de la publicación de los resultados de la ENI podemos conocer los motivos de la emigración de todo el colectivo de argentinos en España, si los migrantes recibieron influencias para tomar la decisión de emigrar y quién influyó sobre ellos. Son datos con representación estadística, discriminados por sexo y período de llegada, que nos permitirán brindar un panorama más amplio y a la vez complementario del análisis etnográfico realizado en Madrid.

La Tabla 5.3 presenta los motivos de la migración.[12] Atendiendo a los totales, observamos que la calidad de vida y los problemas con el empleo fueron los principales motivos de la emigración de Argentina. Con una diferencia notable le siguen los motivos familiares, el costo de vida, motivos políticos y educativos. Esta tipología, y la jerarquización factorial que propone, se asemeja a los resultados de la etnografía, así como a los de otras investigaciones previas (Schmidt, 2009; González y Merino, 2007; Novick y Murias, 2005; entre otras).

El primer motivo, la búsqueda de calidad de vida, fue escogido en proporciones similares por hombres y mujeres (49% y 47%, respectivamente) y también por todos los flujos migratorios desde 1975 a 2007, aunque el flujo de la hiperinflación (44%) lo hizo en menor medida que el flujo del exilio (51%) y el del corralito (51%). Son datos que merecen una reflexión, aunque la categoría sea ambigua. Si interpretamos esta respuesta de acuerdo a nuestro análisis etnográfico, la búsqueda de calidad de vida en España se define a partir de la pérdida de calidad de vida en Argentina debido a un fuerte deterioro de las condiciones económicas de existencia (merma de ingresos y precarización laboral), la pérdida de confianza en las instituciones (republicanas en primer lugar, pero también los partidos políticos, las fuerzas de seguridad, la escuela pública y los sindicatos), una crisis de valores (meritocracia, honestidad y reciprocidad, sobre todo), la falta de esperanza en un futuro mejor y una sensación de caos que hacía insoportable la vida cotidiana. Por tanto, la búsqueda de calidad de vida no sólo implicaba expectativas de mayores ingresos, sino también de un cambio de comunidad moral y política.

---

12 Para una lectura correcta de la tabla se debe tener en cuenta que la pregunta era multirespuesta, por lo que la suma de los valores de cada categoría no coincide con el total. Además, los dos últimos flujos marcan la tendencia predominante en toda la serie porque acumulan al 90% del stock de inmigrantes. En consecuencia, los datos correspondientes a los dos primeros períodos deben considerarse con cautela.

Los problemas con el empleo eran un motivo para emigrar más previsible, pero contiene matices que merecen explicitarse. En primer término, se referían principalmente a "la búsqueda" y a "la falta de empleo" (38% y 21% para ambos sexos, respectivamente) y en menor medida a "un empleo mejor" (10%). En segundo lugar, fueron los hombres, mucho más que las mujeres, los que escogieron esta opción de respuesta, probablemente debido a las condiciones de empleo en Argentina: menores tasas de actividad en las mujeres y mayores índices de actividad y desempleo en los hombres. En tercer lugar, encontramos que los motivos para emigrar relacionados con el empleo fueron más significativos en el período 2000 - 2007 (ambos sexos) que en los anteriores, aunque también una elevada proporción de hombres arribados entre 1984 y 1999 emigraron por ese motivo. La evolución del mercado de trabajo en Argentina explica, en gran medida, estos datos. Como ya dijimos, la crisis de 2001 fue también una crisis de empleo con tasas de desocupación y subocupación récords (alrededor del 20% cada una) y, si bien durante la hiperinflación se registraron bajos índices de desocupación, a partir de 1995 éstos oscilaron entre el 14 y el 18%. Además, en aquel momento la tasa de actividad de las mujeres era considerablemente inferior a la de los hombres (36% versus 64%, respectivamente).[13]

---

13 Población de 14 años y más. Total del país, según datos del Censo de Población y Vivienda 1991.

Tabla 5.3. España. Población nacida en Argentina, emigrada entre los 16 y 64 años, según motivos para migrar. A 1 de enero de 2007. En porcentajes

Motivo	Sexo	Período de llegada				
		Hasta 1975	1976-83	1984-99	2000-07	Total
Mejor empleo	Hombre	32,4	0,0	15,5	8,6	10,8
	Mujer	12,6	11,5	5,0	9,3	8,4
	Ambos sexos	23,6	4,7	10,9	8,9	9,7
Buscar empleo	Hombre	10,7	21,5	42,7	46,1	42,9
	Mujer	32,5	6,8	14,7	41,2	33,3
	Ambos sexos	20,4	15,5	30,2	43,7	38,3
Falta de empleo	Hombre	0,0	8,7	21,1	27,5	24,0
	Mujer	0,0	6,8	12,7	21,7	18,4
	Ambos sexos	0,0	7,9	17,4	24,6	21,3
Políticos	Hombre	21,7	32,3	3,7	3,8	5,7
	Mujer	17,4	9,0	3,8	2,9	3,7
	Ambos sexos	19,8	22,8	3,7	3,4	4,7
Educativos	Hombre	10,6	0,0	4,5	8,8	7,2
	Mujer	14,5	0,0	13,8	10,0	10,7
	Ambos sexos	12,3	0,0	8,6	9,4	8,9
Calidad de vida	Hombre	9,2	54,5	47,0	51,6	49,2
	Mujer	22,4	47,0	40,3	50,1	46,8
	Ambos sexos	15,1	51,4	44,0	50,9	48,1
Familiares	Hombre	15,2	11,6	9,5	18,2	15,4
	Mujer	51,8	43,2	31,9	32,1	32,9
	Ambos sexos	31,5	24,5	19,5	25,1	23,8
Coste de vida	Hombre	0,0	0,0	19,3	18,6	17,3
	Mujer	17,8	8,3	14,0	13,7	13,7
	Ambos sexos	7,9	3,4	17,0	16,2	15,6
Religiosos	Hombre	0	0,0	0,0	0,0	0,0
	Mujer	0,0	0,0	1,2	1,5	1,3%
	Ambos sexos	0,0	0,0	0,5	0,7	0,6
Traslado empresa	Hombre	0,0	3,3	0,0	2,3	1,6
	Mujer	0,0	0,0	1,8	2,9	2,4
	Ambos sexos	0,0	1,9	0,8	2,6	2,0
Otros	Hombre	3,3	7,9%	18,4	12,5	13,6
	Mujer	12,5	16,8%	27,8	13,0	16,7
	Ambos sexos	7,4	11,5%	22,6	12,7	15,1

Fuente: INE, ENI y elaboración propia.

Pero la situación socioeconómica en el país explica sólo en parte los motivos de la emigración de Argentina. En la Tabla 5.3 observamos que mantener la familia unida también fue un motivo importante para desplazarse a España. Y lo fue, sobre todo, para las mujeres (33% versus 15% de hombres), quienes valoraron ese motivo por encima del trabajo y después de la búsqueda de calidad de vida. Opciones que responden, probablemente, a pautas diferentes de socialización de género. Los datos no permiten conclusiones más detalladas pero sugieren hipótesis para continuar trabajando. Una, quizás la más sugerente, es la que invita a verificar si entre los inmigrantes argentinos en España predominaban modelos masculinos y femeninos tradicionales, del tipo *male breadwinner* y *female keephouse,* como hace suponer el hecho de que prevalezcan en las mujeres motivos familiares para migrar por sobre los laborales. Hay evidencias a favor y en contra de esta hipótesis. Por un lado, sabemos que los hombres hicieron de pioneros en los períodos más críticos, reagrupando luego a sus parejas; por otro, hemos visto que los flujos estuvieron compuestos por un volumen significativo de mujeres solas, autónomas, con largas trayectorias laborales y educativas y proyecto migratorio propio.

Hay dos motivos para emigrar de Argentina de menor importancia cuantitativa pero sobre los que queremos hacer apreciaciones. El primero es la emigración por motivos políticos. Nótese que de las personas emigradas a España entre 1975 y 1983, y que aún permanecían en el país en 2007, sólo el 23% (1.828 personas) dijo haber emigrado por causas políticas (32% de hombres y 9% de mujeres) (Tabla 5.3). Por tanto, estamos frente a otro indicio de que durante la última dictadura militar se produjeron significativos flujos de emigración económica. El segundo es la emigración por motivos educativos. Ya habíamos visto en las entrevistas que este tipo de emigraciones estaban protagonizados principalmente por jóvenes que buscaban nuevas experiencias, mientras continuaban sus estudios superiores o realizaban prácticas profesionales. Pues bien, los datos de la Tabla 5.3 permiten confirmar que no es sólo un fenómeno contemporáneo, sino que ya existía en la década del ochenta y ha evolucionado crecientemente *a posteriori* (de 4.300 personas en el período 1984 – 1999 a 12.100 entre 2000 y 2007). Además, es un motivo aludido más frecuentemente por mujeres, lo cual era previsible si consideramos que el 39% de las inmigrantes argentinas tenían estudios superiores frente al 29% de los hombres.

La ENI también permite conocer si los inmigrantes recibieron influencias para tomar la decisión de emigrar y, en caso afirmativo, saber quién influyó (un conocido emigrado a España, un familiar, un amigo o vecino u otra persona). Desde que Stark publicara su investigación sobre la migración rural – urbana de mujeres en Filipinas en los años ochenta (Stark y Lauby, 1988), sabemos que la migración es una estrategia familiar. Los datos de la Tabla 5.4 lo confirman: el 70% de los argentinos recibieron influencia para emigrar de algún familiar, en cambio una proporción mucho menor recibió influencia de un amigo o vecino (29%), u otra persona (5%). Es interesante destacar que la influencia familiar fue notablemente superior en las mujeres (79% frente a 61% en los hombres), lo cual refuerza la evidencia sobre la distinción de roles de género en el orden de prioridades (familia, ingresos, seguridad, etc.) valoradas para emigrar a España.

Tabla 5.4. España. Población nacida en Argentina, emigrada entre los 16 y 64 años, según influencia para migrar de un conocido emigrado a España. A 1 de enero de 2007. En porcentajes

Influencia de un conocido emigrado a España						
		Hasta 1975	1976-83	1984-00	2000-07	Total
Hombre	Sí	13,0	38,7	39,0	55,8	49,0
	No	87,0	61,3	61,0	44,2	51,0
Mujer	Sí	0.0	40,1	45,3	59,2	53,5
	No	100,0	59,9	54,7	40,8	46,5
Ambos sexos	Sí	7,2	39,3	41,8	57,5	51,2
	No	92,8	60,7	58,2	42,5	48,8
Influencia de un familiar						
Hombre	Sí	22,4	61,8	61,9	61,2	61,1
	No	77,6	38,2	38,1	38,8	38,9
Mujer	Sí	0,0	90,9	71,0	80,9	79,1
	No	0,0	9,1	29,0	19,1	20,9
Ambos sexos	Sí	22,4	73,9	66,3	71,3	70,1
	No	77,6	26,1	33,7	28,7	29,9
Influencia de un amigo o vecino						
Hombre	Sí	77,6	38,2	37,3	37,8	38,0
	No	22,4	61,8	62,7	62,2	62,0
Mujer	Sí	0,0	9,1	27,7	17,5	19,4
	No	0,0	90,9	72,3	82,5	80,6
Ambos sexos	Sí	77,6	26,1	32,7	27,4	28,7
	No	22,4	73,9	67,3	72,6	71,3
Influencia de otra persona						
Hombre	Sí	0,0	0,0	5,6	7,2	6,5
	No	100,0	100,0	94,4	92,8	93,5
Mujer	Sí	0,0	0,0	1,2	4,9	4,0
	No	0,0	100,0	98,8	95,1	96,0
Ambos sexos	Sí	0,0	0,0	3,5	6,0	5,3
	No	100,0	100,0	96,5	94,0	94,7

Fuente: INE, ENI y elaboración propia.

En la Tabla 5.4 también observamos que el 51% de las personas confirmaron que existió influencia para emigrar de una persona conocida emigrada anteriormente a España. La influencia se manifestó tanto en mujeres como en hombres (59% y 56%, respectivamente) y fue mucho más notoria en el último flujo que en los anteriores. El mayor acceso a los medios de comunicación, sobre todo internet y la telefonía celular, la necesidad de emigrar rápidamente de Argentina por el deterioro de la situación socioeconómica y el volumen acumulado de argentinos ya emigrados, contribuyen a explicar por qué la influencia fue mayor entre las personas que se fueron del país en el período 2000 - 2007.[14]

---

14 Es un principio de la teoría migratoria de las redes sociales que cada acto migratorio altera sistemáticamente el contexto en el cual un *decisionmaker* escoge emigrar, es decir, cada nuevo acto migratorio condiciona el proceso de toma de decisión. Aunque la emigración de argentinos entre 2000 y 2007 estuvo incrustada en la crisis de 2001, las redes sociales contribuyeron a que la migración se reprodujera así misma más allá del contexto que le dio inicio (Massey et al., 1993: 449).

Segunda parte
Los inmigrantes en el mercado de trabajo

6

La "gran transformación" del mercado de trabajo en España

Desde el punto de vista del país receptor, el factor desencadenante de la llegada de importantes contingentes de inmigrantes económicos a España fue un "efecto llamada" que se produjo desde la lógica de la reestructuración del mercado de trabajo, en el marco de un amplio y acelerado proceso de transformaciones sociales, económicas, políticas y culturales que afectó a la sociedad española en las últimas cuatro décadas.[1]

La reestructuración del mercado de trabajo implicó varios elementos. En primer lugar, un extraordinario aumento de la demanda. En el excepcional ciclo expansivo de la economía, con un incremento medio anual del PIB del 3,5% entre 1995 y 2008, se crearon 7,5 millones de empleos. Este crecimiento se apoyó en un modelo de desarrollo de baja productividad e intensivo en mano de obra, con la construcción, el turismo y los servicios a las empresas como sectores más pujantes.

En segundo lugar, determinados puestos de trabajo comenzaron a aparecer a los ojos de un número creciente de trabajadores autóctonos como "menos deseables", es decir, por debajo del nivel de lo que les parecía aceptable.[2]

---

1 Una síntesis de este proceso puede encontrarse en Requena y González (2005).

2 El nivel de aceptación de las condiciones de trabajo se encuentra definido, sobre todo, por la posición que ocupan los trabajadores en el sistema de reproducción social, tanto en la familia como en la estructura de clases (Cachón, 2009: 117).

Ello se produjo debido a una confluencia de factores que actuaron de forma simultánea. Siguiendo a Cachón (2009: 118-119), esos factores se pueden resumir en cinco: a) el incremento del nivel general de bienestar y desarrollo económico de la sociedad española;[3] b) el rápido desarrollo del Estado de Bienestar que tuvo como efecto una desmercantilización de la fuerza de trabajo mediante la implementación de derechos de ciudadanía (salud, educación, pensiones, desempleo); c) el rápido aumento del nivel educativo de la población;[4] d) el mantenimiento de las redes familiares; y e) las expectativas de ascenso social que los elementos anteriores generaron en los diferentes estratos sociales.

En tercer lugar, la escasez relativa de efectivos de 16 a 35 años. Como sostiene Oliver (2006:7) los inmigrantes reemplazaron a los hijos de autóctonos que no nacieron entre finales de los años setenta y principios de los años noventa. Período en el cual las cohortes de población se redujeron a la mitad.[5] Además, la tasa de actividad de los jóvenes menores de 20 años se redujo notablemente durante aquellos años (pasó del 56% en 1976 al 25% en 2001). Estos acontecimientos son importantes porque los sectores donde los jóvenes tenían mayor presencia relativa eran,

---

3 Entre 1994 y 2006 España atravesó una coyuntura económica positiva que se expresa en un incremento de la renta nacional disponible del 62%, medida en euros constantes (39% de la renta por persona). El patrimonio o riqueza de los hogares españoles incrementó su valor monetario en un 148% gracias a la revalorización de los inmuebles y de los activos financieros, los dos principales componentes de la riqueza de las familias. El incremento del salario real se produjo desde finales de los setenta hasta comienzos de los noventa, aunque a partir de entonces perdió un 2,4% de poder adquisitivo (Colectivo IOÉ, 2008: 42-43).

4 Recordemos que la población española económicamente activa con educación superior terminada pasó del 2,2% en 1970 al 22% en 2011 (INE, Censo de Población 1970 y EPA, resultados anuales).

5 En ese período se produjo en España un proceso de reducción notable de la tasa de fecundidad: se pasó de casi 700.000 nacidos cada año a 362.626 en 1996, año en el que comenzó un ligero aumento del volumen anual de nacimientos (INE, Anuarios Estadísticos, varios años).

precisamente, los sectores donde se concentrará después el empleo inmigrante.

El cuarto factor lo hallamos en la progresiva dualización social característica de ciudades globales como Madrid, en las cuales un crecimiento considerable de puestos técnicos y directivos produce una demanda de servicios con malas condiciones relativas de trabajo.[6] En esta dirección, Duque y Montoliú (2003) señalan que para que Madrid fuera capaz de acoger un contingente cualitativa y cuantitativamente significativo de trabajadores del tercer mundo, fue necesario previamente "tercermundizar" una buena parte del mercado de trabajo de los madrileños. Lo ocurrido en Madrid es válido para el resto de España.

En suma, la reestructuración del mercado de trabajo implicó la incorporación de más de tres millones de "nuevos" trabajadores extranjeros en poco más de 10 años. En los apartados siguientes describiremos esta "gran trasformación" a partir de los efectos que generó sobre el crecimiento y la composición de la población activa y del empleo, antes y durante la crisis. Pero estos efectos no se entenderían adecuadamente sin un conocimiento previo de los mecanismos institucionales que regularon el acceso al empleo de los trabajadores extranjeros. Por eso el capítulo comienza con un apartado dedicado a ello.

1. La discriminación institucional al trabajador extranjero

El estatus jurídico de los inmigrantes extranjeros ha sido, históricamente, una variable de primer orden para explicar su acceso diferencial al mercado de trabajo (Moulier-Boutang, 2006). Mediante mecanismos de "discriminación institucional", o sea el conjunto de políticas de inmigración,

---

6 Sassen (1993) brinda un panorama general de este proceso.

de integración y de carácter general, se asignan derechos y deberes diferentes a las personas según su ciudadanía que definen realidades diferenciadas para colectivos distintos. Y el caso de España no fue diferente. La llegada de inmigrantes se gestionó mediante un poderoso mecanismo de discriminación institucional, con eje en la condición de extranjero, que definió las vías de acceso a la actividad económica y a los derechos sociales y políticos, con sus variantes por sexo, origen social y grupos nacionales, consolidando "campos de posibilidades" diferentes.[7]

Como señala Sassen (1993: 65 y ss.), no se trató "simplemente" de la llegada de mano de obra, sino de mano de obra previamente dispuesta en situación de vulnerabilidad por el Estado a través del marco jurídico que regula la extranjería. El Estado adecuó la oferta a una demanda que el mercado ya había prefijado, definida por empleos de baja cualificación y malas condiciones de trabajo, destinados a reforzar una creciente estructura socioeconómica con esas mismas características. Esa adecuación obligó a modificar el marco institucional discriminatorio regularmente. Ello hizo que las transformaciones de la política de inmigración y, por ende, de la regulación de la mano de obra extranjera en el mercado de trabajo, fueran muchas, llenas de matices diferenciadores, imposible abordar aquí. Sin embargo, sí podemos describir sus directrices principales.

En la normativa vigente hasta 1985, los inmigrantes originarios de Iberoamérica, Filipinas, Guinea Ecuatorial, Andorra y Portugal no necesitaban un permiso previo de trabajo y residencia en España. Una vez en el país, bastaba la inscripción en el Ministerio de Trabajo para obtener un permiso de residencia.[8] A partir de la entrada en vigor de la LO 7/1985 y su Reglamen-

---

7 En este sentido, vale recordar que Weber consideró como uno de los principales mecanismos de desigualdad el de la exclusión de ciertos grupos de la competencia por determinadas oportunidades económicas Para este autor, en una sociedad abierta, las oportunidades son las posibilidades, condicionales o aleatorias, de acceso a las posiciones (Esteban, 2014).

8 Ley 118/1969, de 30 de diciembre, y Orden Ministerial del 15 de enero de 1970.

to, se puso en marcha un rígido control de entradas que debían ser siempre previa obtención de visado en el país de origen y de una oferta de trabajo para España (Aja, 2006: 20-23).[9] La normativa dio comienzo a un férreo mecanismo de discriminación institucional que asignó derechos diferentes a nativos, extranjeros comunitarios (entonces Comunidad Económica Europea) y extranjeros no comunitarios.

A partir de entonces se establecieron dos principios para la entrada de trabajadores extracomunitarios al mercado de trabajo español: la contratación en el país de origen del trabajador y la situación nacional de empleo. Este último implicaba que sólo se podían admitir trabajadores extracomunitarios cuando los puestos de trabajo no se pudieran cubrir con trabajadores comunitarios.[10]

La puesta en vigor de este fundamento tuvo consecuencias importantes para los trabajadores extracomunitarios: por acción, los asignaba a determinados sectores, ocupaciones y regiones, de modo que las vías de entrada "regularizadas" al mercado de trabajo se ubicaron en el segmento secundario, consolidando paulatinamente un modelo de estratificación étnico-laboral; por omisión, fomentaba la irregularidad porque era prácticamente imposible para los empleadores demostrar que no había trabajadores comunitarios para cubrir las vacantes que necesitaban; además, no existían mecanismos mediadores eficientes para poner en contacto la demanda con la oferta en sus países de origen. Por lo tanto, los inmigrantes ingresaban a España en calidad de turistas (con y sin visado) y se incorporaban al mercado de trabajo de forma irregular. También por omisión fomentaba la precariedad y reforzaba la vulnerabilidad porque era posible perder la residencia legal si al momento exacto de la renovación del permiso de residencia

---

9 Real Decreto 1119/1986, de 26 de mayo, por el que se aprueba el reglamento de ejecución de la Ley Orgánica 7/1985, de 1º de julio, sobre derechos y libertades de los extranjeros en España. (BOE, 12 de junio).

10 Aunque la LO 7/1985 no empleaba el concepto "situación nacional de empleo", este formaba parte de su espíritu (Art. 18). La expresión propiamente dicha se incorporó con posterioridad en el Reglamento de 1986 (R.D. 119/1986) y, más tarde, adquirió rango de ley con la LOE 4/2000 (Art. 35).

(en el primer año, el tercero y el quinto) el inmigrante se encontraba desempleado. Ello inauguró la figura de la "irregularidad sobrevenida".

Estos principios se pusieron en práctica mediante dos procedimientos: el Régimen General y el contingente. El Régimen General era el sistema ordinario de entrada e incorporación al mercado de trabajo de los trabajadores extracomunitarios. Establecía que los empleadores debían contratarlos en sus países de origen, una vez que habían probado ante la administración pública que no pudieron cubrir la vacante con trabajadores comunitarios.

El contingente de trabajadores extranjeros fue creado en 1993 (Resolución del 4 de mayo del Ministerio de Relaciones con las Cortes y Secretaría del Gobierno) a raíz de los problemas derivados del Régimen General. Se trataba de un cupo anual de puestos de trabajo vacantes fijado por la administración pública y en el que no era necesario justificar la inexistencia de trabajadores comunitarios desempleados. El análisis de este dispositivo distingue dos etapas: durante la primera, desde 1993 a 1999, las dificultades de contratación en los países de origen derivaron en que este procedimiento se utilizaba, en realidad, para regularizar a los trabajadores extracomunitarios que ya se encontraban trabajando en España en situación irregular. La segunda comenzó cuando el contingente adquirió rango de ley (a partir de la LOE 4/2000, pero sobre todo con la LOE 8/2000 y su Reglamento[11]) y se introdujeron cambios importantes como el hecho de que los trabajadores contratados no podían hallarse en territorio español. De ese modo se cerró la única vía "encubierta" de regularización.

---

11 Real Decreto 864/2001, de 20 de julio, por el que se aprueba el Reglamento de ejecución de la Ley Orgánica 4/2000, de 11 de enero, sobre derechos y libertades de los extranjeros en España y su integración social, reformada por Ley Orgánica 8/2000, de 22 de diciembre. (Vigente hasta el 26 de octubre de 2003).

Tres años más tarde, la LO 14/2003 introdujo cambios a favor de flexibilizar la norma anterior:[12] estableció visados de búsqueda de empleo dirigidos a hijos o nietos de españoles y otros dirigidos a determinados sectores u ocupaciones; las ofertas de empleo se orientaron preferentemente a los países con los cuales España había firmado acuerdos de regulación de flujos, y se autorizó la posibilidad de realizar ofertas nominativas.

El nuevo reglamento de la Ley de Extranjería que se aprobó en 2004 aportó un novedoso mecanismo para la gestión de las demandas de empleo en ocupaciones con escasez de mano de obra comunitaria:[13] el Catálogo de Ocupaciones de Difícil Cobertura (CODC).[14] Este documento recogía trimestralmente las ocupaciones en las que los servicios públicos de empleo habían encontrado dificultad para gestionar las ofertas de empleo que los empleadores les presentan en cada provincia. Si bien era (y continúa siendo) un instrumento útil para hacer funcionar el Régimen General, presenta varios problemas entre los que destacan dos: el Catálogo no recoge todas las demandas del mercado ni lo hace *just in time*, y las demoras en la tramitación de los visados en los países de origen a veces no siempre pueden ser sobrellevadas por la oferta y la demanda.

Otra de las aportaciones más destacadas del citado Reglamento es que puso en funcionamiento la figura

---

12 Ley Orgánica 14/2003, de 20 de noviembre, de Reforma de la Ley Orgánica 4/2000, de 11 de enero, sobre derechos y libertades de los extranjeros en España y su integración social, modificada por la Ley Orgánica 8/2000, de 22 de diciembre; de la Ley 7/1985, de 2 de abril, Reguladora de las Bases del Régimen Local; de la Ley 30/1992, de 26 de noviembre, de Régimen Jurídico de las Administraciones Públicas y del Procedimiento Administrativo Común, y de la Ley 3/1991, de 10 de enero, de Competencia Desleal.

13 Real Decreto 2393/2004, de 30 de diciembre, por el que se aprueba el Reglamento de la Ley Orgánica 4/2000, de 11 de enero, sobre derechos y libertades de los extranjeros en España y su integración social. (Vigente hasta el 30 de junio de 2011).

14 Este mecanismo aún se encuentra vigente.

del Arraigo Laboral, Familiar y Social (Art. 45.2. b, en desarrollo de lo establecido en el Art. 31.3 de la LO 4/ 2000), única vía de regularización permanente para los inmigrantes sin papeles que se encontraban residiendo en España.[15] Esta medida, junto con las sucesivas regularizaciones extraordinarias (sobre todo la última de 2005) y la citada activación del Régimen General a través del Catálogo de Ocupaciones de Difícil Cobertura redujeron significativamente el volumen de trabajadores irregulares que había alcanzado la cifra record de millón y medio en 2005, después de que se cerraran en 2001 las modestas vías de regularización que durante años había representado el Régimen General y el contingente.

2. Crecimiento y metamorfosis de la población activa

En cifras globales, el volumen de población activa en España pasó de 16,4 millones en 1996 a 22,8 millones en 2008; con la crisis se ha mantenido constante, incluso ha experimentado un ligero incremento a 23,1 millones en 2010 (Tabla 6.1). La etapa de crecimiento dejó un saldo favorable de 6,7 millones de trabajadores reales o potenciales, lo que equivale a un 40% más en tan solo 14 años. El 46% de esa nueva población activa fue aportada por españoles (2,9 millones) y el 54% restante por extranjeros (3,4 millones), sobre todo extracomunitarios (1,9 frente a un millón de comunitarios). No obstante, en la medida en que los extranjeros partían

15 El arraigo laboral exige un tiempo de estancia en España de más de dos años (tanto si se ha estado en situación regular como si no) y acreditar una relación laboral no inferior a seis meses. El arraigo familiar se aplica si se es hijo de padre o madre originariamente españoles o bien si se es padre o madre de un menor de nacionalidad española. El arraigo social exige una permanencia en España de al menos tres años, contar con un contrato de trabajo y acreditar vínculos familiares con otros extranjeros residentes o presentar un informe de inserción social expedido por el municipio de residencia. Todas estas disposiciones se encuentran en el RD 2393/2004 pero comenzaron a ser efectivas en 2006.

de un volumen reducido (202 mil), su aumento fue espectacular (1.700%) frente al de los autóctonos (18%). Además, entre los trabajadores extranjeros, los extracomunitarios fueron los que más crecieron (1.500%). En resumen, los trabajadores extranjeros pasaron de suponer apenas el 1,2% de la población activa en 1996 a 16% en 2010 y, entre éstos, los extracomunitarios fueron los que más crecieron: del 0,8% al 9%.

Tabla 6.1. España. Población activa, de 16 y más años, según ciudadanía (española, extranjera, comunitaria, extracomunitaria). 1996-2010. En miles

Año	Total	Españoles	Extranjeros		
			Total	UE*	No UE
1996	16.429	16.192,4	202,7	77,8	124,9
1997	16.745,4	16.472	221,1	87,6	133,5
1998	16.991,2	16.666,6	265,8	97,9	167,9
1999	17.288,3	16.863,9	361,1	113,8	247,3
2000	17.899,8	17.345,7	494,5	148,2	346,3
2001	17.932,1	17.102,9	763,5	169,9	593,6
2002	18.689,8	17.521	1.083,8	191,1	892,7
2003	19.432,3	17.884,3	1.469,8	196,7	1.273,1
2004	20.093	18.127,5	1.857,8	239,1	1.618,6
2005	20.839,6	18.390,7	2.312,1	304,7	2.533,8
2006	21.530,1	18.606,1	2.754,8	341,2	2.623,6
2007	22.127,3	18.790	3.128,3	918,8	2.468
2008	22.806,7	19.049	3.523,1	1.055,1	2.209,5
2009	23.082,4	19.087,6	3.710,6	1087	2.413,6
2010	23.122,3	19.133,9	3.655,9	1.122,1	2.007,4
2010-1996	6.693,3	2.941,5	3.453,2	1.044,3	1.882,5
(%) 2010-1996	40,7	18,2	1.703,6	1.342,3	1.507,2

*UE: 15 miembros hasta 2004, 25 miembros en 2005, 2006 y 27 miembros desde 2007). Fuente: INE, EPA (segundos trimestres).

El incremento de la población activa extranjera no sólo fue el resultado del aumento del stock de esa población, aunque ése es un factor clave, sino también del período de llegada y de la edad de los inmigrantes. El hecho de que casi tres cuartas partes hayan arribado después de 1996 y de que el 85% tenía entre 16 y 64 años, influyó para que la tasa de actividad en 2010 haya sido 19 puntos superior a la de los españoles (76,9% versus 57,5% respectivamente, ver Tabla 6.2), mientras en 1996 la diferencia era de apenas cuatro puntos (55,1 versus 51, respectivamente).

Asimismo, la diferencia se aprecia tanto en hombres como en mujeres (ver Tabla 6.4). En 2010, por ejemplo, la tasa de actividad de los hombres extranjeros superaba a la de los españoles en 18 puntos (84% versus 66%) y la de las mujeres extranjeras a la de las españolas en 21 puntos porcentuales (70% versus 50%), aunque en el caso de los/las comunitarios/as era algo menor: 12 y 15 puntos respectivamente (78% versus 66% y 65% versus 50%). Esta diferencia de actividad de los inmigrantes con los españoles, tanto hombres como mujeres, fue persistente, aunque variable, durante toda la serie 1996-2010, y mostró una tendencia a incrementarse hasta el año 2006 (Tabla 6.2).

Tabla 6.2. España. Tasa de actividad de la población de 16 o más años según ciudadanía (española, extranjera, comunitaria, extracomunitaria). 1996-2010

Año	Tasas de actividad				Diferencia de las tasas de actividad de los extranjeros respecto a los españoles		
	Españoles	Extranjeros					
		Total	UE	NO UE	Total Extranjeros	UE*	No UE
1996	51,0	55,1	42,6	67,3	4,1	-8,4	16,3
1997	51,4	55,8	46,7	64,0	4,4	-9,1	17,3
1998	51,6	58,8	45,7	70,6	7,2	-13,1	24,9
1999	51,9	62,9	46,4	75,1	11,0	-16,5	28,7
2000	53,1	64,0	51,1	71,8	10,9	-12,9	20,7
2001	52,1	71,0	55,1	77,4	18,9	-15,9	22,3
2002	53,2	73,4	54,6	79,2	20,2	-18,8	24,6
2003	54,1	75,2	54,7	78,6	21,1	-20,5	23,9
2004	54,7	75,2	58,2	78,6	20,5	-17,0	20,4
2005	55,5	76,5	61,0	78,6	21,0	-15,5	17,6
2006	56,1	77,5	58,1	80,5	21,4	-19,4	22,4
2007	56,6	76,0	70,8	75,4	19,4	-5,2	4,6
2008	57,3	76,7	71,1	75,9	19,4	-5,6	4,8
2009	57,4	77,5	75,0	74,4	20,1	-2,5	-0,6
2010	57,5	76,9	71,7	76,0	19,4	-5,2	4,3

*UE: 15 miembros hasta 2004, 25 miembros en 2005-2006 y 27 miembros desde 2007.Fuente: INE, EPA (segundos trimestres).

La tasa de actividad de los ciudadanos extranjeros aumentó en ese mismo período de 55,1% en 1996 a 76,9% en 2010 (22 puntos porcentuales). En la Tabla 4.2 se demuestra que ese incremento se debió, en gran parte, a la evolución de los niveles de actividad de los ciudadanos comunitarios que pasaron de 42,6% a 71,7% (un aumento de 29 puntos porcentuales). Los ciudadanos no comunitarios, en cambio, aumentaron su actividad más modestamente (de 67,3% a 76%), aunque partían de un nivel más elevado. La razón del aumento de actividad entre los comunitarios es que cambió su composición en las sucesivas ampliaciones de la Unión Europea, disminuyendo el peso de jubilados y pensionados y creciendo el de los inmigrantes económicos.[16]

Resumiendo. La explicación de la evolución creciente de la actividad y del diferencial de la misma entre españoles y extranjeros durante el período 1996-2010 radica en el fabuloso incremento de los flujos inmigratorios (3,4 millones de activos) y en el cambio de su composición, a partir de la llegada de masivos contingentes de inmigrantes económicos procedentes de Latinoamérica y Europa del Este. Estos inmigrantes eran más activos que los de otras zonas geográficas porque las mujeres eran notablemente más activas en España que las españolas y que las asiáticas y africanas.[17] La alta tasa de actividad de los extranjeros (en torno al 77%), y la diferencia respecto a la tasa de los españoles (alrededor de 20 puntos porcentuales), son características distintivas de la inmigración en España (y otros países del sur de Europa como Grecia, Italia y Portugal), respecto a

---

16 Debe recordarse que la última ampliación en 2007, que incorporó a Rumanía y Bulgaria tuvo efectos muy significativos en la serie de comunitarios y no comunitarios, al producirse el trasvase de 553.687 personas entre los 16 y 64 años.

17 De acuerdo a datos de la EPA de 2008, la tasa de actividad de las mujeres comunitarias era del 61,8% y la de no comunitarias 70,7%. Dentro de este grupo, la de mujeres del "resto de Europa" era del 67%, la de "América Latina" 81,2% y del "Resto del Mundo" 46%; esta categoría incluye a las mujeres procedentes de Asia y África (INE, EPA).

otras sociedades receptoras de inmigración del norte y centro de Europa (OCDE, 2007: 64). Las razones remiten a la juventud de una inmigración económica recién arribada.

El incremento del volumen de trabajadores de origen extranjero significó un cambio fundamental en el mercado de trabajo español en la primera década del siglo XXI. Esta transformación se añadió a otras dos anteriores de igual envergadura: el incremento del nivel educativo de los activos en los años ochenta y la incorporación creciente de las mujeres a partir de los noventa. La presencia de inmigrantes acabó con la homogeneidad étnica en España, la incorporación de mujeres quebró la supremacía masculina y el aumento del nivel educativo de los trabajadores rompió con una gran concentración de activos en los niveles más bajos de la pirámide laboral. Las tres transformaciones tuvieron un efecto duradero y han sido de carácter estructural porque modificaron sustancialmente la oferta en el mercado laboral.

En cuanto a la participación de las mujeres en la actividad económica, en la Tabla 6.3 puede observarse que el crecimiento de la población activa en España en el período 1996-2010 fue mayor en términos relativos en las mujeres que en los hombres, tanto entre los activos autóctonos (35,6% y 7,4% respectivamente) como entre los extranjeros (2.056% y 1.483%, respectivamente); incluso entre éstos se observó la misma tendencia en los comunitarios (las mujeres activas crecieron 1.670% y los hombres 1.149%) y los no comunitarios (2.281% frente a 1.699%, respectivamente). Así, mientras la tasa de actividad de los hombres españoles se incrementó un punto porcentual entre 1996 y 2010 (pasó de 65% a 66%), la de las mujeres españolas lo hizo en 11 puntos porcentuales (de 38% a 49%). En la población activa extranjera se aprecia un panorama similar: la tasa de actividad de los hombres aumentó 12 puntos (de 72% a 84%) mientras la de las mujeres 30 (de 40% a 70%) (Tabla 6.4).

Tabla 6.3. España. Población activa de 16 o más años por sexo y ciudadanía (española, extranjera, comunitaria, extracomunitaria). 1996-2010. En miles

Año	Españoles		Extranjeros		UE*		No UE	
	H	M	H	M	H	M	H	M
1996	10.001,3	6.191,2	124,6	78,1	49,0	28,8	75,6	49,3
1997	10.102,2	6.369,8	134,8	86,4	48,9	38,7	85,8	47,7
1998	10.203,2	6.463,4	164,7	101,1	54,4	43,5	110,3	57,6
1999	10.289,8	6.574,2	209,8	151,4	65,3	48,5	144,5	102,9
2000	10.472,5	6.873,1	287,1	207,4	84,4	63,7	202,6	143,7
2001	10.435,7	6.667,3	464,1	299,4	108,4	61,5	355,7	237,9
2002	10.584,1	6.936,9	604,4	479,4	119,4	71,7	485,1	407,7
2003	10.689,9	7.194,4	845	624,8	114,4	82,3	730,6	542,6
2004	10.722,4	7.405,1	1.077,6	780,2	140,7	98,4	936,8	681,9
2005	10.858,0	7.532,7	1278	1.034,2	158,9	145,8	1.119,2	888,2
2006	10.898,3	7.707,8	1.522,1	1.232,8	193,3	147,9	1.328,8	1.084,8
2007	10.926,8	7.863,2	1.751,4	1.376,9	521,9	396,9	1.229,4	980,1
2008	10.958,8	8.090,2	1.979,7	1.543,3	592,8	462,4	1.387,0	1.080,9
2009	10.778,7	8.309,0	2.078,6	1.632,0	599,9	487,0	1.478,6	1.145,0
2010	10.736,4	8.397,5	1.972,1	1.683,9	612,2	509,8	1.359,8	1.174,0
2010-1996	735,1	2206,3	1847,5	1605,8	563,2	481	1284,2	1124,7
(%) 2010-1996	7,4	35,6	1.482,7	2.056,1	1.149,4	1.670,1	1.698,7	2.281,3

*UE: 15 miembros hasta 2004, 25 miembros en 2005-2006 y 27 miembros desde 2007. H = Hombre; M = Mujer. Fuente: EPA, INE (segundos trimestres).

Tabla 6.4. España. Tasa de actividad de la población de 16 o más años, según sexo y ciudadanía (española, extranjera, comunitaria, extracomunitaria). 1996-2010

Año	Españoles		Extranjeros		UE*		No UE	
	H	M	H	M	H	M	H	M
1996	64,9	37,9	72,1	40,0	57,6	29,6	86,1	50,4
1997	64,8	38,6	71,2	41,8	57,7	37,6	81,9	45,9
1998	65,1	38,9	72,0	45,3	51,3	40,2	89,8	50,0
1999	65,2	39,4	75,6	51,0	55,6	37,9	90,3	60,9
2000	65,9	40,9	76,5	52,2	58,5	43,7	87,7	57,2
2001	65,4	39,5	84,0	57,3	66,8	42,1	91,1	63,2
2002	66,0	41,1	84,2	63,1	67,3	41,5	89,8	69,5
2003	66,4	42,5	86,4	62,4	64,7	44,9	91,2	66,4
2004	66,4	43,6	86,9	63,4	66,7	49,2	91,1	66,2
2005	67,1	44,5	85,3	67,9	65,4	56,7	89,1	65,6
2006	67,2	45,5	86,1	69,0	65,4	50,6	90,5	67,6
2007	67,2	46,4	85,4	66,6	80,2	61,4	85,0	63,4
2008	67,3	47,6	85,5	67,8	80,4	61,8	84,0	64,7
2009	66,3	48,8	85,4	69,3	82,6	67,4	82,6	64,0
2010	66,0	49,4	84,1	69,9	78,4	65,0	85,3	65,9

*UE: 15 miembros hasta 2004, 25 miembros en 2005-2006 y 27 miembros desde 2007. H = Hombre; M = Mujer.Fuente: INE, EPA (segundos trimestres).

El nivel de estudio es una variable clave en el mercado de trabajo porque demarca las posibilidades reales y potenciales de inserción. Los resultados de la EPA recogidos en la Tabla 6.5 muestran que, en su conjunto, la población activa extranjera tenía una estructura educativa diferente a la española: mayor proporción de personas sólo con educación primaria (22,8% frente a 13,2%) y menor con educación superior (20,9% frente a 35,1%). Los niveles medios eran similares en ambas poblaciones (56,3% y 51,6%). Si se distingue ahora entre la población activa comunitaria y no comunitaria observamos que esta última se encontraba en clara desventaja frente a aquella: mayor proporción de personas que sólo contaban con educación primaria (29,1%

frente 8,6%) y menor de titulados superiores (17% frente a 29,7%) y educación secundaria (53,9% frente a 61,7%). Ahora bien, hay que tener en cuenta que los niveles educativos más bajos se concentraban en los grupos de edad más elevados que estaban muy representados en la población española (y comunitaria de la UE-15) y, sin embargo, tenían muy poco peso entre los extranjeros no comunitarios. Por tanto, si se considera a la población que tenía entre 25 y 44 años se ampliaría aún más la brecha educativa a favor de población activa española y de la UE-15.

Tabla 6.5. España. Población activa de 16 o más años según nacionalidad y nivel de formación alcanzado (2010). En porcentajes

Nivel de formación	Total	Española	Extranjera		
			Total	UE-27	No UE
E. primaria	14,8	13,2	22,8	8,6	29,1
E. secundaria	52,4	51,6	56,3	61,7	53,9
E. superior	32,8	35,1	20,9	29,7	17,0

Fuente: INE, EPA (segundo trimestre) y elaboración propia.

Acerca de la población activa nacida en Argentina o con nacionalidad argentina, no contamos con datos fiables para describir su progresión desde 1996, pero es de suponer que su volumen y composición evolucionaron de manera similar al conjunto de argentinos en España, ya que de acuerdo con la ENI los flujos estuvieron compuestos mayoritariamente por personas de entre 16 y 64 años (83%), sobre todo el último, en el que esta cohorte alcanzó el 93% del total de emigrados. En cuanto a la tasa de actividad, sabemos que el censo de 2001 la estimó en 55%, un valor similar al de españoles y europeos comunitarios (UE-15). Sabemos también que existían diferencias de género significativas en los niveles de actividad a favor de los hombres, y que éstas eran similares a las que presentaba la población autóctona en aquel momento. No obstante, mientras en el caso de los hombres los niveles de actividad tendían a convergir a partir de los 30 años de edad, sugiriendo su permanencia en el mercado laboral independientemente del ciclo de vida por el que atravesaban, en el de las mujeres ocurría lo contrario, la brecha entre las argentinas y las españolas se ampliaba porque las españolas mostraban un descenso del nivel de actividad después de los 25 años (Cacopardo, Maguid y Martínez, 2007: 21).

Seis años después del censo de 2001, la ENI situaba la tasa de actividad de los argentinos en 80% (89% en los hombres y 71% en las mujeres) y la EPA la estimaba en 88% (94% y 81%, respectivamente). Según esta última fuente, la participación económica de los hombres y las mujeres argentinas no sólo era superior a la de sus homólogos españoles (67% y 46%, respectivamente), sino también a la de hombres y mujeres extranjeros comunitarios (80% y 61%, respectivamente) y no comunitarios (85% y 63%, respectivamente).[18] Si bien esta tendencia se registraba en ambos sexos, era notable el elevado nivel de actividad de las mujeres argentinas, no sólo porque contrastaba con la baja participación de las españolas y las comunitarias (61,4%), sino también porque superaba con amplitud la participación de las mujeres en Argentina (41%).[19] En suma, aunque ambas fuentes no son comparables, permiten observar el fortísimo componente laboral de la última oleada migratoria, especialmente entre las mujeres.

En 2010, cuando la crisis económica arreciaba en el mercado de trabajo, la tasa de actividad de la población argentina descendió cinco puntos respecto a 2007 (de 88% a 83%). Ello se explica porque hubo menos activos en relación a la población mayor de 16 años debido al descenso del conjunto de población argentina en España a partir de

---

18 El análisis de la población activa por sexo y nacionalidad o país de origen a partir de la EPA puede contener sesgos importantes debido al tamaño de la muestra, como se ha advertido en reiteradas oportunidades; por tanto, es recomendable no considerar los datos de manera concluyente.

19 Según datos del Censo Nacional de Población, Hogares y Viviendas 2001 (INDEC).

2008. En cambio, los españoles mantuvieron el mismo nivel de activos y los extranjeros, comunitarios y no, lo aumentaron levemente (en torno a un punto porcentual). En el caso de los españoles, la evolución de la tasa de actividad se debió al gran incremento de mujeres activas (534.300) que compensó la pérdida de 190.400 hombres activos. En el caso de los extranjeros, el incremento de activos se dio tanto en hombres como en mujeres, aunque éstas aumentaron más que los hombres. Ello indica que la crisis provocó que hubiera más personas queriendo trabajar. O dicho con otras palabras, personas (entre las de 16 y más años) que no optaban por buscar empleo se volcaron a ello a raíz de que los miembros activos de la familia que trabajaban perdieron el empleo.

3. La evolución del empleo y la etnoestratificación

Como no podía ser de otro modo, el incremento extraordinario de población activa tuvo un impacto de similares proporciones sobre el empleo. La población ocupada en España pasó de 12,8 millones en 1996 a 18,5 millones en 2010 y llegó a alcanzar un pico de 20,4 millones en 2008, antes de que la crisis económica se cebara con el empleo. Se trató de un incremento del 44,5% en tan sólo 14 años. Como puede apreciarse en la Tabla 6.6, ese impresionante crecimiento del empleo entre 1996 y 2010 fue protagonizado por autóctonos (3 millones) e inmigrantes extranjeros (2,4 millones), aunque en términos proporcionales a cada colectivo, el crecimiento de los ocupados españoles fue del 24% (pasaron de 12,6 millones a 15,7) mientras el de los extranjeros fue de 1.500% (pasaron de 159.000 a 2,4 millones). Éstos registraron una tasa de crecimiento anual superior al 25% anual entre 1998 y 2005, alcanzando un pico del 57% en 2001, pero en 2009 y 2010 se redujo su volumen en un 9% y 4,5%, respectivamente. Con todo, pasaron de representar el 1,2% del total de población ocupada en España en 1996 al 14% en 2010.

Tabla 6.6. España. Población ocupada de 16 o más años, según ciudadanía (española, extranjera) y tasa de desempleo. 1996-2010. En miles

Año	Ocupados (miles)			Ocupados extranjeros (%)	
	Total	Españoles	Extranjeros	Total	Increm. anual
1996	12.787,1	12.601,4	159,5	1,2	
1997	13.275,5	13.058,4	175,8	1,3	10,2
1998	13.814,2	13.546,7	221,8	1,6	26,2
1999	14.626,4	14.268,0	309,7	2,1	39,6
2000	15.440,2	14.965,6	423,8	2,7	36,8
2001	16.076,3	15.351,0	665,7	4,1	57,1
2002	16.597,2	15.591,1	931,2	5,6	39,9
2003	17.241,1	15.922,5	1.250,1	7,3	34,2
2004	17.865,8	16.172,4	1.607,7	9,0	28,6
2005	18.894,9	16.730,4	2.043,8	10,8	27,1
2006	19.693,1	17.114,0	2.425,2	12,3	18,7
2007	20.367,3	17.425,8	2.753,8	13,5	13,5
2008	20.425,1	17.276,8	2.943,1	14,4	6,9
2009	18.945,0	16.061,2	2.671,8	14,1	-9,2
2010	18.476,9	15.680,0	2.550,5	13,8	-4,5
1996-2007	7.580,2	4.824,4	2.594,3		
2008-2010	- 1.948,2	- 1.596,8	- 392,6		
1996-2010	5.689,8	3.078,6	2.391,0		
(%) 1996-2010	44,5	24,4	1.499,1		

Fuente: INE, EPA (segundo trimestre).

Ese formidable incremento de trabajadores extranjeros se produjo entre comunitarios y no comunitarios, aunque este último colectivo fue ganando protagonismo de manera creciente: pasaron del 57% en 1996 al 67% en 2010, lo que suponía 1,7 millones de trabajadores. No obstante, para comprender esa evolución debemos recordar que en 2007 los trabajadores rumanos y búlgaros pasaron a ser registrados como comunitarios, de ahí que ese colectivo incrementara su proporción en el total de ocupados del 12% al 29% y que los trabajadores no comunitarios descendieran del 87% al 70%.

Una característica estructural de la economía española, compartida con otros socios comunitarios del sur de Europa, es la elevada proporción de actividad económica no registrada por la administración pública. Una situación que afecta particularmente a los extranjeros porque están concentrados en los sectores económicos más proclives a la evasión fiscal, como veremos luego. El contraste entre la cantidad de extranjeros afiliados a la Seguridad Social y la de ocupados estimados por la EPA (trabajadores que afirman estar trabajando en el momento de la encuesta) permite estimar la incidencia de la economía sumergida entre los extranjeros.

En la Tabla 6.7 se puede observar que, efectivamente, el volumen de extranjeros afiliados a la Seguridad Social (columna A) era sensiblemente inferior a los trabajadores extranjeros estimados por la EPA (columna B) en todo el período considerado.[20] Esa diferencia parte de un modesto 5% en 2000 hasta alcanzar el 34,8% en 2004 (equivalente a 560.000 personas), período que coincide con las severas restricciones impuesta a la inmigración legal durante el segundo gobierno del Partido Popular (2000-2004).[21] Posteriormente, la incidencia del empleo sumergido entre los extranjeros descendió debido al proceso extraordinario de

---

20 De todos modos se trata de una aproximación ya que las fuentes son distintas, la EPA es una encuesta y los datos sobre afiliados a Seguridad Social son registros administrativos, tienen períodos temporales no idénticos y con sesgos diversos.

21 La victoria del Partido Popular en las elecciones generales del 12 de marzo del año 2000 por mayoría absoluta permitió reformar (de nuevo) la Ley de Extranjería, aprobando la LO 8/2000. En lo que respecta a los inmigrantes irregulares, la norma cerró la modesta vía de regularización que representaba el régimen general y el contingente, lo cual significó en la práctica la imposibilidad de obtener la residencia legal en el país.

regularización de 2005, volvió a incrementarse en 2007 y 2008 hasta que, por efecto de la crisis económica, disminuyó nuevamente la población extranjera ocupada con y sin afiliación a la Seguridad Social.

De acuerdo con estos datos, la ocupación en la economía sumergida fue mayor entre los trabajadores extranjeros que entre los españoles. Los primeros tuvieron una media anual de 30% de ocupación irregular, cuando se suele apuntar que la economía sumergida supone entre un 17,4% y un 17,6% del PIB español.[22] Por otra parte, la inserción laboral en la economía sumergida era más frecuente en los inmigrantes recién llegados. Carlos Martín Urriza (2008), comparando el número anual de nuevos trabajadores extranjeros y los permisos iniciales de trabajo concedidos cada año durante el período 2001-2007, halló que entre el 50% y el 75% de los trabajadores extranjeros iniciaban su trayectoria laboral en España en la economía sumergida. Antonio Izquierdo (2011: 653), contrastando diversas fuentes primarias, llegó a una conclusión similar: "los contingentes y la contratación reglada son los responsables de menos de la mitad de los ingresos laborales anuales".

22 Se estima que el volumen de economía sumergida en España es del 17,4%, con la metodología de aproximación monetaria, o del 17,6% medida en términos de consumo de energía, y supone una merma en los ingresos equivalente al 5,4%-5,6% del PIB. En conjunto, representaba unos 4 millones de empleos en 2008 (Arrazola et al., 2011).

Tabla 6.7. España. Población ocupada extranjera y extranjeros afiliados a la Seguridad Social (2000-2010)

Año	Trabajadores extranjeros afiliados a la SS (1)	Ocupados extranjeros (2)	Ocupados sin Alta en la SS (2-1)	Proporción sobre total de ocupados extranjeros
2000	402.711	423.800	21.089	5,0
2001	557.074	665.700	108.626	16,3
2002	766.470	931.200	164.730	17,7
2003	924.805	1.250.100	325.295	26,0
2004	1.048.230	1.607.700	559.470	34,8
2005	1.461.140	2.043..800	582.660	28,5
2006	1.822.406	2.425.200	602.794	24,9
2007	1.975.578	2.753.800	778.222	28,3
2008	2.052.406	2.943.100	890.694	30,3
2009	1.878.023	2.671.800	793.777	29,7
2010	1.840.827	2.550.500	709.673	27,8

(1) Medias anuales de afiliados a la Seguridad Social, Anuarios de Estadísticas Laborales y de Asuntos Sociales, Ministerio de Empleo y Seguridad Social, Gobierno de España. (2) INE, EPA (segundo trimestre).

Uno de los rasgos distintivos de la inserción laboral de los inmigrantes en las sociedades de acogida es que suelen concentrarse en determinados sectores de actividad, por lo general, los menos deseados por los trabajadores autóctonos por sus peores condiciones de trabajo.[23] En el caso de la reciente inmigración extranjera a España hay cinco sectores que aglutinaron a más del 60% de los inmigrantes afiliados a la Seguridad Social: construcción (22,2%), hostelería (13,3%), agricultura (9%), comercio y reparación de vehículo (13,2%) y hogares con personal doméstico (7,8%).[24] Esta

23 El lector podrá encontrar una exhaustiva compilación de investigaciones sociológicas en España sobre las condiciones de trabajo de los inmigrantes en Bardají (2006).

24 Datos que corresponden a la distribución por ramas de actividad más importantes (considerando todos los regímenes de la Seguridad Social) de los trabajadores españoles y los extranjeros, a 31 de enero de 2008 (Pajares, 2009: 50). "Hogares con personal doméstico" se refiere tanto a personas que realizan tareas habitualmente definidas como domésticas (limpieza, puesta

concentración se mantuvo más o menos estable desde 2003 a 2007, lo cual no impidió que cada vez hubiera más inmigrantes en otras ramas de actividad. A partir de 2008, y por efecto de la crisis, esa distribución se fue modificando en detrimento del sector de la construcción y de la industria.[25] Los datos procedentes de la explotación de la EPA apuntan conclusiones similares para los mismos períodos (Pajares, 2007; 2008; 2009), al igual que los de la ENI referidos al primer empleo de los inmigrantes en España (Colectivo IOÉ y Fernández, 2010).

Otro indicador de la concentración de los inmigrantes era el peso relativo que tenían en cada uno de estos sectores. A 31 de diciembre de 2007, antes del impacto de la crisis, los extranjeros eran el 10,5% de todos los afiliados a la Seguridad Social pero constituían el 56,6% en el caso de los empleados de hogar, el 22% de los empleados en agricultura y pesca, el 20,5% en la construcción y el 25,7% en la hostelería (Pajares, 2009: 47-49). De acuerdo con Model (1993; véase también Waldinger, 1996), se pueden considerar estas ramas de actividad como "nichos étnicos" en la medida que los trabajadores extranjeros superan al menos en un 50% su participación media en la fuerza de trabajo en el mercado laboral.[26]

---

en orden, cocina) como también a personas que realizan tareas de cuidado de niños, enfermos y ancianos. En ambos casos, pueden ser trabajadores autónomos o asalariados, que cotizan o no a la Seguridad Social, que viven en el hogar donde trabajan o no. "Hostelería" se refiere a las tareas desarrolladas en bares, restaurantes, discotecas y hoteles. La categoría equivalente en las estadísticas oficiales de Argentina sería "alojamiento y servicios de comida". En este estudio conservaremos el nombre original que aparece en las fuentes españolas.

25 Sólo en el año 2008 los extranjeros perdieron 98.883 afiliados a la Seguridad Social de un total de 890.187. Las pérdidas se concentraron en el sector de la construcción (136.210 afiliados) y en la industria (19.392 afiliados). El primero aglutinó el 85% de las pérdidas de afiliación durante ese año, el segundo el 12%.

26 La participación de inmigrantes y minorías étnicas en el mercado de trabajo ha aportado varios conceptos entre los que destacan "nicho étnico", "enclave étnico" y "economía étnica", que es necesario distinguir. El nicho étnico se centra en el aspecto cuantitativo y se refiere al fenómeno de sobrerrepresen-

Las inserciones laborales diferenciadas se aprecian también respecto a las tareas que desempeñan los trabajadores y la posición que ocupan en la estructura laboral. Es importante recordar que éstas son más que una posición técnica en una empresa porque a partir de ellas se generan en gran medida las posiciones sociales que delimitan la vida de las personas. La Tabla 6.8 presenta la distribución de los trabajadores extranjeros y españoles en los distintos tipos de ocupación que distingue la EPA en los años 2000 y 2008.[27] Allí puede apreciarse que ambas poblaciones han evolucionado de manera opuesta, tanto en términos absolutos como relativos. La población ocupada española aumentó en más de 2,3 millones de personas (15,4%) durante ese período, registrándose un aumento considerable en todas las categorías que se encuentran por encima de trabajador manual. Los mayores incrementos se produjeron en los segmentos superiores de la pirámide ocupacional (60% en técnicos y profesionales de apoyo, 41% en técnicos y profesionales y 23% en directivos de empresas), pero también se incrementaron los trabajadores de servicios (25%) y los empleados administrativos (14%). Por el contrario, disminuyeron, incluso en términos absolutos, los trabajadores manuales cualificados (que descienden en 127.600 personas, lo que supone un 2,6%) y, sobre todo, los trabajadores no cualificados (que se reducen en 168.000, es decir, un 8,1%).

---

tación numérica de los miembros de un grupo étnico en un sector de actividad o categoría ocupacional en relación al conjunto de población empleada en estos trabajos (Model, 1993). El enclave étnico designa la actividad económica de colectivos minoritarios que se caracteriza por un alto grado de concentración espacial y el desarrollo de formas diversas de empresariado (Wilson y Portes, 1980). La economía étnica, en cambio, describe un amplio fenómeno que abarca la actividad económica de los inmigrantes y miembros de minorías étnicas sea en forma de empresariado, gerencia de negocios o trabajo asalariado (Light, 1972).

27 Se ha seguido la tipología establecida por la Clasificación Nacional de Ocupaciones (CON-94) pero se ha eliminado la ocupación cero, Fuerzas Armadas, por considerarse de escasa relevancia.

Tabla 6.8. España. Población ocupada según tipo de ocupación y nacionalidad (española y extranjera) 2000-2008. En porcentajes

Tipo de ocupación	Españoles				Extranjeros			
	2000	2008	Incremento		2000	2008	Incremento	
			N (miles)	(%)			N (miles)	(%)
Total (miles)	14.965,6	17.276,8	2.311,2	15,4	423,8	2.943,1	2.519,3	594,5
	100,0	100,0			100,0	100,0		
1 Dirección de empresas y administración pública	7,7	8,3	268,3	23,1	3,8	4,3	66,7	151,6
2 Técnicos, profesionales	11,6	14,2	710,7	40,9	4,1	5,5	86,2	253,5
3 Técnicos y profesionales de apoyo	9,7	13,4	870,3	60,1	4,12	4,9	92,2	341,5
4 Empleados administrativos	10	9,8	206	13,8	4,3	4,6	104,5	479,4
5 Trabajadores de servicios, restauración, personales	14,1	15,3	541,1	25,7	20,7	21,6	523,9	620
6/7/8 Trabajadores cualificados	32,5	27,4	-126,6	-2,6	30,6	1,9	715,6	948,4
9 Trabajadores no cualificados	13,9	11,1	-168,3	-8,1	32,3	34,6	825,3	651,9

Fuente: INE, EPA (segundo trimestre).

Los trabajadores extranjeros incrementaron su volumen de manera espectacular entre 2000 y 2008 (594,5%), y lo hicieron en toda la estructura ocupacional, pero el peso relativo de ese incremento fue muy desigual: mucho más bajo en las posiciones superiores y, viceversa, más alto en las posiciones de la base. Así, mientras los directivos de empresas aumentaron el 152% y los técnicos y profesionales el 253%, los trabajadores manuales cualificados lo hicieron en 948% y los trabajadores no cualificados en 652%. Esa evolución se corresponde con la disminución del peso demográfico de los inmigrantes de la UE-15 y de otros países desarrollados a medida que arribaban nuevos inmigrantes no comunitarios.

Como sostiene Cachón (2009: 231), la estructura de ocupaciones de los extranjeros en España antes del flujo masivo ofrecía la imagen clásica asentada en los estudios migratorios de un reloj de arena, pero notablemente más ancho en la base: el menor peso estaba en la posición intermedia, empleados administrativos, el peso de las categorías crecía hacia arriba (técnicos – profesionales y directivos) y, sobre todo, hacia abajo (trabajadores cualificados y no cualificados). Sin embargo, en 2008 la imagen se había transformado en una pirámide que, además, había ensanchado su base. La razón hay que buscarla en que los "buenos" empleos creados en el período 1996-2006, en términos de cualificación y condiciones de trabajo, representaron el 75% de las nuevas ocupaciones de los trabajadores españoles, por un 10% en el caso de los extranjeros (Torres, 2011: 158).

En resumen, durante el período 2000-2008 los inmigrantes se insertaron de manera creciente en la estructura laboral "por abajo", al tiempo que los españoles experimentaron una movilidad ascendente hacia ocupaciones no manuales y cualificadas. Ambos procesos estaban relacionados de manera que la proletarización de los inmigrantes hizo posible la movilidad ascendente de los españoles, evidencia de que predominó la complementariedad frente a la competencia, como sostiene Pumares, García y Asensio (2006: 198). No obstante, en aquellos sectores donde no puede haber movilidad ascendente (trabajo doméstico, por ejemplo), y en los que además la negociación colectiva es más débil, la llegada de inmigrantes sí pudo incrementar la competencia y ejercer presión a la baja en las condiciones de trabajo (Pajares, 2007: 142). Pero una vez acabado el ciclo económico expansivo, lo cierto es que el mercado de trabajo español mostró una nueva configuración donde el origen nacional pasó a ser uno de los componentes fundamentales de la estratificación, junto con otros preexistentes como el sexo, la edad (y asociado a ésta la antigüedad en el mercado de trabajo) y el nivel educativo.

En cuanto a la inserción laboral de los argentinos, un estudio de Cacopardo, Maguid y Martínez (2007) detectó una elevada participación de los argentinos en las ocupaciones de mayor calificación (directivos de empresas, técnicos y profesionales científicos y de apoyo), con proporciones que superaban, incluso, a los españoles. Sin embargo, observó que un tercio de los trabajadores desempeñaban tareas manuales y en torno al 20% trabajaba como empleado de los servicios o vendedor de comercio. Las ocupaciones también denotaban un sesgo significativo según la edad, el sexo y la nacionalidad. Las mujeres mayores de 30 años presentaban cuotas elevadas de profesionales y técnicos de calificación científica, mientras las más jóvenes estaban sobrerrepresentadas como empleadas de servicios y vendedoras de comercio. Los hombres jóvenes estaban en la misma situación, pero en este caso también tenían una participación mayor en ocupaciones manuales. En ambos sexos, la portabilidad de la ciudadanía española estaba asociada a una mayor participación en ocupaciones clasificadas en la cima de la pirámide ocupacional y, viceversa, la nacionalidad argentina a ocupaciones manuales. En suma, la edad, la ciudadanía española, vinculada lógicamente a un tiempo más largo de residencia en España y, como ya se ha visto, un mayor nivel educativo (aún más significativo en el caso de las mujeres), aparecen como factores determinantes en la inserción laboral.

Junto a Walter Actis realizamos una investigación sobre este tema pero a través de los datos de la EPA del año 2005, a sabiendas de que contenía sesgos importantes y, por tanto, debía considerarse una aproximación (Actis y Esteban 2007: 240-243; 2008: 106-109). En aquel análisis observamos que las principales ramas de actividad de la población ocupada de origen argentino eran el comercio-hostelería (36%), el conjunto de la industria (22%) y la intermediación financiera y actividades inmobiliarias (14%). En cambio, presentaban bajos porcentajes en construcción, "otros servicios" (que incluye el servicio doméstico) y agricultura. Aquella distribución sugería que el grueso de los inmigrantes había conseguido eludir alguno de los "nichos étnicos" (construcción, servicio doméstico, agricultura) pero estaban muy presentes en otros (la hostelería y el comercio), aunque también se extendían hacia ramas de mayor "calidad" o prestigio (intermediación inmobiliaria, financiera, industria).

Respecto a las ocupaciones, habíamos distinguido dos tipos de empleo asalariado: por un lado, "mandos", constituido por directivos y empresarios, técnicos, profesionales y capataces; por el otro, trabajadores subordinados (administrativos o manuales). Así observamos que entre los argentinos, estos últimos suponían el 60% de los ocupados, en cambio, en el resto de inmigrantes no comunitarios superaban el 80%. Más aún, la relación entre ocupaciones de tipo administrativo y manual entre los empleos subordinados, mostraba que por cada 100 ocupados en este segmento 43 argentinos ocupaban puestos administrativos, cifra que superaba a todos los demás grupos, incluida la población europea comunitaria (41%) y española (39%), además de la asiática (35%). En cambio, los demás grupos de inmigrantes no comunitarios se concentraban fuertemente en los empleos de tipo manual (todos por encima del 80% de los ocupados subordinados, destacando el 97% de los africanos).

La ENI permitió el acceso a datos más actuales y estadísticamente válidos sobre la inserción laboral de los argentinos. Sobre esta base, algunos estudios recientes confirmaron los hallazgos previos acerca de que los argentinos habían logrado tener acceso a un espectro sectorial más amplio que otros colectivos de inmigrantes extracomunitarios y que incluía actividades de mayor prestigio social (ver Colectivo IOÉ y Fernández, 2010: 115-117; OIM, 2011: 77-78). Concomitantemente, constataron una menor concentración en los nichos étnicos que fueron las "puertas de entrada" al mercado de trabajo español para la mayoría de los trabajadores extranjeros: agricultura, construcción, servicio doméstico y hostelería.[28]

---

28 En estos sectores estaban ocupados el 12,5% de los hombres y el 25,8% de las mujeres argentinas, cuando la media para el conjunto de los trabajadores extranjeros era del 50% entre los hombres y del 37% para las mujeres. Otros colectivos significativos, como ecuatorianos y marroquíes, hasta un 60% de sus miembros se concentran en nichos étnicos, con independencia del sexo; y en el caso de los rumanos, tres de cada cuatro mujeres y dos de cada tres hombres (Veira, Staneck y Cachón, 2011: 229).

Tres ramas de actividad, construcción, hostelería y comercio, reunían con un peso similar a la mitad de los hombres argentinos. Además, éstos tenían una cuota cercana al 10% en las ramas administración pública-educación-salud y otros servicios sociales. Las mujeres argentinas se repartían con proporciones parecidas (17%) en cinco actividades: comercio, hostelería, servicios a empresas, servicio doméstico y educación-sanidad-administración pública y otros servicios sociales. En ambos casos, la distribución era más diversificada que en otros colectivos latinoamericanos.[29]

En cuanto al tipo de ocupación, estos mismos estudios destacan un predominio de los empleos que confieren un menor estatus social, pero con fuerte incidencia de los de carácter directivo o profesional. Esta distribución suponía un perfil ocupacional menos extremo que el de otros inmigrantes extracomunitarios en el que predominaban las ocupaciones "de ejecución" (sin mando). Por ejemplo, más de un tercio de los hombres se desempeñaban como directivos, técnicos y profesionales, mientras dos tercios realizaba trabajos manuales (cualificados y no). Entre las mujeres, el panorama era relativamente similar, lo cual se correspondía, además, con su nivel educativo. Se trataba de un patrón de inserción muy diferente al de otras mujeres latinoamericanas concentradas, sobre todo, en el trabajo doméstico y

---

[29] Entre los bolivianos y ecuatorianos la inserción laboral de los hombres mostraba un predominio claro de la construcción, la industria y la agricultura (77% y 69%), mientras colombianos y peruanos presentaban una distribución más diversificada con participación significativa en hostelería, comercio y transporte, y escasísima en agricultura. Entre las mujeres, el servicio doméstico era claramente predominante entre las bolivianas (66%), seguido a distancia por la hostelería (11%). En estas dos ramas se agrupaban en torno a la mitad de las mujeres de Perú, Colombia y Ecuador, aunque las diferencias entre ambas actividades eran mucho menores que en el caso anterior. Además, destacaba el comercio entre las ecuatorianas, los servicios a empresas entre las colombianas y la educación-sanidad-administración pública entre las peruanas (Colectivo IOÉ y Fernández, 2010: 115-117).

en tareas de cuidado (ver Colectivo IOÉ y Fernández, 2010: 118; OIM, 2011: 79-81).

En síntesis, los resultados de la ENI parecen mostrarse coherentes con las informaciones de otras fuentes estadísticas como la EPA o el censo de 2001. Los datos señalan que el perfil ocupacional de los argentinos se situaba (nuevamente) entre los grupos más favorecidos y los más perjudicados por su inserción laboral. Mientras la proporción de directivos, técnicos y profesionales acercaba el perfil al de españoles y europeos comunitarios, la de trabajadores de la hostelería y el comercio lo aproximaba al de otros inmigrantes latinoamericanos y asiáticos. Esta "dualidad" indica que, a pesar de una situación global relativamente favorable, existía un segmento sometido a condiciones de trabajo precario.

4. El impacto de la crisis

La crisis económica en España tuvo una gran repercusión en el mercado de trabajo. Entre 2008 y 2010 se destruyeron dos millones de puestos de trabajo (1,6 millones ocupados por españoles y 400.000 por extranjeros). Una parte significativa del empleo destruido se había creado en el ciclo expansivo anterior y se caracterizaba por ser un empleo sensible a la coyuntura económica, temporal, de baja productividad, mano de obra intensiva y, en general, con peores condiciones de trabajo. En definitiva, empleos calificables como "3P": más penosos, más peligrosos y más precarios.[30] Una gran parte de estos fueron ocupados por trabajadores extranjeros, como ya se puso de manifiesto.

En el Gráfico 6.1 se advierte la mayor exposición al desempleo que padecía el colectivo de trabajadores extranjeros a partir de la debacle económica. Sin embargo, durante el ciclo expansivo se aprecia una situación diferente. Los trabajadores

30 Equivalente a las 3D en inglés: *dirty, dangerous, demanding.*

extracomunitarios tuvieron una tasa de desempleo mayor que los autóctonos durante todo el período (en torno a los 4 puntos porcentuales), mientras que los extranjeros comunitarios experimentaron una menor exposición al desempleo que los españoles. A partir de la crisis, los dos grupos de trabajadores extranjeros incrementaron el nivel de desempleo notablemente, estableciendo nuevos parámetros respecto a los trabajadores nativos. El primero amplió la brecha de forma significativa (de 5 puntos porcentuales en 2007 pasó a 12 en 2010) y el segundo había superado con una tendencia creciente a los españoles (hasta alcanzar los 7 puntos porcentuales en 2010).[31] En este último caso, la magnitud del cambio se explica por las sucesivas ampliaciones de la UE hacia el Este, pero sobre todo la última en 2007, que incorporó a 577.600 trabajadores (entre ocupados y desempleados) procedentes de Rumanía y Bulgaria que tenían, en general, un nivel de cualificación menor al de los autóctonos y estaban empleados, principalmente, en ocupaciones manuales en sectores sensibles al ciclo económico.[32]

Asimismo, la evolución del desempleo entre hombres y mujeres fue desigual. En los primeros dos años de la crisis la tasa de desempleo de los hombres españoles creció más rápidamente que la de las mujeres debido al mayor impacto de la crisis en sectores masculinizados, como la construc-

---

31 Se trata de una situación particular ya que, en términos generales, en los países europeos con tradición inmigratoria (Francia, Alemania, Reino Unido) la tasa de desempleo de los trabajadores extranjeros era muy superior a la de los autóctonos, mientras en los principales países de asentamiento (Australia, Estados Unidos y Canadá) y los de reciente inmigración (España, Italia y Grecia) el lugar de nacimiento no permite establecer diferencias significativas en las tasas de desempleo (OCDE, 2007: 71). Esta asimetría se debe a la concentración de los inmigrantes en ramas de actividad muy sensibles a los ciclos económicos, en ocupaciones que se caracterizan por elevados niveles de precariedad (Cachón, 2009: 27 y ss.).

32 Los trabajadores manuales suponían el 34% del conjunto de ocupados procedentes de países de la UE-25, de los cuales el 23% eran trabajadores cualificados y el 11% no cualificados. En cambio, entre los trabajadores procedentes de Bulgaria, Rumanía y el resto de Europa, los trabajadores manuales representaban el 76% del total de ocupados, 39% eran cualificados y 37% no. Además, la mitad de la población ocupada estaba concentrada en solo dos sectores: el 28% en la construcción y el 23% en la hostelería (EPA, 4º trimestre de 2007).

ción. En 2009, si bien las mujeres continuaban más expuestas al desempleo, la diferencia respecto al nivel de desempleo de los hombres se había reducido a escasos dos puntos porcentuales (15,2% frente a 17,2%, respectivamente), cuando en el período expansivo ésta había sido notablemente superior. No obstante, el volumen de hombres desempleados continuaba superando de forma amplia al de mujeres (2,3 millones frente a 1,8, respectivamente). En la población extranjera, en cambio, el crecimiento del desempleo entre los hombres fue de tal envergadura que a partir de 2009 la tasa de desempleo de este grupo superó a la de las mujeres (31,4% frente a 24,7%, respectivamente), y aunque en 2010 también aumentó considerablemente el desempleo de las trabajadoras, la diferencia se mantuvo (32,3% de hombres desempleados frente al 27,4% de mujeres).

Gráfico 6.1. España. Tasa de desempleo de trabajadores españoles y extranjeros de 16 o más años (UE* y no UE). 1996-2010

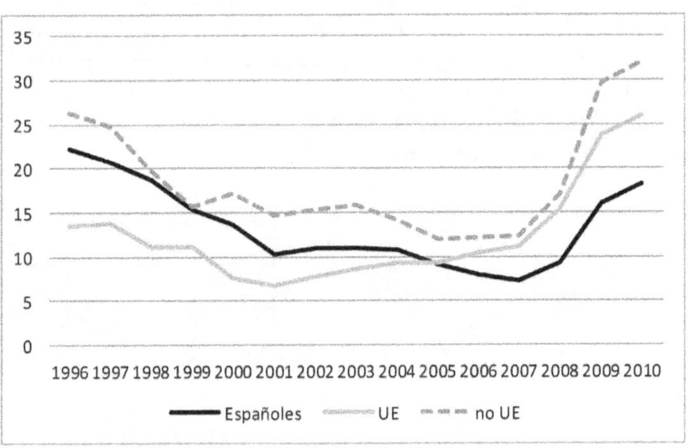

*UE: 15 miembros hasta 2004, 25 miembros en 2005 – 2006 y 27 miembros desde 2007.Fuente: INE, EPA (segundos trimestres).

El desempleo de la población activa nacida en Argentina que reside en España se puede estimar a través de la EPA. El dato, como ya se ha dicho, no es estadísticamente confiable debido al tamaño de la muestra, pero nos permite acercarnos a la realidad que vivía el colectivo a partir de la crisis económica. En la Tabla 6.9 se advierte que los argentinos fueron afectados por la destrucción de empleo que se produjo en los últimos años. En 2007 tenían una tasa de desempleo del 8,7%, superior a la de los españoles (7,3%), pero inferior a la de trabajadores extranjeros comunitarios (11,2%) y no comunitarios (12,3%). Sin embargo, en 2010 la tasa de desempleo había trepado al 26,7%, superando a la de españoles (18,2%) pero aún bastante inferior a la de extranjeros no comunitarios (32,1%) y similar a la de extranjeros comunitarios (25,9%). En términos absolutos, los desempleados aumentaron en 39.577 personas (de 17.107 en 2007 a 56.684 en 2010). Ese aumento fue acompañado por un incremento de la población activa de 15.692 efectivos, en un marco general de descenso de la población argentina en España en 2009 y 2010, lo cual indica que había más personas (mayores de 16 años) deseando trabajar movilizadas por el desempleo de algunos miembros de la familia.

Tabla 6.9. España. Población nacida en Argentina, de 16 o más años, en relación con la actividad económica y tasa de actividad y desempleo. 2007 y 2010

Actividad	2007		Total	2010		Total
	Varón	Mujer		Varón	Mujer	
Ocupados	103.434	75.986	179.420	88.198	67.338	155.536
Parados	5.402	11.705	17.107	31.999	24.685	56.684
Activos	108.836	87.692	196.528	120.197	92.023	212.220
Inactivos	7.191	19.856	27.047	15.223	27.626	42.849
Total	116.027	107.547	223.574	135.420	119.649	255.069
Tasa de desempleo	5,0%	13,3%	8,7%	26,6%	26,8%	26,7%
Tasa de actividad	93,8%	81,5%	87,9%	88,8%	76,9%	83,2%

Actividad	Variación 2007-2010		
	Hombre	Mujer	total
Ocupados	-15.236	-8.648	-23.884
Parados	26.597	12.980	39.577
Activos	11.361	4331	15.692
Inactivos	8.032	7.770	15.802
Total	19.393	12.102	31.495

Fuente: INE, EPA (segundo trimestre).

Durante el mismo período, el desempleo creció más entre los hombres que entre las mujeres, tanto en términos absolutos (26.597 frente a 12.980, respectivamente) como relativos (492% frente a 110%), igual que sucedió en el conjunto de trabajadores y, sobre todo, entre los extranjeros no comunitarios. Prueba de ello es que en 2007 la tasa de desempleo de las mujeres argentinas más que duplicaba a la de los hombres (13% versus 5%, respectivamente), mientras tres años después eran iguales (27%). El descenso de los ocupados también apunta en el mismo sentido, en números redondos casi 24.000 ocupados menos distribuidos en 15.000 hombres y 9.000 mujeres. Este tremendo impacto del desempleo contribuye a comprender el descenso del volumen de inmigrantes argentinos en España en los últimos años, bajo la forma de retornos y reemigraciones, máxime cuando dos tercios de esta población aún estaba en proceso de asentamiento ya que solo llevaba una década en el país.

7

La inserción laboral

1. Enfoques teóricos

Existen diversas perspectivas teóricas que intentan explicar cómo se produce la incorporación de los inmigrantes a la actividad económica, pero hay consenso entre los investigadores acerca de que son tres los enfoques más destacados en la actualidad: la teoría del capital humano (TCH), la teoría de la segmentación del mercado de trabajo (TSMT) y el enfoque del capital social (TCS). En este mismo orden describiremos cada uno.

La idea elemental de la TCH es que las personas gastan en sí mismas de diversas formas y no sólo para obtener satisfacciones actuales, sino también para obtener ingresos futuros, pecuniarios y no pecuniarios (por ejemplo, en salud, educación, búsqueda de información, formación profesional) (Becker, 1962: 49). Estos gastos pueden considerarse una inversión más que un consumo y tienen en común que quien decide realizarlos lo hace con un interés futuro (y renunciando a recompensas en el presente) (Blaug, 1976: 829).

Desde este punto de vista, se entiende que los trabajadores acuden al mercado de trabajo con competencias distintas que responden no sólo a sus capacidades innatas, sino también, y principalmente, a inversiones diferentes en capital humano. A la pregunta de por qué unos individuos invierten en capital humano y otros no, la TCH sostiene que la respuesta se encuentra, incluso en el caso de mercados con competencia perfecta, en la tasa de preferencia temporal o de impaciencia de los individuos, cuyo origen es innato o, en todo caso, no obedece a factores económicos (Toharia, 1983: 15). En otros términos, los individuos que invierten en capital humano son los que han decidido sacrificar gratificaciones actuales en pos de gratificaciones futuras que necesariamente valoran de forma positiva para justificar los sacrificios realizados.

La TCH entiende la estratificación en el mercado de trabajo como resultado de un proceso de ajuste entre la oferta de mano de obra de determinadas características y la demanda de los empleadores. En el caso de trabajadores de origen extranjero, las inserciones laborales diferenciadas en las sociedades receptoras obedecen a las diferencias de productividad y a las desigualdades en las dotaciones de capital humano. Niveles educativos bajos, desconocimiento del idioma local o una limitada experiencia laboral constituyen desventajas que ubican a algunos inmigrantes en las posiciones más bajas de la escala ocupacional (Chiswick, Lee y Miller, 2005).

Además, es habitual que los inmigrantes de primera generación no puedan transferir directamente al "nuevo" mercado de trabajo las competencias que adquirieron en sus países de origen, en otras palabras, suelen tener dificultades para transformar el nivel de instrucción en capital humano (Friedberg, 2000; Heath y Cheung, 2007). Esta pauta puede reflejar diferencias en la calidad de la educación entre el país receptor y los países emisores, incompatibilidades entre la educación recibida en el extranjero y los requisitos exigidos por el mercado de trabajo anfitrión, en muchos casos atribuibles a mecanismos de "cierre social" o a la escasa transferibilidad de algunas competencias, como el idioma o la experiencia.

En los años setenta surgieron críticas a la teoría del capital humano, principalmente dentro del campo de la economía laboral, dominada hasta entonces por aproximaciones empiristas de la denominada "escuela institucionalista". La más antigua de estas críticas es la de un sucesor de esta escuela, Michael Piore, cuya aportación teórica está muy relacionada con la hipótesis del "mercado dual de trabajo" y con el estudio de la segmentación del mercado de trabajo; de ahí que sea habitual mencionar su aporte como *la* teoría de la segmentación, cuando en verdad es *una* teoría de la segmentación.[1]

La idea básica de este enfoque sostiene que el mercado de trabajo está dividido en dos segmentos esencialmente distintos y no competitivos entre sí, denominados el segmento primario y el secundario.[2] El primero ofrece puestos de trabajo con salarios relativamente elevados, buenas condiciones de trabajo, posibilidades de promoción, equidad y procedimientos establecidos en cuanto a administración de leyes laborales y, por encima de todo, estabilidad en el empleo. En cambio, los puestos del sector secundario tienden a estar peor pagados, a tener condiciones de trabajo más desfavorables, pocas posibilidades de promoción y están caracterizados por una considerable inestabilidad de empleo y una elevada rotación. Además, suele existir una relación muy personalizada entre los trabajadores y los supervisores, lo que da lugar al favoritismo y a una disciplina laboral dura y caprichosa (Piore, 1983: 194-195).

Piore (1979) sostiene que la inmigración extranjera hacia las economías avanzadas se produce por el reclutamiento de mano de obra extranjera para ocupar puestos de trabajo en el segmento secundario. Según el autor, ello se debe, básicamente, a dos razones. En primer lugar, por-

---

1 Existen otros enfoques destacados en la literatura que explican el dualismo. Por ejemplo, la teoría del capital humano, que hace hincapié en la formación de los trabajadores, las distintas versiones de la teoría institucionalista que resaltan la acción colectiva para mejorar las condiciones de trabajo, o los enfoques neomarxistas que ven en la segmentación una estrategia de la patronal para dividir una potencial clase obrera.

2 La propuesta inicial fue formulada por Doeringer y Piore en 1971 y aplicada luego por este último al caso de la incorporación de trabajadores extranjeros en la economía de los Estados Unidos (Piore, 1979).

que es habitual que los trabajadores autóctonos rechacen esos empleos, y al mismo tiempo es difícil seducirlos a través de mejoras en las condiciones de trabajo sin alterar equilibrios macroeconómicos. En segundo término, los empleadores ya no pueden reclutar mujeres y jóvenes, como hacían en el pasado. Ese yacimiento de nuevos trabajadores se ha truncado debido a los cambios demográficos y sociales recientes.

La teoría de la TSMT ha sido aceptada de forma creciente para explicar las discriminaciones laborales que afectan a los trabajadores extranjeros. Y si bien la existencia de segmentos laborales puede encontrarse en todas las fases de la historia del capitalismo, en la sociedad global actual presentan características específicas. La mano de obra inmigrante continúa ejerciendo como "ejército de reserva", pero ahora lo hace abasteciendo servicios en las grandes ciudades, en industrias en decadencia (Sassen, 1993), en tareas de cuidado en los hogares (Yeoh, Huang y González, 1999) o en actividades de economía sumergida (Reyneri, 1996).

En las últimas décadas se observa el desarrollo de estudios dedicados al impacto que tiene el capital social sobre la inserción laboral de inmigrantes extranjeros. La literatura reconoce en Bourdieu al autor que realizó el primer análisis sistemático sobre el capital social. Este autor definió el concepto como "el agregado de los recursos reales o potenciales ligados a la posesión de una red perdurable de relaciones más o menos institucionalizadas de conocimiento y reconocimiento mutuo" (Bourdieu y Wacquant, 2005: 178).

Asimismo, se reconoce que su tratamiento del concepto fue instrumental, focalizado sobre los beneficios obtenidos por los individuos en virtud de su participación en grupos sociales. La participación es entendida como una inversión estratégica orientada a la institucionalización de las relaciones, utilizables como un medio a través del cual es posible acceder a otros tipos de capital. Es decir, en virtud de la relación social los individuos pueden reclamar acceso a recursos poseídos por los demás: tanto recursos económicos (préstamos, información sobre inversiones, mercados protegidos), como capital cultural, gracias a los contactos con expertos o la vinculación con instituciones educativas para obtener credenciales (Portes, 1998: 4).

Pero se puede decir que fue a partir del trabajo seminal de Coleman cuando el estudio del capital social se instaló definitivamente en la agenda de las ciencias sociales. Según este autor, "el capital social consiste en una diversidad de entidades con dos elementos en común: todos consisten en algún aspecto de la estructura social y facilitan ciertas acciones de los actores (personas o corporaciones) dentro de la estructura" (Coleman, 1988: 98).

En otro lugar el autor arroja luz sobre el término aclarando que "la función identificada por el concepto de capital social es el valor de esos aspectos de la estructura social que los actores pueden usar como recursos para la realización de sus intereses" (Ibíd.: 101). De la cita se desprende que el valor del capital social es el de ser un mecanismo de agregación de recursos individuales que se amplifican al ponerse a disposición de la estructura social. Es decir, el capital social se crea allí donde las relaciones entre personas se coordinan para facilitar una acción colectiva. En este sentido puede considerarse un recurso productivo.

Si bien la ambigüedad de la definición permite que el concepto pueda asumir formas variadas, Coleman subrayó dos formas específicas que merecen destacarse: el establecimiento de obligaciones y expectativas de reciprocidad y el desarrollo de sistemas de normas y sanciones. En la primera, la creación de capital social se pone en marcha en el momento en que un individuo hace algo por otro, confiando en que aquél se comportará de manera recíproca en el futuro. Encontramos la segunda forma de capital social cuando a través de las conductas que surgen como resultado de la internalización de normas y sanciones compartidas, cada miembro de la comunidad resulta beneficiado. La posibilidad de que surja una u otra forma queda sujeta al tipo de redes sociales que conformen las estructuras en cuestión.

Después de Bourdieu y Coleman se publicaron una gran cantidad de análisis teóricos sobre el capital social y, a pesar de que resultan disímiles e incluso contrapuestos,[3] se ha ido construyendo consenso en torno a la idea de que el capital social se encuentra en la habilidad de los actores para obtener beneficios en virtud de su participación en redes sociales u otras estructuras sociales. Así, el capital social es entendido como un recurso que se genera y se acumula en las redes sociales.

En términos generales, también pueden hallarse en la bibliografía de una manera recurrente referencias sobre otros dos aspectos del capital social: sus fuentes y efectos. En cuanto al primero debe decirse que las fuentes del capital social son diversas. La literatura distingue cuatro tipos: la interiorización de normas y sanciones, que ya hemos visto; la solidaridad obligada, referida a acciones altruistas o guiadas por principios morales o ideológicos en grupos y contextos determinados (iglesia, sindicato, ONG, etc.); las expectativas de reciprocidad; y la confianza mutua. A diferencia de las dos primeras, las dos últimas fuentes son de carácter instrumental. En estos casos, la donación, la recepción y las expectativas de reciprocidad están "incrustadas" en una estructura social que garantiza la buena fe en el intercambio y la ejecución de las obligaciones del donante y del receptor.

También los efectos del capital social son plurales. La bibliografía distingue tres, aplicables a una variedad de contextos; entre otros, la inserción laboral. En primer lugar, el control social, en segundo término el apoyo familiar y en tercer lugar los beneficios a través de redes extrafamiliares.

---

3 Entre las visiones alternativas destaca la tesis de Robert Putnam (1993). En su estudio comparativo entre las regiones del norte y sur de Italia respecto de su desarrollo institucional y económico, el capital social aparece como un instrumento de análisis macro, como un atributo de las comunidades, y no como un recurso de carácter individual.

Es frecuente encontrar esta forma de capital social en el campo de la estratificación, como argumento para explicar el acceso al empleo, la movilidad ocupacional y el éxito empresarial. En este sentido es útil recordar el esfuerzo previo de Granovetter (1973), quien halló que la influencia de personas que no componen el círculo íntimo de familiares y amigos es fundamental para la inserción en el mercado laboral ("la fuerza de los lazos débiles").

El rol importante que tienen las redes sociales y el capital social en la inserción económica de los inmigrantes en las sociedades receptoras ya ha sido suficientemente contrastado. Es habitual que los inmigrantes acumulen capital social por su pertenencia a redes personales (constituidas por lazos de parentesco, amistad, compadrazgo, etc.) y por su participación en diversas organizaciones de la sociedad civil (étnicas, deportivas, religiosas, comunitarias, etc.). Cuando las redes están bien desarrolladas, ponen al alcance de la mayoría de los miembros de la comunidad las posibilidades de obtener trabajo, y hacen de la emigración una fuente confiable y segura de ingresos. Se forman verdaderos "circuitos migratorios, por donde circulan personas, bienes, información y capitales" (Durand, 1986).

No obstante, la dependencia de los inmigrantes de las redes sociales también tiene consecuencias negativas. Portes (1998), a partir de una exhaustiva revisión bibliográfica, identificó cuatro. En primer lugar, la exclusión de afuereños y, de ese modo, de las oportunidades que la red social pueda ofrecer. La segunda es la forma opuesta a la anterior y se aprecia cuando un exceso de demanda de solidaridad de algunos miembros del grupo puede impedir el éxito de iniciativas económicas de otros integrantes (por ejemplo, la obligación moral de dar empleo o crédito a familiares y amigos puede resultar perjudicial para una o ambas partes). La tercera forma se refiere a las restricciones a la libertad individual propias de entornos humanos estrechos, el viejo dilema entre comunidad y sociedad. El cuarto efecto negativo se produce en situaciones en las cuales la cohesión del grupo está erigida sobre una experiencia común de adversidad u oposición a una mayoría, de modo tal que la movilidad ascendente queda bloqueada por la supuesta imposibilidad de que ocurra.

En síntesis, las redes sociales ayudan a los trabajadores a encontrar puestos de trabajo y a los empresarios a encontrar empleados. Constituyen un medio de búsqueda efectivo para ampliar tanto la cantidad como la calidad de la información disponible para las empresas y los trabajadores sobre el mercado de trabajo. En este sentido, el papel de las redes sociales fue fundamental para la captación de trabajadores extranjeros durante el último ciclo expansivo de la economía española; sobre todo, teniendo en cuenta que el mercado de trabajo español era un mercado fragmentado, con una elevada demanda de mano de obra en sectores caracterizados por una utilización intensiva del trabajo, productos de bajo valor añadido, empleo flexible y desregulado, pequeñas y medianas empresas.

2. La situación en el último empleo en Argentina

En este apartado centraremos nuestra atención en la situación laboral de los inmigrantes argentinos en España antes de la emigración. La ENI permite conocer algunas características socioeconómicas de esta población cuando aún se encontraba en Argentina. Así, para el conjunto nos informa sobre la relación con la actividad económica y para los que estaban trabajando permite conocer la situación profesional, la rama de actividad, la situación sociolaboral y la duración del contrato.

Antes de continuar, es menester aclarar los significados de dos indicadores utilizados en la ENI. La "situación profesional" clasifica a los trabajadores según la propiedad de los medios de producción y, por extensión, según la autoridad y control del proceso productivo; así define las categorías de asalariado, autónomo y empresario. Este indicador suele denominarse "relación de dependencia" en la bibliografía y algunas fuentes de datos. El indicador "situación sociolaboral" corresponde a una subdivisión de la población ocupada en cierto número de agregados distintos en estatus o prestigio ocupacional y recompensas materiales. La elección de este tipo de escala, a diferencia de otra basada en categorías ocupacionales más usual en sociología, se basa en que no importan tanto el número de posiciones sucesivas que ocupan los individuos, sino cómo los cambios entre segmentos del mercado de trabajo implican posicionamientos objetivables y tipificables en las condiciones de empleo y en las perspectivas subjetivas de los actores. La escala contempla cinco posiciones: manual cualificado, manual no cualificado, administrativo, técnico y directivo.

Volviendo a los datos, en el Gráfico 7.1 constatamos, de nuevo, que la emigración movilizó muy especialmente a la población activa y ocupada. El 83% de los hombres y el 64% de las mujeres se encontraban económicamente activos antes de la emigración y, en contra de lo que podría suponerse *a priori*, sólo el 13% de los hombres y el 9% de las mujeres estaban desempleados antes de emigrar. Esta evidencia se refuerza al observar los niveles de actividad y desempleo de la población en Argentina (ver Tabla 7.1): la tasa de actividad era notablemente inferior a la de los emigrados (59% y 41%, respectivamente) y la proporción de desocupados bastante superior (24% y 34%, respectivamente).[4]

---

4 No obstante, esta comparación debe considerarse con precaución por dos motivos: en primer lugar, porque la proporción de desocupados en la población emigrada a España fue calculada sobre el conjunto de la población emigrada (que tenía entre 16 y 64 años cuando emigró) en lugar de considerar sólo a la población activa, como suele hacerse. En segundo término, porque el nivel de desempleo en Argentina en el año 2001 estaba en valores extraordinariamente altos debido a la coyuntura de crisis económica.

Gráfico 7.1. España. Población nacida en Argentina, emigrada entre los 16 y 64 años, según tipo de actividad desempeñada en Argentina antes de emigrar y sexo. A 1 de enero de 2007. En porcentajes

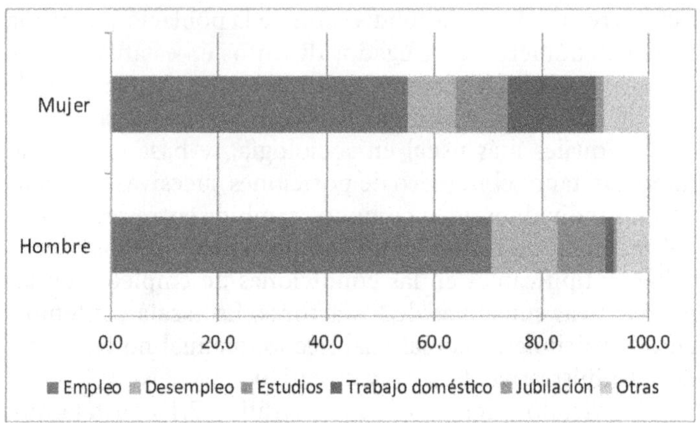

Fuente: INE, ENI y elaboración propia.

Como hemos visto, existió una notable selectividad a favor de la población activa entre los emigrados, sobre todo en las mujeres. No obstante, continuaba existiendo una enorme brecha de género en la población emigrada apreciable en los elevados niveles de inactividad de las mujeres (28% frente a 11% de los hombres, ver Gráfico 7.1). Esto se explica, sobre todo, por la clara asimetría en el reparto de trabajo reproductivo: 16% de las argentinas se dedicaba sólo a tareas domésticas cuando sólo el 1% de los hombres se encontraba en esa situación (Gráfico 7.1).[5]

---

5 Sobre este punto existe una gran diferencia entre los distintos colectivos nacionales de inmigrantes en España. La dedicación exclusiva al trabajo doméstico ocupaba al 40% de las mujeres nacidas en África y al 30% de las de Asia, cifras mucho más elevadas que para las europeas comunitarias (16%), no comunitarias (18%) y latinoamericanas (14%) (Colectivo IOÉ y Fernández, 2010: 106).

Tabla 7.1. Argentina. Población residente de 14 años y más por condición de actividad económica según sexo. Total del país. 2001[6]

Sexo	Total		Activos		Ocupados		Desocupados	
	N	(%)	N	(%)	N	(%)	N	(%)
Varones	12.795.165	48,0	9.025.807	59,1	6.813.031	75,5	2.212.776	24,5
Mujeres	13.885.883	52,0	6.238.976	40,9	4.100.156	65,7	2.138.820	34,3
Total	26.681.048	100,0	15.264.783	57,2	10.913.187	71,5	4.351.596	28,5

Fuente: INDEC, Censo Nacional de Población, Hogares y Viviendas 2001.

La emigración de personas que ya estaban incorporadas a la vida activa es una característica habitual de los movimientos migratorios de carácter económico, máxime durante el primer momento del ciclo migratorio (Dassetto, 1990).[7] En el caso de España, la ENI permitió comprobar que la mayoría de los inmigrantes eran económicamente activos (ocupados y desempleados) antes de emigrar (57%); aunque existían diferencias importantes de acuerdo al país de origen (Colectivo IOÉ y Fernández, 2010: 84). Los argentinos se encontraban entre los grupos con tasas más elevadas y entre los que presentaban la mayor diferencia entre su tasa de actividad y la que existía entre la población de su país de origen, en ambos sexos.

Estos datos fortalecen los resultados del análisis cualitativo de los motivos para emigrar a España que presentamos en el capítulo cinco. En primer lugar, comprueban la tesis de que para una gran cantidad de emigrados los motivos laborales no se encontraban en la falta de un empleo, sino más bien en el miedo a perderlo ("pobreza de futuro")

---

6 Las tasas de desempleo estimadas por la EPH en 2001 eran de 16,4% en el mes de mayo y 18,3% en el mes de octubre. Las mayores tasas de desocupación estimadas a partir del Censo de 2001 respecto a la EPH son debidas a la escasa sensibilidad del primero para captar como ocupados a población en empleos precarios e inestables, particularmente en épocas de crisis económica como la que acompañó la medición censal de 2001.

7 Según Dassetto (1990), este se caracteriza porque la inscripción en la relación salarial es el modo de entrada principal en el campo económico de una población principalmente masculina. Los inmigrantes son "trabajadores extranjeros". Su inserción en el espacio institucional y político se caracteriza por la marginalidad.

o en expectativas de mejora. Dentro de este último grupo podría ubicarse a los argentinos que se desplazaron por un cambio de destino laboral. En segundo término, el hecho de que un 16% de mujeres emigradas se dedicaran sólo a labores domésticas antes de partir pone de manifiesto la existencia de proyectos migratorios de reagrupación familiar o conyugal.

El gráfico siguiente (Gráfico 7.2) demuestra que el período de llegada introduce matices al análisis de la situación laboral de los inmigrantes antes de abandonar el país; aunque, como ya hemos dicho, los datos anteriores a 1984 deben considerarse con prudencia. Atendiendo en primer lugar a los emigrados hasta 1975, hallamos una proporción considerable de personas que sólo estaban estudiando (26%) y que sólo realizaban labores domésticas (13%). La primera situación es atribuible a la estructura etaria del grupo (el 66% tenía menos de 16 años), la segunda, a la división sexual del trabajo en los hogares en una época en la que primaba un modelo reproductivo del tipo *wife housekeeper* y *male breadwinner*. Ello explica, además, que fuera el flujo con menor proporción de población activa (49%) y ocupada (48%).

Durante la época del exilio, en cambio, migraron mayoritariamente personas que se encontraban trabajando (75%); aunque también fue singular la proporción de estudiantes (16%), muchos de los cuales, como hemos visto, terminaron luego sus estudios en España (12%). En esta oleada, las personas que sólo realizaban labores domésticas eran, en comparación, más escasas. Esta distribución de actividades se asemeja a la de una migración económica (por su componente de activos), pero también tiene características específicas del exilio como una participación elevada de estudiantes y escasa de personas dedicadas a labores domésticas, teniendo en cuenta la realidad de la época.

Los flujos económicos que arribaron a partir de 1984 también tuvieron una elevada proporción de activos (72% y 76% respectivamente), pero a diferencia del flujo anterior contaron con una creciente participación de desempleados: 9,4% en el período 1984-1999 y 13,6% en el período 2000-2007. Dicha participación fue consecuencia del incremento del desempleo en Argentina a raíz de las crisis económicas de 1989 y 2001, sobre todo de esta última porque afectó de forma muy negativa al empleo (según el censo de 2001 la tasa de desempleo trepó al 28,5%).[8] La proporción de estudiantes se mantuvo más o menos constante (7% y 9%) en ambos flujos, aunque fue bastante inferior a la del flujo del exilio;[9] en cambio las personas que se dedicaban solo a labores domésticas se mantuvieron en valores similares en los tres períodos: oscilaron entre el 10% y el 7%. Por último, conviene remarcar que las mujeres tenían tasas de desempleo menores que los hombres, en particular en el período 1984-1999; sin embargo, en el conjunto de la población en Argentina, las mujeres presentaban niveles de desocupación más altos que los hombres (34,3% frente a 24,5% en el censo 2001). Por tanto, se puede afirmar que en el caso de las mujeres la selectividad no solo favoreció a las activas, sino entre éstas, a las que tenían un empleo.

---

8 Debe considerarse que la población desocupada estimada por una y otra fuente son universos diferentes. Para la ENI son personas emigradas a España entre los 16 y 64 años y que se encontraban en ese país en enero de 2007. Para el Censo Nacional de Población, Hogares y Viviendas 2001 (INDEC, Argentina) se trata de personas de 14 y más años entrevistadas en la fecha de referencia.

9 La proporción de estudiantes a tiempo completo entre los emigrados del período 1984-2007 fue similar a la que tenía el total del país (10,7% de hombres y 11,6% de mujeres), según el Censo de 2001 en Argentina. Ello demuestra que los estudiantes estuvieron sobrerrepresentados en los dos períodos anteriores donde ascendieron al 25% (hasta 1975) y 15,7% (1976-1983). En el primer caso, debido a razones demográficas, en el segundo a la especificidad de la migración exílica.

Gráfico 7.2. España. Población nacida en Argentina, emigrada entre los 16 y 64 años, según tipo de actividad desempeñada en Argentina antes de emigrar y período de llegada. A 1 de enero de 2007. En porcentajes

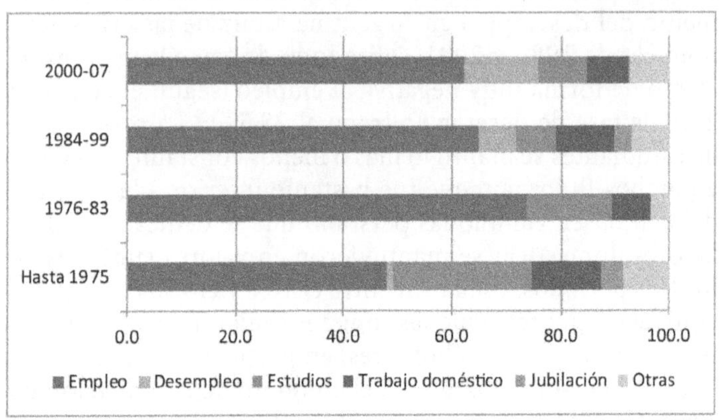

Fuente: INE, ENI y elaboración propia.

En la medida en que una gran parte de los emigrados eran económicamente activos en Argentina, es clave saber más sobre su actividad. En este sentido, la ENI informa sobre la situación profesional, la rama de actividad, la situación socio-laboral y la duración del contrato. Atendiendo a la primera cuestión, constatamos que la amplia mayoría de los emigrados trabajaba en Argentina en relación de dependencia (74% de los hombres y 77% de las mujeres). Las mujeres estaban sobrerrepresentadas en el sector público (19,2% frente al 10,8%) y los hombres en el privado (63,6% frente al 57,8%) (Tabla 7.2). Sin embargo, como sostienen el Colectivo IOÉ y Fernández (2010: 385), los argentinos se encontraban entre los colectivos con índices más elevados de cuentapropistas, además, con paridad entre hombres y mujeres (alrededor de 20%).

Tabla 7.2. España. Población nacida en Argentina, emigrada entre los 16 y 64 años, según situación profesional en el último empleo en Argentina antes de emigrar y sexo. A 1 de enero de 2007. En porcentajes

Sexo	Situación profesional	Periodo de llegada				Total
		Hasta 1975	1976-83	1984-00	2000-07	
Hombre	Asalariado sector público	0,0	52,6	12,1	7,6	10,8
	Asalariado sector privado	39,0	15,7	51,3	73,0	63,6
	Empresario sin asalariados	61,0	10,6	21,7	12,0	15,6
	Empresario con asalariados	0,0	13,7	7,6	2,9	4,7
	Miembro de una cooperativa	0,0	0,0	0,5	0,0	0,2
	Ayuda familiar	0,0	0,0	1,7	2,0	1,8
	Otra situación	0,0	7,5	5,0	2,5	3,4
Mujer	Asalariado sector público	0,0	7,2	15,8	21,6	19,2
	Asalariado sector privado	74,5	86,3	54,2	57,2	57,8
	Empresario sin asalariados	25,5	0,0	17,4	15,3	15,5
	Empresario con asalariados	0,0	0,0	8,9	4,3	5,2
	Miembro de una cooperativa	0,0	0,0	0,0	0,0	0,0
	Ayuda familiar	0,0	6,5	2,6	0,3	1,1
	Otra situación	0,0	0,0	1,2	1,4	1,2

Fuente: INE, ENI y elaboración propia.

Si observamos ahora los datos de acuerdo al período de llegada, hallamos en primer lugar una clara distinción entre el flujo del exilio y los flujos posteriores en cuanto a la participación de asalariados del sector público: 36% en el primero y en torno al 14% en los siguientes. Dos cuestiones explican estos datos: la represión en los lugares de trabajo durante la dictadura militar (cesantías, purgas ideológicas y miedo generalizado) y el deterioro de las condiciones de trabajo en la función pública. En segundo término, se aprecia una disminución de cuentapropistas en el flujo del corralito (2000 a 2007) respecto a los emigrados en el flujo anterior (1984 a 1999): del 28% al 17%. Una hipótesis plausible para explicar esta diferencia plantearía que el contexto de crisis económica entre los años 2000 y 2004 dificultó la venta de activos de los pequeños y medianos empresarios y la devaluación de la moneda redujo el valor de estos a una tercera parte. Por el contrario, en el período 1984-1999 los episodios de estabilidad de precios permitieron que la compra - venta de activos se desarrollaran con más normalidad, al mismo tiempo que la dolarización de la economía a partir de 1991 estimuló este tipo de operaciones y permitió ahorrar en divisa.

La rama de actividad del último empleo en Argentina de los emigrados a España, presenta diferencias según el sexo y el período de llegada (Tabla 7.3). La mitad de los hombres trabajaban en la industria (18,7%), comercio y reparaciones (17,4%) y construcción (14,1%). Las mujeres, en cambio, lo hacían en comercio y reparaciones (19,8%), inmobiliarias y servicios a empresas (16,2%) y educación (13,4%). En la distribución según períodos de llegada es de destacar que en el último flujo se incrementó la emigración de hombres que trabajaban en la industria, el transporte y el comercio; mientras descendió la de aquellos que trabajaban en inmobiliarias y servicios a empresas, sanidad y educación. Entre las mujeres, aumentaron las que trabajaban en comercio y hostelería, mientras descendieron las que trabajaban en la industria, inmobiliarias y servicios financieros y educación.

Tabla 7.3. España. Población nacida en Argentina, emigrada entre los 16 y 64 años, según rama de actividad en el último empleo en Argentina antes de emigrar, sexo y período de llegada a España. A 1 de enero de 2007. En porcentajes

Sexo	Rama de actividad	Hasta 1975	1976-83	1984-00	2000-07	Total
Hombres	Industria manufacturera	17,7	3,7	15,2	21,3	18,7
	Construcción	0,0	7,4	15,5	14,4	14,1
	Comercio y reparaciones	24,8	0,0	14,0	19,8	17,4
	Hostelería		0,0	10,2	10,1	9,5
	Inmobiliarias-alquiler; s. empresariales	5,5	20,3	11,0	6,6	8,4
	Serv. a la comunidad y personales	52,0	12,6	7,9	6,4	8,1
	Sanidad y servicio social	0,0	33,7	9,6	3,5	6,5
	Otros	0,0	22,2	16,5	18,0	17,4
Mujeres	Industria manufacturera	6,2	15,6	15,4	9,6	11,1
	Comercio y reparaciones	0,0	7,1	17,8	21,8	19,8
	Hostelería	0,0	6,5	5,1	11,1	9,2
	Inmobiliarias-alquiler; s. empresariales	43,1	23,0	19,0	14,0	16,2
	Educación	5,2	10,8	16,2	12,9	13,4
	Sanidad y servicio social	16,7	10,3	8,6	8,9	9,1
	Serv. a la comunidad y personales	28,8	14,7	7,6	9,8	9,9
	Otros	0.0	12,0	10,2	11,9	11,2

Fuente: INE, ENI y elaboración propia.

La distribución por ramas de actividad *per se* no describe adecuadamente la situación ocupacional, ya que en cada una de éstas existen puestos de muy diversas características. Por ello, es más interesante indagar acerca del estatus sociolaboral que tenían los argentinos (ocupados) antes de emigrar a España. De acuerdo a la ENI, más de la mitad de los hombres (52%) y de un tercio de las mujeres (37%) emigrantes desempeñaron ocupaciones manuales en su último empleo en Argentina (Gráfico 7.3).

Las mujeres estaban notablemente sobrerrepresentadas en las ocupaciones manuales no cualificadas (31% frente a 6% ocupadas en tareas cualificadas), mientras los hombres tenían proporciones semejantes en ambos tipos, cualificadas y no cualificadas (26% cada una). Las ocupaciones administrativas reunían a más del doble de mujeres, tanto en términos relativos como absolutos (5% y 13%, 9.835 y 4.764, respectivamente), éstas también tenían mayor proporción de técnicos (33% versus 43%), aunque la diferencia en términos absolutos era pequeña en este caso (32.776 frente a 30.380). Por último, los hombres tenían una mayor proporción y volumen de directivos (9,4% frente a 7,3% entre la mujeres; 8.615 y 5.578 respectivamente).

Gráfico 7.3. España. Población nacida en Argentina, emigrada entre los 16 y 64 años, según situación sociolaboral en el último empleo en Argentina antes de emigrar y sexo. A 1 de enero de 2007. En porcentajes

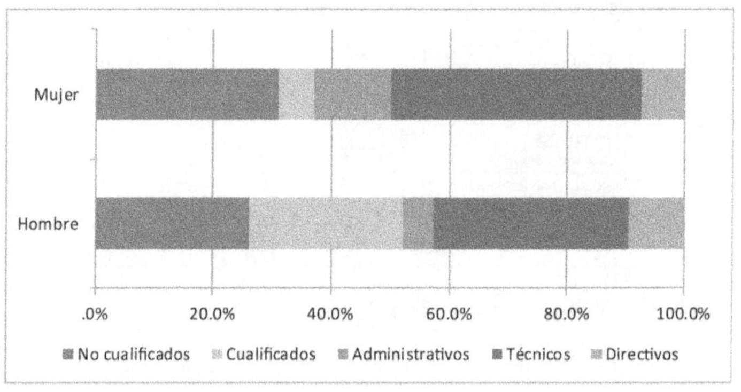

Fuente: INE, ENI y elaboración propia.

La comparación de la situación sociolaboral en el último empleo en Argentina entre hombres y mujeres encuentra a los primeros en una situación relativamente más favorable, aunque en términos generales la distribución era más o menos equitativa. Las mujeres presentaron elevadas proporciones en ocupaciones administrativas y técnicas-profesionales, pero también en ocupaciones manuales. Casi la mitad de los hombres eran trabajadores manuales y un tercio estaban ocupados en tareas técnico-profesionales, pero a diferencia de las mujeres tenían mayor representación entre los directivos.

Los perfiles sociolaborales de los inmigrantes en su último empleo en Argentina fueron variando con el trascurso del tiempo: descendió la proporción de directivos y técnicos-profesionales (del 47% entre 1976-1983 al 14% en el período 2000-2007) mientras aumentó la de trabajadores manuales no cualificados (desde un 26% entre los emigrados entre 1976 y 1983 hasta el 60% entre los emigrados en el período 2000-2007). En cambio, quienes realizaban tareas manuales cualificadas y administrativas no variaron de un flujo a otro (se mantuvieron en torno al 16% los primeros y al 10% los segundos) (Gráfico 7.4). Esta evolución pone en evidencia que disminuyó de forma progresiva el nivel de selectividad en la emigración de argentinos a España en las últimas décadas. Una tendencia que se explica, sobre todo, por la evolución de la demanda en el mercado de trabajo español debido a la necesidad creciente de cubrir puestos de trabajo menos cualificados, más que por la evolución del estatus sociolaboral de los trabajadores en Argentina, que ha variado poco desde 1991.[10]

El último indicador que analizaremos aquí sobre la situación laboral de los emigrados antes del desplazamiento a España es la duración del contrato o relación laboral que tenían en aquel momento (Tabla 7.4). En este caso conviene relativizar los datos referidos a flujos anteriores a 1983 porque, además de tener problemas de validez estadística, los contratos temporales y otros mecanismos de flexibilización laboral se generalizaron en Argentina durante la década de 1990.[11]

---

10 En Argentina, según el Censo Nacional de Población y Vivienda en 1991, la distribución de la población ocupada de 14 años y más, de acuerdo a su calificación ocupacional, era la siguiente: científico-profesional 5%; técnica 16%; operativa 40%, no calificada 27%; n/s 4%. En el año 2003 (primer trimestre), la EPH estimó, para la misma población, una distribución con valores similares: científico-profesional 9%; técnica 15%; operativa 49%, no calificada 26%, n/s 1%.

11 Un nuevo sistema de relaciones laborales se implementó en el marco general de las reformas estructurales que se llevaron a cabo en la década de 1990 en Argentina. Se puso en marcha con la Ley 24.013: Ley Nacional de Empleo, sancionada el 13 de noviembre de 1991 y publicada en el Boletín Oficial el 17 de diciembre. Esta ley fue parte de un conjunto de medidas entre las que cabe mencionar la Ley 24.465 que fomentaba el empleo de

Gráfico 7.4. España. Población nacida en Argentina, emigrada entre los 16 y 64 años, según situación sociolaboral en el último empleo en Argentina antes de emigrar y período de llegada. A 1 de enero de 2007. En porcentajes

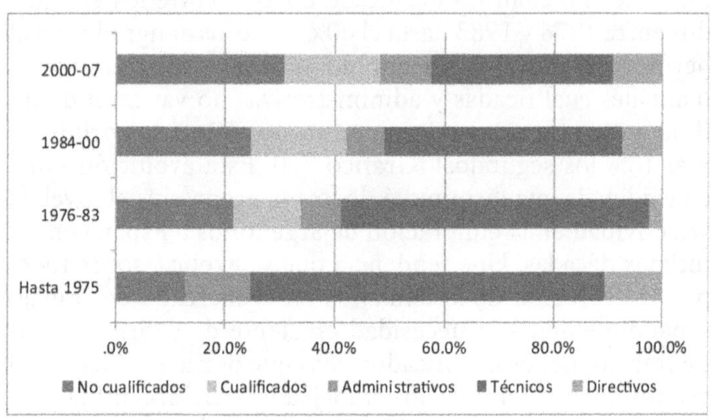

Fuente: INE, ENI y elaboración propia.

En la Tabla 7.4 observamos que alrededor del 38% de los inmigrantes argentinos que trabajaron como asalariados antes de emigrar de Argentina tuvieron una relación laboral de carácter temporal. En términos comparativos, se trataba de una tasa de temporalidad inferior o similar a la de otros inmigrantes latinoamericanos como bolivianos (58%), ecuatorianos y colombianos (en torno al 50%), brasileros y peruanos (en torno al 40%), pero alta respecto a inmigrantes procedentes de países de la EU-15 (inferior al 20%) (excepto Portugal) (Colectivo IOÉ y Fernández, 2010: 396). La tasa de temporalidad de los hombres fue similar en los períodos 1984-1999 y 2000-2007; sin embargo, las mujeres arribadas en el

---

mujeres, discapacitados, mayores de 40 años y ex combatientes de Malvinas (sancionada el 15/03/1995, publicada en B.O. el 28/03/1995), la Ley 24.467 sobre el empleo en las pymes (sancionada el 23/03/1995 y publicada en B.O. el 28/03/1995). Un análisis sociológico de las modificaciones que introdujo la norma en el mercado de trabajo puede verse en Altimir y Beccaria, 1999 y Gambina, 2001.

último período tuvieron un nivel de temporalidad más elevado que el de aquellas emigradas en el flujo anterior (40% frente a 25%, respectivamente).

En síntesis, en la población emigrada a España existió una notable selectividad a favor de la población activa en Argentina, sobre todo entre las mujeres, aunque las emigradas presentaban niveles de inactividad relativamente altos debido al desigual reparto de las tareas reproductivas. Los datos referidos al último empleo en Argentina ponen de manifiesto la existencia de una cantidad significativa de población ocupada en empleos técnicos y administrativos (46%), pero también en trabajos manuales (45%). La mitad de las mujeres se encontraba en el primer grupo y la mitad de los hombres en el segundo. Puede decirse entonces que se trató de una emigración con orígenes sociales diversos, característica que ya había sido señalada en otros estudios (Actis y Esteban 2007; 2008; Esteban, 2007; Jiménez, 2011). En términos de flujos, en los dos más recientes emigró más de un 40% de trabajadores manuales, en el último esta proporción alcanzó el 50%, mientras en los anteriores a 1984 más de dos tercios de los ocupados desempeñaron tareas técnicas y administrativas. Esta tendencia vuelve a poner de manifiesto una disminución del nivel de selectividad en la emigración de argentinos a España.

Tabla 7.4. España. Población nacida en Argentina, emigrada entre los 16 y 64 años, según duración del contrato o acuerdo laboral en el último empleo en Argentina, sexo y período de llegada. A 1 de enero de 2007. En porcentajes

Sexo	Contrato	Período de llegada				Total
		Hasta 1975	1976-83	1984-99	2000-07	
Hombre	Indefinida	54,6	49,6	64,0	61,5	61,5
	Temporal	45,4	50,4	36,0	38,5	38,5
Mujer	Indefinida	88,8	40,4	75,1	59,5	62,5
	Temporal	11,2	59,6	24,9	40,5	37,5

Fuente: INE, ENI y elaboración propia.

3. La situación en el primer empleo en España

Una vez arribados, los argentinos que emprendieron la búsqueda de un empleo encontraron diferentes contextos de recepción. Aquellos que llegaron en los años ochenta y noventa encontraron un país que se encontraba en el primer momento del ciclo migratorio. La mayor parte de los inmigrantes extranjeros eran europeos procedentes de la entonces Comunidad Económica Europea que, o bien eran "turistas residenciales" que estaban retirados de la actividad económica o trabajadores cualificados en empresas de sus países de origen. Los argentinos integraron una nueva "inmigración inesperada" (Izquierdo, 1996) atraída por el desarrollo económico y social, las oportunidades de empleo y un deseo íntimo de movilidad social.

El aumento de los flujos migratorios hacia España fue acompañado por una modificación de su composición: creció la migración extracomunitaria, principalmente procedente de Marruecos, que pasó a constituir la primera minoría, y disminuyeron relativamente los comunitarios de la UE-15. Aunque una gran mayoría de esta migración laboral extracomunitaria fueron hombres solos, solteros o que habían dejado a la familia en el país de origen, empezó a ser perceptible la presencia de mujeres, familias y menores. Se trató de un inmigración nueva por sus zonas de origen, por su motivación estrictamente laboral, por sus rasgos fenotípicos (magrebíes, negros y asiáticos) y sus tradiciones culturales y religiosas (musulmanes), que la hacían fácilmente perceptible entre la población (Torres, 2011: 66).

Los "recién llegados" se encontraron con un mercado de trabajo en expansión y transformación que operaba como un formidable factor de atracción. La demanda de mano de obra tenía origen, por un lado, en la expansión de los servicios, en particular los servicios públicos, a consecuencia de la reforma y descentralización de la administración pública y la expansión del Estado de Bienestar. También se extendía a las grandes empresas, algunas recién privatizadas (telecomunicaciones, banca, energía, metalmecánicas). Era una demanda de trabajadores con niveles de cualificación medio y alto para ocupar empleos de calidad, muchos como funcionarios públicos.[12]

Por otro lado, y una vez superada la crisis de empleo de mediados de los noventa, despuntó una demanda progresiva de trabajadores menos cualificados para ocupar empleos en el segmento secundario del mercado de trabajo. Fue el comienzo del *boom* de la construcción de viviendas e infraestructuras y la consolidación de un cambio de paradigma productivo que había comenzado décadas atrás, el paso de una sociedad rural e industrial a una sociedad de servicios.[13]

Los argentinos que arribaron a partir de 2000, en cambio, hallaron un país desarrollado, plenamente incorporado a Europa y en plena expansión económica. Con un crecimiento demográfico significativo, sobre todo entre 1998 y 2008 (6,3 millones de personas, un 16% más), en buena medida gracias a la inmigración, una importantísima ampliación de las infraestructuras y los servicios sobre los que se apoyó un crecimiento económico sostenido de extraordinarias dimensiones. Asociado a esto, un mercado de trabajo en ebullición, sobre la base de un modelo de desarrollo de baja productividad e intensivo en mano de obra, que protagonizó el *boom* económico del nuevo siglo con la construcción, el turismo y los servicios a las empresas como sectores estrella. Con este modelo de desarrollo, la dualización del mercado de trabajo preexistente y la creciente etnificación de los puestos de trabajo menos cualificados, con peores condiciones y remuneraciones más bajas, se fue conformando una estructura productiva etnofrag-

12 Entre 1985 y 1991 se crearon más de dos millones de empleos no agrarios, de los cuales casi la mitad eran empleos de nueva clase media (Garrido y González, 2005: 91).

13 Un indicador de referencia de esta transformación es que entre 1980 y 2000 la población activa en la agricultura se redujo del 17,1% al 7% y en la industria del 26% al 18%, mientras se incrementó en los servicios del 42% al 58,7% (INE, EPA, segundos trimestres).

mentada (ver Torres, 2011: 68). Un rasgo que se agudizó posteriormente.

Esta nueva etapa se inscribió dentro del ciclo de desarrollo de la globalización de la sociedad y de la economía, cuyas características en el campo de las migraciones sintetizaron Castles y Miller (2003) en cinco rasgos: aceleración, diferenciación, feminización y politización. Extrapolando estos rasgos al caso de España, encontramos una tremenda aceleración de la inmigración (en 1999 residían 749 mil extranjeros, 1,9% de la población del país, mientras una década después había 5,6 millones y representaban el 12%), acompañada de una diversidad de orígenes nacionales y sociales, con una importante participación de mujeres desde el comienzo del proceso.[14] En esta época la inmigración se transformó en un "problema social" y comenzó a ocupar un lugar destacado en las agendas políticas y mediáticas.[15] Así, el arribo y la gestión de la inmigración extranjera produjeron una transformación estructural de la sociedad española.[16]

---

14 Ya en 1999 las mujeres extranjeras suponían el 49% del conjunto de extranjeros. En 2009 su proporción continuaba en términos similares (47%). No obstante, su participación fue variando de acuerdo al país de origen.

15 Entre 1999 y 2001 se produce una institucionalización de la inmigración como "hecho social" que se puede percibir a través de diversos tipos de sucesos. Por ejemplo, la discusión de dos leyes de extranjerías (la LO 4/2000 y la LO 8/2000), dos procesos extraordinarios de regularización (el de 2000 y el especial por motivos de arraigo de 2001), la creación de foros de inmigrantes en varios niveles administrativos, la aprobación de planes para la integración de los inmigrantes a nivel nacional y autonómico, la creación de instancias administrativas específicas, la proliferación de estudios sobre inmigración (ver Cachón, 2009: 125-133).

16 Esta etapa presenta características típicas del segundo momento del ciclo migratorio (Dassetto, 1990). Se caracteriza por la llegada de nuevos actores (familias, mujeres, niños), por matrimonios y reagrupación familiar. Los inmigrantes adquieren hábitos y costumbres de la sociedad anfitriona, y progresivamente modifican el espacio en el que viven. Por otra parte, los nativos pueden percibir a los inmigrantes como una amenaza a su cultura y una competencia por los recursos (educación, sanidad, vivienda, etc.). Comienzan a estructurarse instituciones intermedias que favorecen la mediación y la integración de los inmigrantes.

Volviendo al análisis, en el gráfico que está a continuación (Gráfico 7.5) verificamos que los argentinos se incorporaron al mercado de trabajo casi inmediatamente después de arribar a España. El 44% lo hizo en un plazo máximo de 15 días, 19% antes del primer mes y otro 19% en un término comprendido entre uno y tres meses. Por tanto, el 82% de los argentinos estaba trabajando en el plazo máximo de tres meses después de la llegada a España. Estas estadísticas se verifican entre los emigrantes que arribaron a partir de 1984 y antes de 1975, pero aquellos que lo hicieron en el período 1976 – 1983 demoraron algo más de tiempo en encontrar el primer empleo (el 27% lo hizo en los primeros 15 días, el 48% en el primer mes y el 57% dentro de los tres primeros meses). La especificidad propia del exilio y la profunda recesión económica que se vivió en esos años pueden explicar la diferencia.[17]

---

17 Entre 1976 y 1985 se perdieron en España 1,7 millones de empleos a causa de una profunda crisis económica y reconversión industrial que marcaron el fin de desarrollismo franquista que había caracterizado la última etapa del régimen (ver Garrido y González, 2005: 89-97).

Gráfico 7.5. España. Población nacida en Argentina, emigrada entre los 16 y 64 años, según tiempo transcurrido hasta obtener el primer empleo en España y período de llegada. A 1 de enero de 2007. En porcentajes

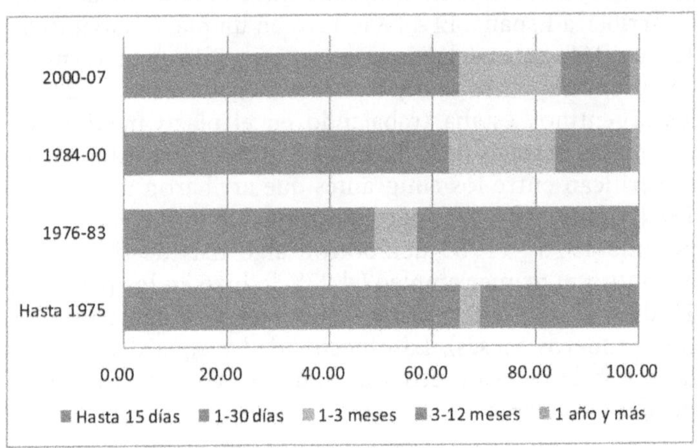

Fuente: INE, ENI y elaboración propia.

Esta distribución siguió un patrón diferente en hombres y mujeres. En general, los hombres hallaron el primer empleo más rápidamente (un 64% lo hizo durante el primer mes de estadía mientras sólo el 44% de las mujeres estaba trabajando antes de cumplirse ese período). De un modo u otro, el tiempo que demandó la inserción laboral de los argentinos coincide, de manera aproximada, con el del conjunto de inmigrantes extranjeros en España (ver Colectivo IOÉ y Fernández, 2010: 107).

Si observamos la forma en que consiguieron el primer empleo, la mayoría lo hizo a través de amigos y familiares (59% de los hombres y 56% de las mujeres), alrededor del 16% solicitándolo directamente al empresario y en torno al 11% a través de anuncios públicos (Gráfico 7.6). Los datos indican que la red de acogida inicial resultó muy positiva para garantizar una rápida inserción en el mundo del trabajo. Pero en la medida en que también fue la principal vía de acceso al primer empleo para el conjunto de los inmigrantes extracomunitarios (Colectivo IOÉ y Fernández, 2010: 109), está señalando el bajo nivel de institucionalización que existió en España en la gestión de la mano de obra procedente del extranjero. Las oficinas públicas de empleo, los sindicatos y las asociaciones de empresarios tuvieron un papel secundario, cuando no inexistente, en este aspecto. Ello contribuyó, junto con otros factores institucionales, a que existiera un elevadísimo nivel de irregularidad en el mercado de trabajo.

A priori, esta información podría resultar contradictoria si se tiene en cuenta que la mayoría de los inmigrantes argentinos en edad laboral llegaron a España solos (46%) o con una parte del núcleo familiar (47%). Pero debe considerarse que el capital social de los inmigrantes estuvo compuesto, sobre todo, por "lazos débiles".[18] De acuerdo a la ENI, el 84% contaba con algún contacto en España en el momento de llegar al país, sobre todo, familiares (53%), amigos (35%) y conocidos (10%). Los vínculos familiares correspondieron en mayor medida a miembros de la familia extensa, ya que la emigración previa de hijos, parejas, madres, padres y hermanos no fue un hecho habitual.[19] Parece confirmarse, entonces, la tesis de Granovetter (1973).

---

18 Esta tesis se rubrica al final del capítulo donde se presentan resultados del análisis cualitativo.

19 Antes de emigrar a España, sólo el 3,6% de los argentinos tenía algún hijo, el 3,4% a su pareja, el 10% algún hermano, el 4,2% al padre y el 3,2% a la madre en ese país (INE, ENI).

Gráfico 7.6. España. Población nacida en Argentina, emigrada entre los 16 y 64 años, según cómo consiguió su primer empleo en España y sexo. A 1 de enero de 2007. En porcentajes

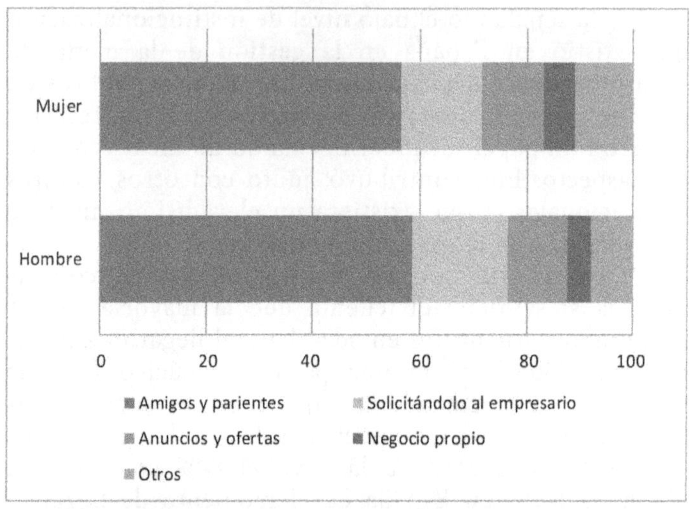

Fuente: INE, ENI y elaboración propia.

La existencia de una oferta de trabajo, incluso de un precontrato, antes de emigrar también puede contribuir a explicar la rápida inserción laboral. Sin embargo, la Tabla 7.5 confirma que esta posibilidad fue algo inusual entre los inmigrantes argentinos en España: el 83% no tuvo ninguna propuesta previa de trabajo. Pero incluso en los casos donde ésta existió, para la mayoría (65%) fue sólo un compromiso verbal. No obstante, aunque su volumen fuera escaso, la utilización de mecanismos formales, "típicamente laborales", para el acceso al primer empleo (a los que deben sumarse la presentación personal ante el empresario y la concurrencia a ofertas y anuncios públicos) debe destacarse como una particularidad de los argentinos (y peruanos) dentro de los colectivos de trabajadores extracomunitarios (Colectivo IOÉ y Fernández, 2010: 109). Por el contrario, esas modalidades fueron frecuentes en los inmigrantes procedentes de países avanzados (UE-15 y América del Norte).

Tabla 7.5. España. Población nacida en Argentina, emigrada entre los 16 y 64 años, según tenía o no una propuesta de trabajo en España antes de emigrar, sexo y período de llegada. A 1 de enero de 2007. En porcentajes

Sexo	Propuesta	Hasta 1975	1976-83	1984-99	2000-07	Total
Hombre	Sí	32,8	17,2	26,7	19,4	21,8
	No	67,2	82,8	73,3	80,6	78,2
Mujer	Sí	34,7	22,3	0,0	12,2	10,1
	No	65,3	77,7	100,0	87,8	89,9
Ambos sexos	Sí	33,3	19,0	16,4	16,0	16,7
	No	66,7	81,0	83,6	84,0	83,3

Fuente: INE, ENI y elaboración propia.

Como hemos visto, los vínculos familiares y amicales constituyeron la red de acogida inicial que tuvo, entre otras funciones, la de facilitar contactos e información relacionados con las vías y oportunidades de acceso al mercado de trabajo. En este sentido, las redes sociales fueron un recurso estratégico. Pero al mismo tiempo, como es sabido, el predominio de las redes sociales puede suponer mayores oportunidades de acceso a aquellos sectores laborales en los cuales los miembros de dichas redes estaban ya insertos. La explotación de los microdatos de la ENI confirma que, efectivamente, al menos en esta primera etapa, los argentinos tendieron a concentrarse en ciertas ramas de actividad (ver Tabla 7.6). Los hombres en la hostelería (25%), la construcción (17%), industria (13%) y comercio (12%), en menor medida en servicios inmobiliarios (8%) y servicios comunitarios y personales (7%). Las mujeres se insertaron prácticamente en las mismas ramas de actividad, exceptuando la construcción y agregando el trabajo en los hogares. A saber: hostelería (23%), trabajo doméstico (16%), comercio (15%), servicios inmobiliarios (14%); y también destacan en industria (8%) y servicios comunitarios y personales (7%).

A pesar de que los argentinos no pudieron eludir algunos nichos étnicos como la construcción, la hostelería, el comercio y el trabajo doméstico, estuvieron poco presentes en otros como la agricultura y la pesca. Además, su inserción inicial fue más diversificada que la de gran parte de los colectivos de inmigrantes,[20] ello significó que el servicio doméstico y la construcción tuvieron una incidencia mucho menor que en otros grupos y que estaban ocupados en ramas de actividad que solían ofertar empleos de mayor calidad y prestigio social como son los servicios inmobiliarios, la industria, educación-sanidad y transporte-comunicaciones. Como dijimos en un trabajo anterior, se situaban como "cabeza de ratón" y, en ocasiones, en la "cola del león" (Actis y Esteban, 2008: 107).

Este panorama presenta perfiles diferenciados de acuerdo al sexo y al período de llegada a España (ver Tabla 7.6). Los hombres que llegaron entre 1976 y 1983 se insertaron inicialmente en la industria (18%), servicios inmobiliarios y empresariales (18%), sanidad y servicios sociales (12%) y servicios comunitarios y personales (11%). Las mujeres, en cambio, comenzaron su andadura en el mercado de trabajo español concentradas en pocas ramas, "típicamente" femeninas y de menor

20 De acuerdo con los resultados de la ENI, el acceso al primer empleo en España estuvo sesgado por género, país de origen y rama de actividad. En el caso de los hombres, más de la mitad de los nacidos en Rumanía y Portugal tuvieron su primer empleo en la construcción, así como más de un tercio de los ecuatorianos, dominicanos y colombianos. En la agricultura lo hizo más del 30% de los procedentes de Marruecos y Bulgaria, y más del 20% de Rumanía, Ecuador y Bolivia. Entre la población femenina el servicio doméstico fue el primer empleo para el 74% de las bolivianas y más de la mitad de las procedentes de Ecuador, Perú, R. Dominicana y Colombia (Colectivo IOÉ y Fernández, 2010: 420 y ss.).

estatus social como hostelería (27%), trabajo doméstico (18%) y servicios comunitarios y personales (19%).

La inmigración que llegó en los años ochenta y noventa tuvo una inserción laboral diferente. Los hombres, sobre todo en hostelería (20%), comercio (15%) y construcción (10%), pero también en otras ramas con empleos de mayor calidad como servicios comunitarios y personales (14%), industria (11%) y sanidad (11%). Las mujeres ingresaron al mercado de trabajo de una manera más diversificada que las del flujo anterior pero también en algunos sectores considerados "puertos de entrada" como el trabajo doméstico (11%), el comercio (15%) y la hostelería (9%), aunque estuvieron presentes en otros con mejores perspectivas: servicios inmobiliarios y empresariales (22%), industria (14%) y educación (11%). Por último, el flujo migratorio que llegó a partir de 2000 ingresó al mercado de trabajo de forma abrumadora a través de nichos étnicos: en el caso de los hombres, más de la mitad tuvieron el primer empleo en la construcción (24%) y en la hostelería (32%), las mujeres en el trabajo doméstico (18%), el comercio (16%) y la hostelería (28%).

Tabla 7.6. España. Población nacida en Argentina, emigrada entre los 16 y 64 años, según rama de actividad en el primer empleo en España, sexo y período de llegada. A 1 de enero de 2007. En porcentajes

Sexo	Rama Actividad	Período de llegada				Total
		Hasta 1975	1976-83	1984-99	2000-07	
Hombres	Industria manufacturera	45,2	18,1	11,5	10,6	13,3
	Construcción	0,0	5,6	10,0	23,8	17,4
	Comercio y reparaciones	34,6	9,6	15,3	8,7	12,0
	Hostelería	10,8	0,0	20,1	31,9	25,5
	Inmobiliarias-; s. empresariales	9,4	17,6	3,6	9,1	7,8
	Sanidad y servicio social	0,0	11,9	10,9	2,1	5,3
	Serv. a la comunidad y personales	0,0	11,1	14,0	4,3	7,5
	Otros	0,0	26,1	14,6	9,5	11,2
Mujeres	Industria manufacturera	46,1	0,0	14,3	4,6	7,8
	Comercio y reparaciones	0,0	0,0	14,7	16,0	14,9
	Hostelería	23,6	27,3	9,1	28,1	23,2
	Inmobiliarias; s. empresariales	0,0	6,2	21,5	12,0	14,0
	Educación	7,3	11,0	11,4	0,5	3,7
	Sanidad y servicio social	0,0	0,0	2,6	5,5	4,5
	Serv. a la comunidad y personales	14,5	19,3	7,8	5,6	6,7
	Actividades de los hogares	3,2	18,5	11,0	18,3	16,1
	Otros	5,3	17,7	7,6	9,4	9,1

Fuente: INE, ENI y elaboración propia.

En resumen, la inserción inicial en el empleo encontró diferencias notables de acuerdo al sexo, con los hombres mejor posicionados que las mujeres, y según el período de llegada a España, de manera que a mayor antigüedad mejor inserción y viceversa. Los inmigrantes que llegaron en el último flujo migratorio ingresaron al mercado de trabajo "por abajo", en las ramas de actividad menos deseadas. Los inmigrantes que arribaron en los años ochenta y noventa hallaron el primer empleo en ese tipo de actividades, pero también en otras de "mayor calidad". Por último, el grueso de argentinos que llegaron a España en los setenta comenzaron a trabajar en actividades de prestigio social. Por tanto, más allá de las diferencias en la composición sociodemográfica de los flujos, los contextos de recepción parecen haber actuado de un modo determinante en la inserción inicial en el mercado de trabajo.

Si observamos ahora la situación profesional de los argentinos en el primer empleo en España hallamos una tendencia similar a la anterior (ver Tabla 7.7). La proporción de asalariados del sector público y de empresarios disminuyó con el tiempo de residencia,[21] y paralelamente aumentan los asalariados del sector privado. Es decir, los flujos más antiguos estaban más representados en las situaciones profesionales más ventajosas. Por ejemplo, en el flujo del exilio, los empleados públicos alcanzaron el 10% mientras representaron el 6% entre los emigrados en el período 1984-1999 y apenas superaron el 3% entre los arribados durante 2000-2007. Asimismo, la proporción de empresarios en el flujo emigrado en el período 1984-1999 más que duplicó a la del flujo del corralito (17% versus 5% en el caso de los empresarios sin asalariados y 2% frente a ninguno en el de aquellos que tenían empleados a cargo).

No obstante, esta conclusión debe matizarse ya que los empleos en el sector público no son, necesariamente, mejores que los empleos en el sector privado, ni el trabajo por cuenta propia significa siempre una situación más favorable que el trabajo por cuenta ajena. Además, la posibilidad de comenzar la actividad laboral en España en situación de empresario puede demandar un capital inicial que depende, muchas veces, de las condiciones de partida del país de origen, condiciones que hacen referencia a la clase social de los inmigrantes pero también a constreñimientos macroeconómicos coyunturales (por ejemplo en el caso de Argentina, la hiperinflación, el Plan *Bonex*, el corralito financiero, la pesificación forzosa).

---

21 La escasa representación de empresarios en el flujo del exilio puede deberse a un sesgo estadístico pero también a un hecho social. En aquel momento se produjo un aumento de la oferta de puestos de trabajo, cualificados y semicualificados, en grandes empresas del sector privado en proceso de expansión y modernización (energía, telecomunicaciones, banca, seguros). Éstos, podían significar una alternativa mejor que emprendimientos por cuenta propia en términos de estabilidad y oportunidades de promoción.

La situación profesional de las mujeres argentinas en el primer empleo en España fue singularmente diferente a la de los hombres debido a una mayor participación en el sector público y en el empresariado, este último, sobre todo en carácter de trabajadora autónoma (ver Tabla 7.7). Esta situación se percibe en todos los flujos migratorios y era más significativa a medida que aumentaba el tiempo de residencia. Así, entre los emigrados en el período 2000-2007 hubo dos veces más mujeres que hombres asalariados en el sector público (4,1% y 2,1% respectivamente), mientras en los inmigrantes que llegaron entre 1976 y 1983 esa diferencia se multiplicó por cinco (20,8% frente a 4,5%). Asimismo, la proporción de empresarios era del 9% entre las mujeres emigradas en el flujo del corralito, frente al 1,5% de los hombres; y era del 13% en el flujo del exilio frente al 2% de hombres.

Tabla 7.7. España. Población nacida en Argentina, emigrada entre los 16 y 64 años, según situación profesional en el primer empleo en España, sexo y período de llegada. A 1 de enero de 2007. En porcentajes

Sexo	Situación profesional	Período de llegada				Total
		Hasta 1975	1976-83	1984-99	2000-07	
Hombre	Asalariado sector público	0,0	4,5	3,5	2,1	2,6
	Asalariado sector privado	71,6	93,5	77,2	93,4	87,4
	Empresario sin asalariados	18,0	2,0	15,9	1,5	6,8
	Empresario con asalariados	0,0	0,0	3,3	0,0	1,0
	Ayuda familiar	10,4	0,0	0,0	1,0	1,1
	Otra situación	0,0	0,0	0,0	2,0	1,2
Mujeres	Asalariado sector público	6,8	20,8	9,9	4,1	6,2
	Asalariado sector privado	55,5	66,1	66,8	81,2	76,6
	Empresario sin asalariados	34,8	13,0	20,2	9,3	12,7
	Ayuda familiar	0,0	0,0	3,1	1,0	1,4
	Otra situación	3,0	0,0	0,0	4,4	3,1

Fuente: INE, ENI y elaboración propia.

Las causas de este fenómeno obedecen a dos patrones de inserción laboral de la mujer en España. Uno más habitual en mujeres autóctonas que consiste en acceder a puestos de trabajo cualificados en el sector público y en grandes empresas privadas. En este caso, los concursos de méritos permiten salvar la discriminación por género que habitualmente impera en el mercado de trabajo. Otro patrón de inserción laboral, más típico en las inmigrantes extracomunitarias, fue el trabajo en hogares (servicio doméstico, cuidado de niños, enfermos y ancianos) realizando aportes a la Seguridad Social en carácter de trabajadoras autónomas (aunque siempre ha sido un sector con elevados índices de irregularidad). Esta actividad fue uno de los "puertos de entrada" al mercado de trabajo español más transitado por las mujeres extranjeras. Sin embargo, algunos colectivos, como el argentino, también contaron con un volumen elevado de mujeres que comenzaron la actividad económica en España desarrollando actividades empresariales en el sector servicios (hostelería, comercio al por menor, textil). En este caso, el "negocio propio" fue una estrategia de refugio para no caer en el servicio doméstico, una continuidad profesional de la trayectoria ocupacional anterior o un proyecto empresarial que vinculaba a toda la familia (Oso y Villares, 2005).

Aunque la rama de actividad y la relación de dependencia muestran ciertas características del primer empleo, es necesario complementar dicha información con la correspondiente a la categoría ocupacional, ya que dentro de una misma actividad se pueden desempeñar ocupaciones de naturaleza diversa. Para ello, utilizaremos una escala de estatus ocupacional igual a la que empleamos en el análisis del último empleo en Argentina. La explotación de la ENI realizada por el Colectivo IOÉ y Fernández (2010: 113) muestra que, inicialmente, el 68% de los argentinos se insertaron en ocupaciones de tipo manual (51% no cualificadas), una proporción que se encontraba debajo de la media del conjunto de la población inmigrada (83%). Un 9% lo hizo en ocupaciones de carácter administrativo, 20% en ocupaciones técnicas y 3% en directivas. En estos casos, la participación se encontraba por encima de la media del conjunto de inmigrantes.

Las diferencias entre hombres y mujeres fueron significativas en algunos perfiles (ver Gráfico 7.7). La cantidad de hombres que tuvieron su primer empleo en ocupaciones manuales superaba de forma moderada a la de mujeres (71% frente a 65%, respectivamente), pero a su vez éstas estuvieron más representadas en las tareas manuales no cualificadas (60% frente al 44% de los hombres) y menos en las de tipo cualificado (5% frente a 27%, respectivamente). En lo que respecta a las ocupaciones de carácter administrativo, como era de suponer, existió una amplia preponderancia femenina (14% frente a 5%), y en las tareas técnico-profesionales y directivas no hay distinciones considerables.

Gráfico 7.7. España. Población nacida en Argentina, emigrada entre los 16 y 64 años, según situación sociolaboral el primer empleo en España y sexo. A 1 de enero de 2007. En porcentajes

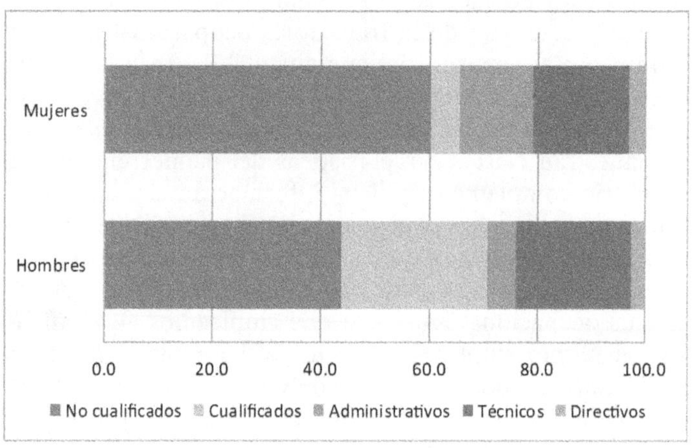

Fuente: INE, ENI y elaboración propia.

El estatus sociolaboral en el primer empleo en España fue claramente distinto de acuerdo al período de llegada, y con una tendencia similar a la señalada en el análisis de la inserción laboral según ramas de actividad y situación profesional: los inmigrantes más recientes ingresaron al mercado de trabajo en una situación menos favorable que aquellos con más tiempo de residencia en España (ver Gráfico 7.8). En este caso, ello se percibe a través del aumento de trabajadores manuales no cualificados y del descenso de técnicos y directivos. Sólo el 20% de los argentinos que emigraron antes de 1976 desempeñaron actividades manuales no cualificadas en su primer empleo, mientras ese porcentaje aumentó al 26% en el flujo del exilio, al 41% en los que llegaron en el período 1984-1999 y, finalmente, fueron más de la mitad de los integrantes del flujo del corralito (51%). Una tendencia similar muestra la inserción de trabajadores manuales cualificados. Por el contrario, descendió significativamente la proporción de aquellos que ingresaron al mercado de trabajo en las categorías superiores: los directivos eran el 3,2% entre los arribados en 1984-1999 y 1,2% en el flujo del período 2000-2007; en la categoría de técnicos y profesionales el descenso fue de 30 puntos porcentuales (del 47% al 12%) desde 1976-1983 a 2000-2007. Como hemos señalado anteriormente, el contexto de recepción aparece como una variable de primer orden para explicar las diferencias en las inserciones laborales en destino.

Gráfico 7.8. España. Población nacida en Argentina, emigrada entre los 16 y 64 años, según situación sociolaboral en el primer empleo en España y período de llegada. A 1 de enero de 2007. En porcentajes

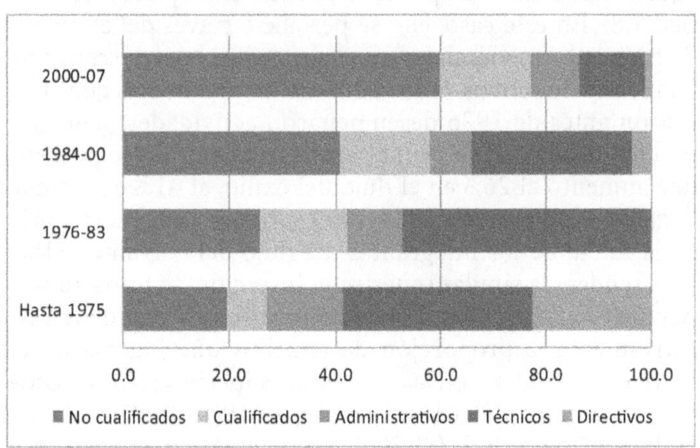

Fuente: INE, ENI y elaboración propia.

A nivel de toda la población ocupada en España de origen extranjero, la desagregación por sexo y país de origen muestra, nuevamente, perfiles diferentes. De acuerdo al estudio del Colectivo IOÉ y Fernández (2010: 112-117), el grueso de los inmigrantes tuvo su primer empleo en España en una ocupación no cualificada, excepto los norteamericanos, y de una manera más matizada, los europeos comunitarios (EU-15). Las diferencias por sexo fueron poco apreciables en los empleos directivos y técnico-profesionales; en cambio hubo diferencias marcadas entre trabajadores administrativos y manuales no cualificados a favor de las mujeres, y en los manuales cualificados a favor de los hombres. También en este aspecto el período de llegada presenta una clara correlación con el estatus ocupacional: cuanto más cercano en el tiempo más peso de las ocupaciones menos cualificadas y viceversa, cuanto más alejado más incidencia de las de alto nivel. Esto parece indicar que las oportunidades para una mejor inserción en el primer empleo fueron mayores en períodos anteriores, y lo fueron para el conjunto de la inmigración extranjera.

Los elevados índices de empleo temporal son una de las características diferenciales del empleo en España, dentro de las economías desarrolladas. La tasa de temporalidad (proporción de temporales sobre el total de asalariados) se mantuvo en torno al 30% desde 1989 y sólo descendió a partir de 2008 (para ubicarse alrededor del 25%), a consecuencia de la fuerte destrucción de empleo temporal que ocasionó la crisis económica. En dicho contexto, los trabajadores de origen extranjero presentaron tasas de temporalidad que duplicaron a la de trabajadores autóctonos. Precisamente, los datos recogidos por la ENI indican que, excepto los hombres nacidos en Francia y las mujeres de Alemania, todos los grupos superaron el 50% de temporalidad en el primer empleo en España. Los argentinos, como se aprecia en la Tabla 7.8, tuvieron tasas superiores al 60% sin distinción significativa según el período de llegada y el sexo (excepto las mujeres arribadas entre 1983 y 1999 que tuvieron una tasa notablemente inferior). Este indicador sugiere que, aunque los inmigrantes más antiguos tuvieron una inserción laboral inicial más favorable que los más recientes y éstos, a su vez, más propicia que otros colectivos de extracomunitarios, la precariedad laboral fue un denominador común entre los inmigrantes argentinos.

Tabla 7.8. España. Población nacida en Argentina, emigrada entre los 16 y 64 años, según duración del contrato o acuerdo laboral en el primer empleo en España, sexo y período de llegada. A 1 de enero de 2007. En porcentajes

Sexo	Duración del contrato	Período de llegada				Total
		Hasta 1975	1976-83	1984-99	2000-07	
Hombre	No sabe	0,0	10,9	7,2	6,5	6,7
	Indefinida	100,0	26,7	24,9	26,7	28,9
	Temporal	0,0	62,5	67,9	66,9	64,4
Mujer	No sabe	0,0	9,5	7,0	10,5	9,5
	Indefinida	34,8	21,0	32,7	20,4	23,5
	Temporal	65,2	69,5	60,4	69,1	67,1

Fuente: INE, ENI y elaboración propia.

Una explicación de este nivel de temporalidad y del diferencial con los trabajadores españoles viene dada porque los sectores económicos donde se concentraron los inmigrantes fueron los que tenían mayores tasas de temporalidad (construcción, hostelería y hogares que emplean personal doméstico), aunque también en cada uno de estos sectores los inmigrantes tuvieron tasas superiores a las de los españoles. Desde esta perspectiva, la menor tasa de temporalidad de las mujeres argentinas emigradas entre 1983 y 1999 se explicaría a partir de su menor participación en el servicio doméstico (11% frente al 18% de las mujeres migradas en 1976-1983 y 2000-2007).

4. La situación en el empleo en 2007

En este apartado describiremos las características del empleo de los inmigrantes a comienzo de 2007, cuando se realizó la ENI. Estos datos tienen una doble significación: por un lado, son los últimos datos disponibles de inserción laboral de argentinos en España con representatividad estadística; por otro, a pesar de que poco tiempo después quedaron desactualizados por el efecto demoledor de la crisis económica sobre el mercado de trabajo, permiten trazar las trayectorias laborales de los inmigrantes a través de tres momentos claves en el proceso migratorio: el último empleo en Argentina, el primero en España y el que tenían en 2007, antes de que concluyera el ciclo expansivo. Por ello, en este apartado analizaremos las mismas variables que en los dos anteriores (la rama de actividad, la situación profesional y el estatus ocupacional), y otras disponibles en este caso como el nivel educativo de los trabajadores, la duración del contrato y el monto del salario.

En el año 2007, más del 80% de los y las argentinos/as que trabajaban en España estaban concentrados en seis ramas de actividad, prácticamente las mismas ramas de inserción en el primer empleo. Los hombres en la construcción (20%), hostelería (16%), comercio y reparaciones (16%), industria (13%), transporte y comunicaciones (11%) y servicios empresariales/inmobiliaria (8%). Las mujeres en hostelería (18%), actividades en los hogares (17%), servicios empresariales/inmobiliaria (16%), comercio (15%), servicios a la comunidad y personales (10%) y sanidad/servicio social (8%). En suma, los hombres se concentraban más en industria y construcción, las mujeres en trabajo doméstico y servicios a empresas, y ambos sexos en comercio y hostelería.

Los perfiles ocupacionales continuaban difiriendo de manera destacada en función del período de llegada a España. Los inmigrantes con mayor tiempo de residencia estaban ocupados en ramas de actividad con mayor estatus social (sanidad y servicios sociales, servicios a la comunidad, transporte-comunicaciones), los que arribaron a partir de 2000, en cambio, estaban más representados en el segmento secundario del mercado de trabajo (hostelería, construcción, servicio doméstico, comercio); y los que emigraron entre 1984 y 1999 se encontraban en una situación intermedia con representación en los dos segmentos (ver Tabla 7.9).

De acuerdo a los datos, y en sintonía con hallazgos previos (Colectivo IOÉ y Fernández, 2010; OIM, 2011; Veira, Stanek y Cachón, 2011), los argentinos presentaron en 2007 una inserción laboral algo más diversificada que el conjunto de los trabajadores de origen extranjero.[22] Es decir, al igual que sucedió con el primer empleo, estaban ocupados en algunas ramas de actividad con elevada concentración de inmigrantes y niveles de precariedad laboral (la construcción, la hostelería, el trabajo doméstico y el comercio), pero también tenían representación en otras con mayor prestigio social como la industria y transporte-comunicaciones, en el caso de los hombres; sanidad-servicios sociales, en el de las mujeres; y servicios a empresas-inmobiliaria, en ambos casos.

---

22 El 70% de los trabajadores extranjeros estaban ocupados en cuatro ramas de actividad: los hombres en la construcción (34%), industria (14%), comercio (11%) y hostelería (10%); las mujeres en el servicio doméstico (27%), hostelería (17%), comercio y servicios a empresas (13% cada uno). En el caso del colectivo latinoamericano, bolivianos y ecuatorianos predominan en la construcción (45%), seguida por la industria (alrededor del 15%). Estas mismas ramas eran las que predominaban entre los originarios de Colombia y Perú (50% y 43%, respectivamente), aunque también estaban presentes en transporte-comunicaciones y los servicios a empresas. El empleo en la agricultura destacaba entre los bolivianos (Colectivo IOÉ y Fernández, 2010: 115-117).

Tabla 7.9. España. Población nacida en Argentina, emigrada entre los 16 y 64 años, según rama de actividad en el empleo en España, sexo y período de llegada. A 1 de enero de 2007. En porcentajes

Sexo	Rama de actividad	Período de llegada				Total
		Hasta 1975	1976-83	1984-00	2000-07	
Hombre	Industria manufacturera	29,1	9,0	10,6	14,4	13,0
	Construcción	8,5	0,0	16,1	23,2	19,9
	Comercio y reparaciones	27,5	15,3	7,5	18,8	15,7
	Hostelería	7,6	3,1	16,3	17,7	16,5
	Transporte y comunicaciones	0,0	23,1	13,4	8,9	10,7
	Inmobiliarias; serv. empresariales	27,3	0,0	10,3	7,8	8,4
	Sanidad y servicio social	0,0	21,5	13,8	0,7	5,3
	Serv. a la comunidad y personales	0,0	20,2	4,8	4,4	5,2
	Otros	0,0	7,8	7,2	4,0	5,4
Mujer	Industria manufacturera	0,0	0,0	11,9	3,4	5,2
	Comercio y reparaciones	0,0	44,0	14,6	14,6	15,2
	Hostelería	0,0	8,2	18,8	17,7	17,8
	Transporte y comunicaciones	0,0	23,4	0,0	2,7	2,5
	Inmobiliarias; serv. empresariales	100,0	0,0	16,9	16,1	16,1
	Sanidad y servicio social	0,0	24,4	18,4	4,7	8,1
	Serv. a la comunidad y personales	0,0	0,0	8,1	10,5	9,8
	Actividades de los hogares	0,	0,0	4,3	20,9	16,7
	Otros	0,0	0,0	6,9	9,4	8,7

Fuente: INE, ENI y elaboración propia.

Ahora bien, es interesante comparar la distribución por ramas de actividad de los argentinos que se encontraban trabajando en España en 2007 y de la población total ocupada en Argentina en 2001 (ver Tabla 7.10). Aunque los resultados deben considerarse con mesura porque son universos distintos, la magnitud de las diferencias es sorprendente y justifica la comparación: los hombres argentinos que trabajaban en España estaban sobrerrepresentados en dos ramas de actividad respecto a sus pares en Argentina: construcción y hostelería (19,9% frente a 9,1% y 16,5%, frente a 2,5%, respectivamente); las mujeres, en servicios a empresas (16,1% versus 6,2%) y también en hostelería (17,8% versus 3,2%). Se trata de actividades que lideraron la creación del empleo durante el *boom* económico en España y actuaron como puertas de entrada al mercado de trabajo.

Tabla 7.10. Población ocupada por rama de actividad y sexo en España (2007) y en Argentina (2001)*. En porcentajes

Sexo	Rama de actividad	España	Argentina
Hombre	Industria manufacturera	13,0	14,2
	Construcción	19,9	9,1
	Comercio y reparaciones	15,7	18,9
	Hostelería	16,5	2,5
	Transporte y comunicaciones	10,7	9,2
	Inmobiliarias; Serv. empresariales	8,4	6,7
	Sanidad y servicio social	5,3	2,9
	Serv. a la comunidad y personales	5,2	3,9
	Otros	5,4	32,6
Mujer	Industria manufacturera	5,2	6,8
	Comercio y reparaciones	15,2	15,2
	Hostelería	17,8	3,2
	Transporte y comunicaciones	2,5	2,2
	Inmobiliarias; Serv. empresariales	16,1	6,2
	Sanidad y servicio social	8,1	9,6
	Serv. a la comunidad y personales	9,8	4,5
	Actividades de los hogares	16,7	17,1
	Otros	8,7	35,2

* En España son personas nacidas en Argentina e inmigradas a España entre los 16 y 64 años. En Argentina es la población total de 14 y más años.Fuente: INE, ENI; INDEC, Censo Nacional de Población, Hogares y Viviendas 2001 y elaboración propia.

Queda claro que el nicho étnico en el que se ubicaron los argentinos era la hostelería y, en el caso de las mujeres, también el servicio doméstico (Veira, Stanek y Cachón, 2011: 236). Asimismo, llama la atención la similitud en la proporción de ocupados en los dos países en otras ramas de actividad: entre los hombres, la industria, transporte-comunicaciones y comercio; entre las mujeres, comercio y servicio doméstico. Estas últimas ramas también eran nichos ocupacionales de inmigrantes extranjeros en Argentina, la primera con una cuota similar a los trabajadores nativos, la segunda con el doble de representación estadística (ver Maguid, 1997: 47-49).

La situación profesional de los trabajadores argentinos en 2007 era similar a la del primer empleo: más del 70% asalariados en el sector privado (75% de hombres y 72% de mujeres), en torno al 16% trabajadores autónomos (16% de hombres y 17% de mujeres), apenas un 4% asalariados del sector público y un 2% empresarios con asalariados (ver Tabla 7.11). Persistían las diferencias respecto al período de llegada y al sexo. Los inmigrantes más antiguos tenían mayores proporciones de asalariados en el sector público (10% en el período 1976-1983 y 6% entre 1984-1999, frente a 3% durante 2000-2007), sobre todo las mujeres. También eran ellas quienes tenían una mayor proporción de autónomos, principalmente las emigradas a partir de 1984. Como ya señalamos, las barreras a la inserción y a la movilidad en el mercado de trabajo explican la mayor participación de las mujeres en el trabajo autónomo y en el sector público, donde priman criterios de acceso y promoción más meritocráticos.

Conocer el estatus ocupacional de los trabajadores argentinos permitirá complementar los análisis precedentes. Los datos ponen de manifiesto que más de la mitad de los ocupados estaban desempeñando tareas manuales (59%) y alrededor de un tercio tareas técnico-profesionales y directivas (33%). Proporciones que dan cuenta de una inserción diversificada, pero en la cual priman los trabajadores que ingresaron en la estructura ocupacional "por abajo". Se trata de un perfil menos extremo del que presentaba el grueso de la inmigración extranjera en España, representado, *grosso modo*, por norteamericanos y europeos (UE-15, excepto Portugal) en empleos directivos y técnicos, latinoamericanos y africanos en empleos "de ejecución".[23]

---

23 El 59% de los argentinos se desempeñaba en ocupaciones de tipo manual y el 33% en ocupaciones técnicas y directivas. En cambio, 76% del conjunto de trabajadores extranjeros se desempeñaba en ocupaciones manuales y 19% en técnicas y directivas (Colectivo IOÉ y Fernández, 2010: 450).

Tabla 7.11. España. Población nacida en Argentina, emigrada entre los 16 y 64 años, según situación profesional en el empleo en España, sexo y período de llegada. A 1 de enero de 2007. En porcentajes

Sexo	Situación profesional	Período de llegada				Total
		Hasta 1975	1976-83	1984-00	2000-07	
Hombre	Asalariado sector público	0,0	0,0	12,6	1,0	4,2
	Asalariado sector privado	56,4	55,8	67,7	79,3	74,6
	Empresario sin asalariados	36,0	44,2	14,1	13,8	15,6
	Empresario con asalariados	7,6	0,0	4,5	1,2	2,1
	Ayuda familiar	0,0	0,0	0,0	0,0	0,0
	Otra situación	0,0	0,0	1,1	4,7	3,4
Mujer	Asalariado sector público	83,7	38,8	6,9	1,3	4,4
	Asalariado sector privado	0,0	43,9	61,3	77,1	71,9
	Empresario sin asalariados	16,3	0,0	25,9	15,1	17,1
	Empresario con asalariados	0,0	17,3	2,4	3,8	3,8
	Ayuda familiar	0,0	0,0	0,0	1,1	0,8
	Otra situación	0,0	0,0	3,4	1,6	1,9

Fuente: INE, ENI y elaboración propia.

La distribución por sexo que se presenta en el Gráfico 7.9 muestra a los hombres ocupando actividades manuales en mayor medida que las mujeres (63% frente a 54%). No obstante, éstas se encontraban sobrerrepresentadas en las ocupaciones manuales no cualificadas (50%), mientras los hombres lo estaban en las ocupaciones manuales cualificadas (26%). En los empleos de tipo administrativo, la presencia de mujeres doblaba a la de hombres (11% frente a 5%, respectivamente), como era previsible; y en las ocupaciones más prestigiosas, técnicos y directivos, no existían diferencias considerables, aunque había mayor presencia de mujeres en ocupaciones técnicas (29% frente a 25% de hombres). En conjunto, la inserción laboral de las mujeres se encontraba más polarizada entre dos extremos de la estructura ocupacional ("cuello blanco" versus "cuello azul"), la de los hombres era un tanto más diversa, aunque tenían mayor concentración en ocupaciones de tipo manual. Esta distribución coincidía, aproximadamente, con la del conjunto de trabajadores extranjeros en España (ver Colectivo IOÉ y Fernández, 2010: 450).

El estatus ocupacional que tenían los inmigrantes argentinos en España en el año 2007 varía de forma decisiva de acuerdo al período de llegada, igual que constatamos para el primer empleo. En el Gráfico 7.10 se puede apreciar que a medida que los flujos migratorios eran más recientes disminuía la proporción de directivos (24% entre los inmigrantes que arribaron hasta 1975, 17% entre los que llegaron durante el periodo compuesto por los años 1976 y 1983, 12% entre los que lo hicieron durante el periodo compuesto por los años 1983 y 1999 y 3% en el último flujo), al tiempo que se incrementaba la de trabajadores manuales no cualificados.

Gráfico 7.9. España. Población nacida en Argentina, emigrada entre los 16 y 64 años, según situación sociolaboral en España y sexo. A 1 de enero de 2007

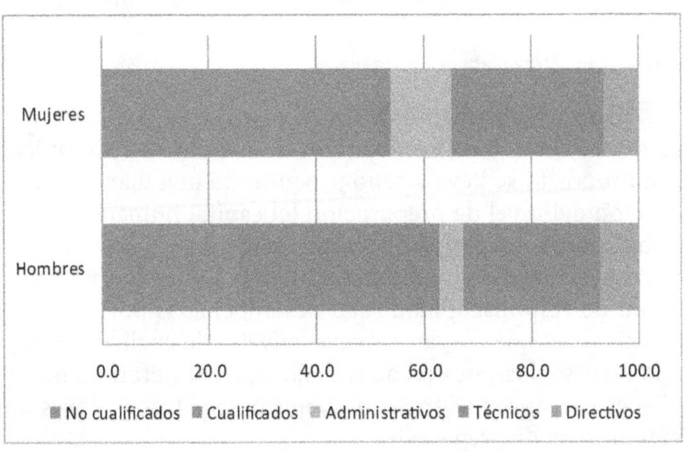

Fuente: INE, ENI y elaboración propia.

Gráfico 7.10. España. Población nacida en Argentina, emigrada entre los 16 y 64 años, según situación sociolaboral en España y período de llegada. A 1 de enero de 2007. En porcentajes

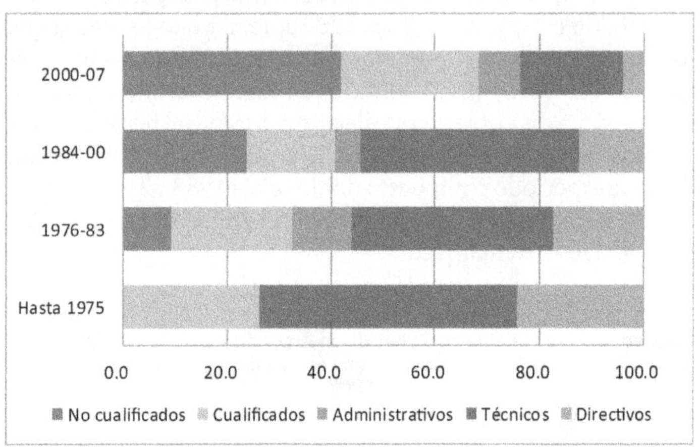

Fuente: INE, ENI y elaboración propia.

El aprovechamiento de los recursos de la población del país debe ser uno de los objetivos de su política económica. Ese propósito se lleva a cabo procurando una máxima adecuación del nivel de preparación (el capital humano) de los trabajadores con el tipo de trabajo ocupado. Cabría esperar, así, que las tareas y funciones de alta complejidad y mayor grado de responsabilidad sean desempeñadas por aquellos trabajadores que tengan mayores niveles de cualificación, y a la inversa, los puestos de trabajo que requieran menores niveles de capacitación sean cubiertos por trabajadores de menor nivel de preparación.

De acuerdo a esta pauta, los datos de la ENI que relacionan el nivel de estudios de los trabajadores de origen extranjero con su situación sociolaboral indican que, si bien existía correlación entre ambas variables para la mayor parte de esa población, había un amplio contingente que ocupaba posiciones en la estructura ocupacional muy por debajo del nivel real de sus cualificaciones (Reher et al., 2008: 108; Colectivo IOÉ y Fernández, 2010: 450).

En este sentido, la Tabla 7.12 demuestra que un 6% de los hombres y un 24% de las mujeres argentinas que estaban trabajando en 2007 se encontraban en esa situación. Si la comparación se extiende a los trabajadores manuales cualificados, hallamos que casi un cuarto de los inmigrantes argentinos con estudios superiores ocupados en 2007 estaba desempeñando tareas manuales (un 23% hombres y un 27% mujeres). Estas magnitudes demuestran un claro desajuste entre el nivel educativo y la posición en el mercado laboral, más agudo en el caso de las mujeres. Una inadecuación que no se registraba en las partes altas de la estructura sociolaboral, ya que los directivos tenían educación media y superior.

Tabla 7.12. España. Población nacida en Argentina, emigrada entre los 16 y 64 años, según situación sociolaboral, nivel de estudio y sexo. A 1 de enero de 2007. En porcentajes

Sexo	Estatus actual	Primarios o menos	Secundarios	Terciarios	Total
Hombre	No cualificados	41,5	31,1	6,3	25,0
	Cualificados	55,5	43,4	16,8	37,0
	Administrativos	0,0	6,9	3,0	4,6
	Técnicos	3,1	14,0	58,1	26,0
	Directivos	0,0	4,6	15,8	7,4
Mujer	No cualificados	83,2	63,9	23,6	48,4
	Cualificados	13,9	2,2	3,1	3,5
	Administrativos	0,0	12,8	13,0	11,9
	Técnicos	2,9	12,1	55,6	29,7
	Directivos	0,0	9,0	4,8	6,6

Fuente: INE, ENI y elaboración propia.

Tres hipótesis complementarias permiten explicar estos desajustes entre oferta y demanda en el mercado de trabajo. La primera, basada en la teoría de la segmentación, lo atribuye al progresivo incremento de la población activa con estudios superiores y una estructura del mercado laboral con un peso cada vez más importante de las categorías laborales inferiores, bajas cualificaciones profesionales y pequeñas empresas. El sistema productivo español ha tenido dificultades cada vez más importantes para absorber un enorme caudal de capital humano con puestos de trabajo apropiados. Por consiguiente, la sobrecualificación de la fuerza de trabajo se ha convertido en una característica intrínseca del modelo de empleo.[24] En España, el porcentaje de población que tiene un nivel de formación superior al adecuado para su puesto de trabajo es el más alto de la Unión Europea y de la OCDE,[25] y es notablemente diferente en trabajadores nativos y trabajadores extranjeros: 24,2% y 42,9%, respectivamente.

La segunda hipótesis, fundada en la teoría del capital humano, apunta a una depreciación del valor atribuido a las calificaciones de los trabajadores de origen extranjero (el valor del capital humano). Ello supone que la educación y la experiencia de los inmigrantes pasaron a tener un valor inferior en el mercado de trabajo que la educación y la experiencia de los nativos (y europeos de la EU-15). Esta pauta puede reflejar diferencias en la calidad de la educación entre autóctonos e inmigrantes o pautas discriminatorias fundadas en mecanismos de "cierre social". En el caso de

---

24 Aunque se han hecho esfuerzos para homologar el modelo de empleo español al de países europeos más desarrollados, aún tiene importantes "rémoras del pasado" (como sucede en Portugal y en Grecia). Éstas producen, entre otros efectos, desajustes entre oferta y demanda. Nos referimos a un *gender regime* muy tradicional, sectores mayoritarios intensivos en mano de obra (construcción, ciertos servicios) y, sobre todo, un empresariado aún muy condicionado por la búsqueda del beneficio inmediato, lo que le dificulta invertir en la modernización. Ello no obsta, sin embargo, a que se den segmentos modernizados de una cierta importancia en banca, algunos servicios públicos (agua, gas, electricidad) y ciertos segmentos de la industria (Banyuls et al., 2009).

25 El informe EURYDICE (2005) señala que menos del 40% de los jóvenes universitarios españoles entre 25 y 34 años trabajaban en puestos adecuados a su nivel de cualificación. En el ámbito de la OCDE (2007), España tiene el nivel de sobrecualificación más alto de los países considerados: 25,5% en el conjunto de la población, mientras la media observada en los países de la OCDE es de 11,9%.

España, los mecanismos más importantes continúan siendo dos: uno es la necesidad de homologar las credenciales educativas obtenidas en el extranjero, y afecta especialmente a quienes tienen un nivel educativo superior y pretenden acceder a ocupaciones de reconocido prestigio (profesiones liberales, pero también otras como maestro o profesor). El otro es la exigencia de ser ciudadano español o de un país de la Unión Europea para acceder a un empleo en el sector público, empleos que, en términos relativos, suelen tener condiciones de trabajo más ventajosas. El primer mecanismo fue especialmente eficaz en el caso de los inmigrantes argentinos, ya que más del 60% de los que tenían educación superior no había homologado sus diplomas.

La tercera hipótesis para explicar el desajuste entre el nivel educativo de los trabajadores y sus ocupaciones hace referencia a la capacidad de las redes sociales para restringir las oportunidades de acceso y movilidad ocupacional. Siguiendo a Portes y Sensenbrenner (1993), sabemos que el recurso que se activa en el mercado de trabajo no son las competencias de los trabajadores, sino su "habilidad" para movilizar dichas competencias ante la demanda. Esa habilidad no deriva de aspectos individuales como la posesión de dinero (capital económico) o de educación (capital humano), sino que es una propiedad del conjunto de relaciones del individuo con los otros. Por eso se dice que el capital social es un producto de la incrustación (*embeddedness*).[26] De acuerdo a este enfoque, autóctonos e inmigrantes tenían diferentes dotaciones de capital social (debido a la antigüedad en el territorio, a las redes de parentesco, la clase social...) y esto se tradujo en inserciones laborales segmentadas (en el segmento primario para nativos y en el secundario para inmigrantes), que, a su vez, reproducen las

---

26 La incrustación puede ser relacional, es decir, ligada a las redes sociales del individuo, en la línea argumental de Granovetter (1985), o estructural si se considera la posición que ocupa el individuo en la estructura jerarquizada de un campo económico específico, como sostiene Bourdieu (2003).

desiguales dotaciones iniciales de capital (humano, económico y social), componiendo un círculo virtuoso.

A continuación analizaremos dos indicadores más a partir de la ENI: la duración del contrato o vínculo laboral y el monto del salario. En cuanto al primero, habíamos visto en el apartado anterior que más del 60% de los inmigrantes argentinos (y más de la mitad del conjunto de inmigrantes extranjeros) tuvieron un contrato o relación laboral temporal en el primer empleo en España. En 2007, los niveles de temporalidad habían disminuido notablemente: ascendían a 39% en las mujeres y 35% en los hombres (Tabla 7.13). La diferencia entre sexos no responde a un patrón identificable. No puede ser atribuida a los sectores económicos en los que trabajaban, porque también los hombres se encontraban en sectores con elevados índices de temporalidad, ni a la condición migratoria *per se*, porque en otros colectivos de trabajadores extranjeros (colombianos, ecuatorianos y bolivianos, entre otros) los hombres tenían un nivel de temporalidad más elevado que las mujeres (Colectivo IOÉ y Fernández, 2010: 449).

Acerca de la relación entre duración del contrato y período de llegada a España, llama la atención que los asalariados argentinos arribados entre 1984 y 1999 tuvieran tasas de temporalidad superiores al 30% después de dos décadas en el mercado de trabajo.[27] Ello se explica porque una porción de los asalariados arribados en las décadas del ochenta y noventa trabajaban en 2007 en sectores con niveles elevados de temporalidad (construcción, hostelería, comercio) y ocupaban posiciones bajas en la estructura sociolaboral donde eran más habituales los contratos temporales. Por consiguiente, un sector de la inmigración argentina estaba sometido a condiciones de precariedad

---

27 Una situación similar al 22% de mujeres que llegaron en la época del exilio, aunque en este caso el tamaño de la muestra pone en entredicho la validez de los datos.

laboral duraderas, a pesar de que llevaba residiendo en España más de 20 años.[28]

Tabla 7.13. España. Población nacida en Argentina, emigrada entre los 16 y 64 años, según duración del contrato o relación laboral, sexo y período de llegada. A 1 de enero de 2007. En porcentajes

Sexo	Duración	Período de llegada				Total
		Hasta 1975	1976-83	1984-00	2000-07	
Hombre	No sabe	0,0	0,0	5,4	4,5	4,6
	Indefinida	51,6	100,0	60,4	58,3	60,2
	Temporal	48,4	0,0	34,1	37,2	35,2
Mujer	No sabe	0,0	0,0	2,2	9,9	8,0
	Indefinida	0,0	77,9	59,6	50,9	52,9
	Temporal	100,0	22,1	38,2	39,2	39,1

Fuente: INE, ENI y elaboración propia.

Por último analizaremos los datos sobre el salario, pero antes de comenzar conviene hacer algunas apreciaciones teóricas previas. Los salarios de los inmigrantes se han analizado en la literatura sociológica como un indicador de "éxito" (convergencia en el mercado de trabajo) o de "fracaso" (estratificación por país de origen) de su integración en la sociedad de acogida, y también para medir el impacto que hayan podido producir sobre las condiciones de empleo de la población autóctona. En cuanto a la primera línea de investigación, los resultados pueden agruparse en torno a dos perspectivas teóricas. La primera, la teoría del capital humano, ha enfatizado las diferencias en función del nivel educativo, de titulación académica, de cualificación profesional, conocimiento, saberes y experiencia laboral. Desde esta perspectiva se sostiene la tesis de la convergencia o

---

28 Con el transcurso del tiempo, la temporalidad laboral tiende a reproducir la particular situación de vulnerabilidad que caracteriza los primeros tiempos de la inmigración porque, en ausencia de soportes sociales y económicos, unido muchas veces a la falta de derechos de ciudadanía, el inmigrante no puede resistirse a ocupar ese tipo de empleos. Así queda conformado el círculo virtuoso vulnerabilidad - temporalidad laboral - vulnerabilidad que caracterizará al nuevo proletariado de origen inmigrante en España (Fundación FOESSA, 2008: 122).

asimilación ocupacional de la inmigración a lo largo del tiempo, es decir, considerando la antigüedad en el mercado laboral (véase Chiswick, 1978; Chiswick, Lee y Miller, 2005; Dickens y McKnight, 2009). El segundo enfoque, la teoría de la segmentación, señala que las diferencias y distribución salarial entre autóctonos e inmigrantes se explican fundamentalmente por la inserción de la inmigración en determinados nichos, segmentos y sectores de actividad del mercado laboral (véase Pedace, 2006; Wang, 2010; Hiebert, 1999; entre otros).

Los estudios realizados en el marco de la segunda línea de investigación coinciden, en términos generales, en que la inmigración, incluso cuando se trata de flujos intensos, tiene un efecto muy limitado sobre los salarios de los trabajadores nativos (Friedberg y Hunt, 1995; Poot y Cochrane, 2005). Otros afirman, incluso, que los efectos son positivos en la medida en que la inmigración favorece la movilidad ascendente de los nativos (Peri, 2007). Pero hemos de remarcar que algunos de los estudios más relevantes, como los realizados por Borjas (2003), concluyen que, aun siendo cierto que el efecto de la inmigración sobre el conjunto de los salarios es muy pequeño, cuando el análisis se reduce a aquellos grupos de trabajadores nativos que comparten características con los inmigrantes (de formación o de edad) el efecto resulta ser mayor, siendo esos trabajadores los que pueden sufrir cierta presión a la baja de sus salarios.

En España, las investigaciones realizadas sobre este tema aún son escasas pero apuntan resultados similares (Carrasco, Jimeno y Ortega, 2005; Pajares, 2007). No han encontrado un efecto apreciable de la inmigración sobre los salarios de los trabajadores nativos (ni sobre sus tasas de empleo). Los datos descartan un panorama general de competencia entre nativos e inmigrados en el que los primeros hayan visto perjudicadas sus condiciones de trabajo por la llegada de los segundos. Más bien apuntan, como ya se ha visto, que la inmigración ha contribuido a la movilidad ascendente de los nativos. No obstante, en la línea de

Borjas (2003), este panorama general incluye el hecho de que los salarios de los trabajadores inmigrantes, también en términos de media, están por debajo de los salarios de los nativos y, por tanto, aquellos grupos de trabajadores nativos que están compartiendo con los inmigrados esas zonas de salarios más bajos no se beneficiaron de la dinámica general descrita.

Pero en este trabajo nos interesa, sobre todo, profundizar en la primera línea de investigación (convergencia o segmentación laboral de la inmigración). Los estudios que han analizado patrones de distribución de salarios entre trabajadores autóctonos e inmigrantes en España corroboraron que los salarios varían de forma considerable de acuerdo al origen nacional de los trabajadores. En términos generales, los inmigrantes procedentes de países desarrollados tenían salarios más altos y una distribución más dispersa que los trabajadores nativos; y al contrario, los inmigrantes de los países en desarrollo tenían salarios más bajos y una distribución que se caracterizaba por un menor nivel de dispersión (Cachón, 2009; Simón, Sanromá y Ramos, 2007).

Los datos de la ENI y la Encuesta de Estructura Salarial permiten arribar a conclusiones de este tipo.[29] De acuerdo a la primera fuente, el 76% de los inmigrantes ocupados en España percibía mensualmente entre 500 y 1.499 euros, el 2% no llegaba a los 500 mientras que el 11% ganaba entre 1.500 y 1.999 euros y otro 10% superaba los 2.000 (el 4% más de 3.000 euros). A su vez, el bloque más numeroso se distribuía entre un 33% que percibía entre 500 y 999 euros

---

[29] Deben hacerse dos consideraciones acerca de los datos. Las fuentes no son comparables en sentido estricto. El universo de la ENI está comprendido por inmigrantes de origen extranjero, por tanto no encuesta a personas nacidas en España, y además mide el salario neto mensual. En cambio, el universo de la Encuesta de Estructura Salarial es toda la población ocupada, lo cual incluye autóctonos y extranjeros, aunque éstos se clasifican a partir de su nacionalidad y no de su país de nacimiento. La información se obtiene a partir de registros administrativos y está expresada en valores brutos, es decir, antes de practicar retenciones impositivas y contribuciones a la Seguridad Social.

y un 44% que ganaba entre 1.000 y 1.499 euros (Colectivo IOÉ y Fernández 2010: 120). De acuerdo a la segunda fuente, es posible saber que los españoles percibieron en 2006 un salario medio mensual más elevado, 1.677 euros (1.893 los hombres y 1.375 las mujeres), mientras los europeos comunitarios recibieron un 1,5% más (1.702 euros, 1.877 los hombres y 1.400 las mujeres). Entre los ocupados extracomunitarios, los latinoamericanos ingresaron 1.150 euros (1.262 y 963, respectivamente), un magnitud similar a los asiáticos (1.121) y superior a los africanos (1.040).

Análisis con datos longitudinales hallaron que la brecha salarial entre autóctonos e inmigrantes tendía a reducirse con el transcurso del tiempo. El estudio de Miguélez y colaboradores (2011) señala que los inmigrantes iniciaron su trayectoria, en los dos primeros años, con salarios bajos pero superiores a los autóctonos debido a que éstos solían ser jóvenes que trabajaban sólo durante determinados períodos del año, aunque los inmigrantes se habían insertado a edades más avanzadas y dedicaban más tiempo al trabajo. A continuación, entre los dos y seis años de antigüedad laboral, no se registraban diferencias salariales, pero posteriormente se abría una brecha salarial entre autóctonos e inmigrantes que sólo se cerraba a partir de los 20 años de antigüedad en el mercado de trabajo. Los autores denominan este itinerario como "trayectoria retardada de la inmigración".[30] Otro estudio de Mario Izquierdo y colaboradores (2009) encontró una asimilación salarial más rápida, entre los cinco y seis años, aunque las diferencias entre nativos e inmigrantes persistían a lo largo del tiempo. Asimismo, las investigaciones hallaron trayectorias diferenciadas de acuerdo al sexo y al país de origen.

---

30 Las diferencias salariales según la antigüedad en el mercado de trabajo también se aprecia claramente entre los trabajadores nativos. De acuerdo a la Encuesta de Estructura Salarial 2006, el salario de los españoles que llevan entre 21 y 29 años trabajando era 125% superior a los que llevaban menos de un año y 15% superior a los llevaban entre 11 y 20 años.

Concentrándose en el quintil salarial más alto, y a través de una regresión logística multinomial, el estudio de Miguélez y colaboradores (2011) halló cuáles eran los factores que más contribuían a percibir esos ingresos. Por orden de importancia, los factores son los siguientes: la antigüedad, el nivel de estudios, el tamaño de la empresa, la movilidad vertical de categoría profesional, el género, el sector de actividad y la edad. En resumen, la literatura española confirma dos cuestiones muy importantes relativas a las diferencias salariales entre nativos e inmigrantes: por un lado, que los factores individuales, típicamente utilizados por el enfoque del capital humano, y los factores estructurales, utilizados por la teoría de la segmentación, son complementarios entre sí; por otro, que la antigüedad en el mercado de trabajo es un factor de primer orden para explicar las desigualdades de ingreso en España.

Por otra parte, es interesante destacar que la desigualdad de género, y otras basadas en atributos individuales como la edad y el nivel de estudios, se perciben en toda la población ocupada en España, ya sea midiendo los salarios anualmente a través de la Encuesta de Estructura Salarial o considerando los salarios de toda la vida laboral mediante la Muestra Continua de Vidas Laborales.[31] A partir de esta última fuente, Miguélez y colaboradores (2011) señalan una cuestión sumamente interesante: la desigualdad de género es menor entre los trabajadores extranjeros que entre los autóctonos debido a que hombres y mujeres inmigrantes

---

31 Según la Encuesta de Estructura Salarial de 2006, los ingresos medios anuales de las mujeres fueron un 36% inferior al de los hombres (16.245 euros frente a 22.051). Según la explotación de la Muestra Continua de Vidas Laborales realizada por Miguélez y colaboradores (2011: 245), considerando el salario medio como índice 100, el salario medio de las mujeres era 13 puntos inferior y el de los hombres cuatro puntos superior. Por otra parte, los más jóvenes, entre 16 y 24 años, tenían un 87% menos de probabilidades de acceder a los salarios altos (5º quintil) que aquellos que tenían más de 54 años. Y para quienes tenían estudios primarios disminuían las oportunidades de promoción a los salarios altos en un 97%, en comparación con aquellos que tenían estudios universitarios.

se encuentran en situaciones más homogéneas (respecto a sectores, antigüedad, tamaño de empresa, tipo de contrato). Así, desde un punto de vista global, puede sostenerse que la "lógica inmigrante" se impone a la "lógica de género" en las desigualdades salariales.

Siguiendo a Cachón (2009: 237), no hay que interpretar las diferencias salariales entre trabajadores nativos e inmigrantes como resultado de una "discriminación salarial directa", sino como la síntesis, en términos salariales, de la agregación de distintas desigualdades (por ejemplo, de educación, antigüedad laboral), diferencias (tipo de contrato) y segregaciones (sectoriales y/u ocupacionales). Por eso, dichas diferencias salariales, tanto las que se producen entre autóctonos e inmigrantes de distintos orígenes como las que hay entre hombres y mujeres o entre jóvenes y adultos, se explican por los sectores donde trabajan, las ocupaciones que ocupan, los estudios que tienen, el tipo de contrato y la antigüedad en la empresa. Y como hemos visto en apartados anteriores, el "perfil obrero" del trabajador inmigrante, asociado a sectores basados en trabajo intensivo como la construcción, la hostelería y los servicios personales, confirma dicha explicación.

En el caso de los inmigrantes argentinos, dos estudios previos analizaron la distribución de los ingresos del trabajo con datos de la ENI. El Colectivo IOÉ y Fernández (2010: 120-121) sitúan a los hombres y mujeres argentinos con salarios mensuales superiores al ingreso medio de los asalariados de origen extranjero (1.218 y 835 euros, respectivamente). Otra investigación, esta vez enfocada en los colectivos procedentes de Sudamérica (OIM, 2011: 85-89), coincide en señalar las brechas de ingresos existentes entre los distintos colectivos, destacando que los argentinos obtenían los ingresos más altos. En ambos estudios, además del sexo y el país de procedencia, el salario presenta correlación con la edad, la situación profesional y los años de residencia en España.

Nuestra explotación de los microdatos de la ENI permite apreciar una distribución de los trabajadores argentinos respecto a los ingresos del trabajo similar a la del conjunto de trabajadores extranjeros en España: tres cuartas partes percibían un ingreso mensual inferior a 1.500 euros, el 12% entre 1.500 y 1.999 y el 13% más de 2.000 (el 5% más de 3.000). Pero como ya hemos tenido ocasión de comprobar, las cifras promedio suelen ocultar situaciones específicas claramente diferenciadas según el sexo y el período de llegada.

En el Gráfico 7.11 se observa una clara disimetría entre hombres y mujeres: el 66% de los hombres percibía menos de 1.500 euros mientras que el 85% de las mujeres se encontraba en esa situación. Dentro de ese grupo, el 68% de las mujeres ingresaba menos de 1.000 euros mensuales mientras sólo el 25% de los hombres se encontraba en esa escala de ingresos. En el extremo opuesto, el 8% de los hombres percibía más de 3.000 euros y solo el 2% de las mujeres estaba en ese tramo de ingresos. Como hemos visto, la desigualdad de género respecto a los ingresos medios obtenidos por el trabajo está presente en toda la estructura ocupacional española y remite, en última instancia, al "techo de cristal" que encuentran las mujeres para acceder a los salarios altos y a las categorías profesionales altas, a tenor de la segregación de género en el mercado de trabajo y del reparto laboral reproductivo desigual que lastra las carreras profesionales de las mujeres (Carrasquer, Martín y Massó, 2007).

Gráfico 7.11. España. Población nacida en Argentina, emigrada entre los 16 y 64 años, según salario medio mensual y sexo. A 1 de enero de 2007. En porcentajes

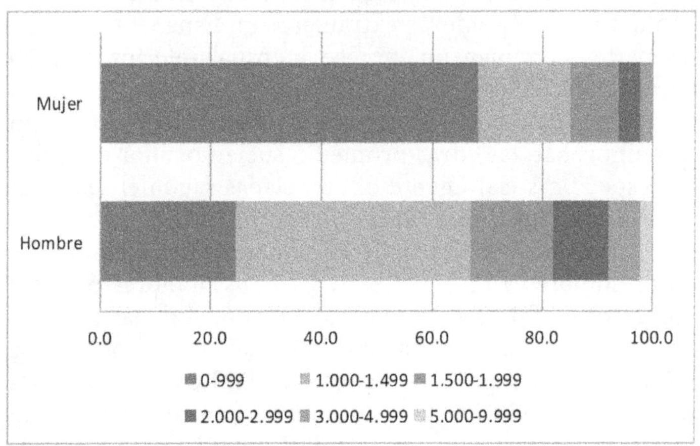

Fuente: INE, ENI y elaboración propia.

En cuanto al período de llegada, se comprueba que el tiempo de residencia juega a favor de mayores ingresos (ver Gráfico 7.12). La mitad de los argentinos que llegaron en el último flujo migratorio (2000-2007) percibía menos de mil euros mensuales, mientras que en esa situación se encontraba sólo el 27% de los que arribaron en el período 1983-1999 y el 21% de los que lo hicieron en la época del exilio (1976-1983). En el extremo opuesto, de aquellos que percibían más de 3.000 euros mensuales, el 3% llegó más recientemente (entre 2000 y 2007), el 8% en el período 1984-1999 y el 30% entre 1976 y 1983.

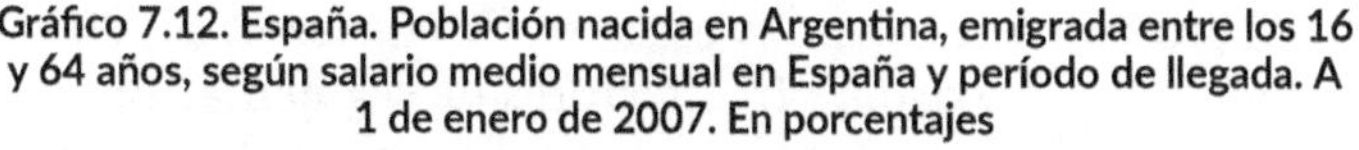

Gráfico 7.12. España. Población nacida en Argentina, emigrada entre los 16 y 64 años, según salario medio mensual en España y período de llegada. A 1 de enero de 2007. En porcentajes

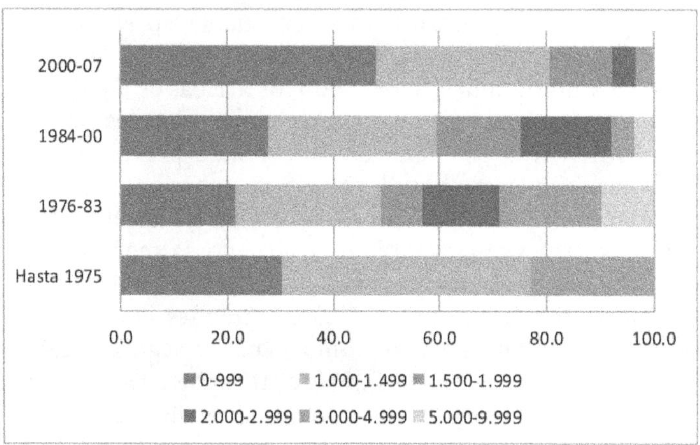

Fuente: INE, ENI y elaboración propia.

La correlación entre los ingresos del trabajo y el tiempo de residencia en España es expresión de otra, más habitual en la sociología del trabajo y ya contrastada empíricamente, entre antigüedad en el mercado laboral e ingresos. Efectivamente, análisis estadísticos de trayectorias laborales confirman que mayor tiempo en el mercado de trabajo se corresponde con mayor salario y calculan que se requieren más de 10 años de antigüedad para llegar al salario medio; por supuesto, manteniendo constantes otros factores que pueden cambiar con el tiempo. Un período similar para autóctonos y extranjeros, aunque a partir de ese momento se abre una brecha salarial entre los dos colectivos que se cerrará, parcialmente, a partir de los 20 años de antigüedad laboral (Miguélez et al., 2011). Por tanto, el período de llegada de los inmigrantes argentinos se confirma, nuevamente, como un factor fundamental para explicar las desigualdades económicas que afrontan los inmigrantes.

Pero como señalan los estudios (Miguélez et al., 2011; Cachón, 2009), existen otros factores de segmentación que intervienen de manera decisiva en la fijación de los salarios en España y que deben tenerse en cuenta en el caso del colectivo argentino. Por ejemplo, en el año 2007 la mayoría de los inmigrantes, sobre todo los arribados a partir de 2000, estaban ocupados en determinados sectores de actividad intensivos en mano de obra donde prevalecían las pequeñas empresas (hostelería 24%, comercio 13%, construcción 10%, servicio doméstico 8%) y las bajas cualificaciones profesionales (60% de trabajadores manuales); al contrario, su presencia era menor en sectores con salarios más altos en los que predominaban grandes empleadores (más de 500 trabajadores), como banca y seguros (1,4%), educación (2,4%), sanidad (4,9%) y transporte (3,5%), y en categorías sociolaborales con niveles altos de cualificación (33% entre técnicos y directivos).

8

La inserción laboral en la voz de los inmigrantes

La investigación cualitativa acerca de las inserciones en el mercado de trabajo y las trayectorias laborales de los inmigrantes argentinos en España cuenta ya con referencias importantes, si bien aún son relativamente escasas y sólo están enfocadas sobre el flujo del corralito. Tanto los estudios pioneros (Novick y Murias, 2005; Oso y Villares, 2005; Castellanos, 2006; Esteban, 2007; González y Merino, 2007) como los más recientes (Schmidt, 2009; Jiménez, 2011; Gandini, 2012) caracterizaron la inserción laboral en términos de precariedad y explicaron esa situación a partir de varios factores específicos.[1] Los más recurrentes fueron: los derechos disímiles que tenían los ciudadanos comunitarios y extracomunitarios entre los factores contextuales y los propios proyectos migratorios de los inmigrantes, el ciclo de vida, la composición de la familia y las dotaciones de capital cultural, social y económico entre los factores asociados con el individuo.

El análisis de datos cualitativos realizado para esta investigación halló resultados similares, no obstante, la

1 Los trabajos de Jiménez (2011) y Gandini (2012) son especialmente interesantes ya que, desde diferentes enfoques teóricos, estudiaron la inserción laboral en el marco más amplio de la trayectoria laboral. Ello, sumado a una mayor perspectiva temporal (el trabajo de campo es posterior al de otras investigaciones), les permitió identificar itinerarios de éxito laboral. Este hallazgo constituye un aporte respecto a los estudios pioneros, ya que éstos se centraron en la descripción de las condiciones de trabajo precarias que tenían los inmigrantes en los primeros empleos en España.

composición de la muestra (que incluyó inmigrantes arribados en diferentes flujos) aportó contrastes y nuevos matices. Siguiendo la estela de los estudios previos, nuestro análisis comienza con una descripción de la precariedad laboral característica de los empleos que actuaron como "puerta de entrada" al mercado laboral. A continuación, se abordan los elementos que explican la precariedad de acuerdo a la opinión de los actores: la discriminación institucional hacia los extranjeros ("la falta de papeles"), dada la incidencia de la irregularidad en el primer período de estancia en el país, el capital social ("los enchufes") como elemento de primer orden para encontrar los primeros empleos, y el capital cultural incorporado o institucionalizado ("la preparación") ya que fue imprescindible para promocionar en la escala ocupacional.

1. La precariedad

Las ocupaciones más habituales entre los informantes que habían emigrado recientemente fueron: relaciones públicas, camarero, profesor en academias, cuidado de personas (niños, ancianos, enfermos, discapacitados), público en programas de televisión, vendedor, promotor, encuestador, teleoperador, ayudante de cocina, vigilante de seguridad, servicio de limpieza y asistente domiciliario (para tareas domésticas).[2]

En general, tenían empleos temporales, mano de obra intensiva, con bajos salarios y carecían de contrato. Estaban más expuestos al desempleo y al pluriempleo y frecuentemente se encontraban sobrecualificados para el puesto de trabajo. No es de extrañar, entonces, que la precariedad laboral ocupara un lugar central en los relatos.

---

2 La bibliografía específica recoge más o menos las mismas ocupaciones. Véase por ejemplo Schmidt (2009: 201); González y Merino (2007: 125-126); Jiménez (2011: 290).

Por otra parte, entrevistamos a inmigrantes más antiguos arribados en los años setenta, ochenta y noventa. Por lo general, esta población tenía empleos en el segmento primario del mercado de trabajo (socialmente deseados, con contratos indefinidos y salarios medios y altos). En estos casos, los relatos no hacían hincapié en la precariedad actual sino en la experimentada en el pasado. Las personas de este grupo recuerdan haber iniciado su trayectoria laboral en España en empleos con características similares a las que tenían los inmigrantes más recientes.

Las palabras de Nicolás ilustran muy bien las condiciones de trabajo que experimentaban los inmigrantes del flujo del corralito recién llegados a Madrid. Este joven rosarino de 25 años, graduado como perito recibidor de granos y oleaginosas, había llegado sin redes de apoyo ni documentación en regla. Comenzó trabajando por las noches de relaciones públicas para un *pub*. Su salario ni siquiera cubría los gastos de alojamiento. Poco a poco fue haciendo amigos y conocidos que lo llevaron "de *pub* en *pub*", siempre como relaciones públicas, hasta que al tercer mes de estadía un restaurante argentino le dio un empleo diurno como camarero. A partir de entonces trabajaba de día y de noche.

> Para que te des una idea no me alcanzaba ni para el hostal porque pagaba 13 euros. Pero digo, bueno, por lo menos ya me estoy relacionando. Me fui haciendo amigos, fui escalando, pasando de *pub* en *pub*, conociendo gente. De lo excitado que estaba que quería salir adelante dormía tres horas por día. Hasta que al segundo o tercer mes de estar trabajando de *pub* en *pub*, los fines de semana, de noche, al revés de todo el mundo, consigo en un restaurante argentino, que queda aquí en la Puerta del Sol. Yo seguía por todos lados dejando currículos, caminando todo el día y de noche trabajando (Nicolás).

Iliana y Silvia, igual que Nicolás, tenían estudios superiores pero trabajaban en el segmento secundario del mercado de trabajo madrileño y se encontraban pluriempleadas. Silvia, ingeniera en sistemas informáticos, era profesora de inglés y matemáticas en una academia y "público" en programas de televisión. Iliana, psicóloga, cuidaba a una persona mayor y era profesora de informática en una academia.

> Estuve trabajando como profesora de inglés y matemáticas en una academia. Y a veces hago de público en "Antena 3" (Silvia).

> Yo en este momento estoy teniendo dos empleos de forma simultánea. Por un lado cuidando a una persona mayor, en parte, ejerciendo mi dote de psicóloga, aunque lo que hago es un poco cuidarla, limpiar y todo lo demás. Y por otro lado, una de las primeras cosas que yo empecé a hacer, cursos especializados de informática para una empresa. Pero como todavía no es una cosa continua, mantengo lo otro como una manera de ahorrar más y, bueno, tener... gastar, por ejemplo, una habitación, comida, etcétera. [...] Con lo que gano tengo para vivir y para poder mandar también. Es decir, entre las dos cosas puedo juntar, digamos (Iliana).

Otros casos similares fueron Gabriela, Macarena y Natalia. Sus trayectorias laborales desde la llegada a Madrid incluyeron diferentes empleos simultáneos a tiempo parcial, sin contrato y con bajo estatus social: figurante en televisión, cuidadora de personas mayores, asistenta domiciliaria, promotora y recepcionista. Eran ocupaciones que realizaban por primera vez y que estaban muy por debajo de sus expectativas iniciales.

> Trabajé vendiendo a tiempo parcial pero no me pagaron. Luego trabajé haciendo figuraciones para programas de televisión que me pagaron cuatro meses más tarde. ¿Qué más? Bueno, estuve dando clases de inglés a través de una academia (Gabriela).

> Aquí he trabajado cuidando enfermos, a personas mayores. En casas particulares. Y en una residencia de estudiantes haciendo de encargada porque hablo inglés, eso me ha ayudado. Había como medio que hacer de traductora (Macarena).

> Y ahora estoy haciendo promociones. Trabajo en una agencia, entonces vas a diferentes sitios a hacer promociones y degustaciones. Y también estoy dando clases de inglés, particulares (Natalia).

La precariedad laboral que se percibe a través de la palabra de los inmigrantes estaba asociada, en términos generales, al escaso tiempo de residencia que llevaban en Madrid. Como hemos visto en el capítulo anterior, la antigüedad en el mercado de trabajo explica, en gran parte, la estratificación ocupacional en España, aunque su impacto puede ser complementario a otros factores. Así, podemos decir que los argentinos emigrados a España después de 2000 gozaron de una peor situación sociolaboral, tenían menos estabilidad en el empleo y percibían salarios más bajos que los inmigrantes arribados anteriormente.

En los relatos de exiliados y otras personas emigradas en las décadas de 1980 y 1990 se pone en evidencia que el tiempo de residencia fue un factor determinante para alcanzar posiciones elevadas en la estructura ocupacional. Este grupo accedió al mercado laboral en posiciones bajas y su última ocupación es el resultado de un largo proceso de movilidad ascendente. La movilidad estuvo asociada a la inversión en capital humano: una gran parte los exiliados continuó o inició estudios universitarios o terciarios en España. La opción por la formación resultó oportuna porque la demanda laboral se estaba transformando hacia una mayor profesionalización de los puestos de trabajo.

Por ejemplo, Tito fue camarero en un restaurante argentino, ayudante de cocina en un restaurante de comida rápida, vendedor de libros en un puesto callejero, encuestador y transcriptor de entrevistas. Simultáneamente estudiaba sociología en la Universidad Autónoma de Madrid. El exilio había interrumpido su carrera de asistente social en la Universidad Nacional de Córdoba en Argentina. Hugo vivió una experiencia similar. Había llegado con su esposa y su hijo pequeño y "sin nada". Estudiaba economía mientras trabajaba como administrativo para el Sindicato de la Marina Mercante en Barcelona. Bruno trabajó en un restaurante y haciendo traducciones y correcciones de estilo para diferentes editoriales junto a su esposa. En poco tiempo "ganó" un puesto como periodista, especialista en Latinoamérica, en el mundo de la prensa comercial que se abrió a partir de la muerte de Francisco Franco. Alberto llegó a Madrid graduado de abogado, pero la necesidad de buscar sustento para él y su familia lo llevó a trabajar como vendedor ambulante, encuestador y empleado administrativo. Luego comenzó a hacer sus primeras armas en derecho laboral en un sindicato.

> Lo primero que hice cuando llegué a España fue trabajar en el sindicato de la Marina Mercante, el sindicato me contrató porque yo salía, como te comenté, de la militancia en el sindicato marítimo [Argentina], y como llegué a Barcelona absolutamente sin nada y con un hijo, el sindicato me contrató, me dio un trabajo y me hizo los papeles para radicarme como residente y luego como ciudadano [...] Terminé una carrera, me hice economista, me hice fotógrafo, también allí estudiando en Barcelona (Hugo).

> El primer trabajo en España duró un día. Fue en un restaurante haciendo las cuentas para las mesas. Te puedo decir que el segundo fue ofreciéndonos, mi primera esposa y yo, para hacer traducciones y corrección de estilo en editoriales. Y conseguimos hacer traducciones de algunos libros y corrección de estilo, corrección de pruebas. En España era el momento de la muerte de Franco. Entonces nosotros, al principio con seudónimos, cuando se escribía sobre Latinoamérica, luego ya con mi nombre. Yo empecé a escribir en *Triunfo*, después empecé a escribir en la revista *Posible*, que era una revista nueva que abrió entonces, tenía ese nombre, "posible", precisamente por lo que se abría en España. En esa época fue cuando yo empecé a escribir. Escribía mucho sobre Latinoamérica (Bruno).

> Una vez que yo llegué a la conclusión de que yo venía para un tiempo largo, no sabía cuánto pero largo; yo me había

recibido en setiembre de 1975 de abogado en Argentina, habíamos instalado junto con un grupo de compañeros que eran estudiantes y otros abogados que ya estaban recibidos en distintos estudios y despachos jurídicos en distintos lugares de Buenos Aires y Gran Buenos Aires con el objetivo de asesorar a cuerpos de delegados, comisiones internas de fábricas, trabajadores en general. Por lo tanto, bueno, debía tratar de hacerlo aquí, debía sobrevivir a través de la abogacía. Y entonces me dediqué durante mucho tiempo a ir a los sindicatos de aquí, por un lado buscando trabajo y por otra parte estudiando ¿no?, participando en las consultas con los abogados españoles. Fui a CCOO y UGT. Los que realmente me acogieron fueron los de UGT, me ofrecieron distintos tipos de trabajo (Alberto).

Las cifras analizadas en el capítulo anterior corroboran que la emigración de argentinos a España no estuvo compuesta solamente por *ólogos* (psicólogos, odontólogos...). Aunque es cierto que el flujo de exiliados tenía un nivel de formación relativamente elevado, no era un grupo homogéneo. Seguramente, los profesionales más destacados alcanzaron un alto nivel de "visibilidad social" que eclipsó al resto. El relato de Marcos pone de relieve que existió otro "tipo" de exiliados, trabajadores manuales sin estudios superiores, que se insertaron en el mercado de trabajo "por abajo" (vendedores ambulantes, encuestadores y transcriptores de entrevistas) pero luego se movieron hacia mejores posiciones. Por tanto, aunque los elevados niveles educativos hayan sido decisivos para la movilidad ocupacional, el tiempo de residencia y un contexto de recepción favorable también fueron determinantes para el ascenso en la escala ocupacional.

Bueno, el tema del trabajo, yo cuando estaba en Argentina también era pintor, pintaba ascensores, con el soplete, lo que se llama pintura a "duco", como lo de los automóviles. Yo trabajaba de eso con mi padre. Cuando vine aquí oscuramente pensé que no quería volver a trabajar en eso, que quería trabajar absolutamente de otra cosa. Tampoco había mucho

> para elegir, pero ya que partimos de cero vamos a partir en la dirección que más o menos quería. Entonces, al principio yo empecé a vender libros, que es lo que hizo bastante gente, vender libros. Después, como eso para mucho no alcanzaba yo me puse a hacer encuestas, que esa es otra cosas que también hicimos muchos. Paralelamente a eso vendíamos cosas en la glorieta de Bilbao, con una mesa vendíamos unos espantosos y horribles muñequitos que se llamaban "familia" y así estuvimos viviendo, más que viviendo sobreviviendo, durante un tiempo. También hay que decir que mi exmujer empezó a trabajar trascribiendo cintas para empresas de investigación de mercado. Y después al poco tiempo, a través de un familiar mío que estaba ligado a una empresa de comercialización y venta de verduras congeladas que era Frudesa me consiguió un trabajo en Frudesa. (Marcos).

2. La discriminación institucional ("los papeles")

Como ya se explicó, el mercado laboral español se encuentra desde mediados de los ochenta entramado profundamente con los sistemas de regulación de flujos migratorios y de residencia en el territorio de personas extranjeras. Los fundamentos de esta política de inmigración han sido esencialmente laborales. Las leyes de inmigración, junto a las transformaciones de la demanda laboral, fueron determinantes en la orientación de la mano de obra extranjera hacia el segmento secundario del mercado de trabajo. Puede decirse, junto con Mario Izquierdo y colaboradores (2009: 669), que aún hoy, a pesar de la crisis, continúa vigente el modelo de inmigración ideado para el trabajo irregular en los empleos sumergidos, inestables y poco calificados.

Para los inmigrantes que llegaron en el flujo del corralito, la falta de permiso de trabajo los relegó automáticamente a los puestos de trabajo más indeseables. Esta situación fue bien documentada por las investigaciones así que no es necesario profundizar en ello; pero sí es interesante señalar las estrategias que los inmigrantes pusieron en práctica para superar la irregularidad. En este sentido encontramos dos grupos: los argentinos que se encontraban tramitando la ciudadanía italiana o española (un caso habitual eran los nietos y nietas de españoles que querían recuperar la ciudadanía de sus abuelos),[3] y los argentinos que aspiraban a conseguir un permiso de trabajo a través del Régimen General.

Para el primer grupo, lo importante era "ganar tiempo" hasta obtener la ciudadanía comunitaria. Encontramos dos formas diferentes de proceder según se tratara de descendientes de italianos o de españoles. Aquellos que estaban "esperando" la ciudadanía italiana procuraban un empleo para subsistir hasta que acabara el trámite, a veces rocambolesco. Buscaban buenas condiciones de trabajo y, como no tenían pretensiones de regularizarse como residentes argentinos, no suponía un problema trabajar sin contrato. En cambio, los argentinos nietos de españoles estaban interesados en obtener una oferta de trabajo porque sólo con un permiso de trabajo y residencia en vigor contaría el plazo necesario de uno o dos años para recuperar la ciudadanía española. Como sostiene Susana a continuación, esperaban cualquier tipo de oferta, real o ficticia, acorde o no con sus expectativas, siempre y cuando fuera formal.

> Lo primero que tenemos que conseguir es un contrato de trabajo para obtener la visa. En el caso de la gente que tiene los papás vivos, o nietos de españoles, en un año de visado pueden hacer el trámite de ciudadanía. En el caso nuestro, que ya han fallecido, a los dos años de tener la visa podemos iniciar un trámite de ciudadanía, siendo nietos de españoles. Esa es la preferencia que tenemos los nietos e hijos de españoles (Susana).

> Tengo todos los papeles. Tiene que salir mi ciudadanía italiana. Lo empecé todo en Argentina. Fui a la embajada italiana, entonces ahí te explican todo lo que necesitas. Y son

3 De acuerdo a la Ley 36/2002, artículos 20 y 22.

> muchísimos papeles. Desde mi bisabuelo hasta mí, pasando por todos los familiares. Para todos partida de nacimiento, el que esté muerto, partida de defunción. De todos traducción. Mandé pedir papeles a Italia. Todos pasar por apostilla. Italia-Argentina, Italia-Argentina. Hasta que juntas todo, haces las carpetas que te piden. Eso tarda muchísimo (Macarena).

Los inmigrantes argentinos que no podía obtener una ciudadanía comunitaria eran los más "desamparados" desde el punto de vista jurídico. Compartían con los "preferentes" la angustia por encontrar un empleador dispuesto a presentar una oferta nominal de empleo ante la administración pública y que no hubiera en el municipio ningún trabajador inscripto como desempleado en la misma ocupación. Recordemos que las concesiones de permisos de trabajo estaban sujetas a la situación nacional de empleo desde la sanción de la primera Ley de Extranjería (LOE 7/ 1985).[4] Por ello, los inmigrantes presentaban la solicitud de permiso de trabajo una y otra vez en diferentes tipos de ocupaciones con la intención de que en alguna oportunidad no existieran españoles desempleados en esa categoría ocupacional. Los casos de Carla y Martín ilustran estas "parábolas ante la ley".

> El tema es este, pidiendo el [permiso] de trabajo te dan el de residencia. Pero no, ni siquiera me ha contestado, me han recibido muy mal, me han tratado fatal, me han tirado los papeles dentro de una carpeta de una manera terrible y bueno, tengo un turno nuevamente este mes para volver a presentarlos de otra manera. Ahora me voy a presentar como secretaria trilingüe, porque yo hablo inglés, francés, italiano. Me dijeron que por ese lado puedo llegar a tener más posibilidades de que me lo den (Carla).

4 Recordemos que el nuevo Reglamento de Extranjería que puso en práctica el primer gobierno de Rodríguez Zapatero, R/D 2393/2004, estableció el Catálogo de Ocupaciones de Difícil Cobertura (CODC) que eximía de la prueba individualizada de la situación nacional de empleo para cada oferta nominal.

> Ahora estoy trabajando en una pequeña empresa de electricidad, de electricista. De hace seis meses. No tengo contrato de trabajo. O sea, yo hice una primera oferta de trabajo en el mes de marzo como electricista, como electromecánico. A los quince días me la rechazaron. Luego me hizo una oferta como técnico en radiofrecuencia para comunicaciones digitales audio y voz. Bueno, lo logré. ¿Por qué? Porque mi oferta anterior, como electromecánico, había seis personas en paro por tres meses. Y el Ministerio de Trabajo me rechaza la oferta de trabajo por la condición nacional de empleo. Entonces hay que buscar algo que nadie lo ofrece (Martín).

Como ya se ha señalado, la asociación del permiso de residencia al de trabajo es un mecanismo perverso porque otorga a la patronal el poder de decidir si el inmigrante puede o no residir legalmente en el país. En algunas oportunidades este poder fue utilizado discrecionalmente por los empresarios. La promesa de una oferta formal de trabajo con vista a la regularización administrativa del trabajador extranjero fue un recurso extendido entre los empresarios para conseguir trabajadores en sectores donde eran escasos y, como señala Sassen (1993), también fue un medio para hacer más dócil a la fuerza de trabajo.

> Actualmente noto que hay una gran contradicción porque hay mucho trabajo de mi profesión, pero hay un nivel de contratación realmente malísimo, malísimo. Hay mucho trabajo en mi profesión, pero el empresario está utilizando armas legales puestas a su servicio para contratar de forma muy mala, rudimentaria. Contratos basura, temporales. Está utilizando la manera de enriquecerse en poco tiempo (José Luis).

> Estuve trabajando en un restaurante argentino siete meses, donde me prometieron hacerme los papeles y no me los hicieron. Yo después me fui (Nicolás).

La falta de "papeles" era un tema especialmente relevante para los inmigrantes, principalmente para los recién llegados, porque contenía además una dimensión simbólica:

el estigma de la ilegalidad. El miedo a ser descubiertos por la policía llevó a muchos inmigrantes a cambiar de hábitos. Por ejemplo, Fátima intentaba pasar desapercibida hablando lo menos posible, Fabián dejó de trabajar por dos meses. Situaciones paradójicas para personas que se identificaban como "laburantes honestos" y que condenaban la transgresión de las leyes en Argentina.

> Desde que se me venció la visa estoy paranoica. Tengo temor de que me paren, de que me pidan el pasaporte. Sé que si no abro la boca paso por española, entonces prefiero estar callada. Lo lamento por otros inmigrantes latinoamericanos a quienes los delata la apariencia (Fátima).

> Un día me paró un policía mientras hacía encuestas. Me preguntó para quién trabajaba, pero uno nunca dice el nombre de la empresa que te da de comer. Decís otra, dentro de lo posible una que sea conocida. Claro que no tenía ninguna identificación. Entonces me pidió los papeles y terminé diciéndole que era ilegal. Me dejó ir, pero del susto por dos meses no hice encuestas (Fabián).

Junto con Schmidt (2009: 213), encontramos que los esfuerzos realizados por los inmigrantes para regularizar su situación jurídica no se corresponden con mejoras sustantivas en las condiciones laborales. El caso de Manolo es paradigmático en este sentido: era ciudadano español y realizaba "chapuzas" como jardinero para sobrevivir. Conseguir "los papeles" no era un reaseguro contra la precariedad laboral ni garantizaba un ascenso en la estructura ocupacional, sino que daba la oportunidad de competir por ello. Es muy importante destacar esto porque durante las observaciones participantes en las reuniones de la Comisión de Acogida de la Casa Argentina, era habitual que los inmigrantes arribados recientemente dijeran que la "falta de papeles" no les permitía encontrar un buen empleo.

> Estoy haciendo un trabajo de jardinería, cosa que en mi vida hice, pero lo estoy haciendo. Una suplencia, algo transitorio,

> una changa. Desde hace un mes. Los dos primeros meses a mí me fueron bastante difíciles. Bueno, encontré ayuda, gente amiga. Invitaciones, debo también rescatar eso [...] No he tenido problemas de papeles. Y tanto es así que voy a cobrar a partir del mes que viene un subsidio que hay para retornados que me corresponde por ser español. Tuve que acreditar los trabajos en Argentina. Pero ese "tramiterío" ya lo completé y me dijeron que a partir del mes que viene ya lo recibiría. O sea que en ese aspecto no he tenido problemas por la ventaja de la nacionalidad española (Manolo).

El "fetichismo de los papeles", como denominamos a esta práctica, alcanzó elevados niveles de realismo hasta el punto de que la obtención de la ciudadanía española fue percibida en algunos casos como un fin en sí mismo. Podría decirse que no sólo tenía un evidente "valor de uso" (el acceso a los derechos de ciudadanía), sino también "valor de cambio": era un bien que se recibía en contraprestación por los padecimientos soportados durante la migración, que se podía "atesorar" por si acaso fuera necesario volver a emigrar en el futuro, o se podía heredar a los hijos para evitarles los padecimientos de una potencial emigración ilegal en el futuro. En suma, la obtención de la ciudadanía española por residencia (después de dos años) era una forma de no irse de España con las "manos vacías" si el proyecto migratorio fracasaba.

> Creo que cuando cumpla un año de residencia legal, que será en septiembre, puedo pedir nacionalidad. Que eso es justo. Estuve averiguando en el Ministerio de Justicia qué pasaba si me volvía. Me decían que no, que me tenía que quedar, porque es para la gente que se quiere quedar. Me parecía un poco raro, porque habiendo cumplido los requisitos, nadie me puede obligar a quedarme. Hoy no me importa el tema, porque pienso quedarme (Gabriela).

> Porque como mi hermana también se puede hacer española, una vez que yo sepa que tengo la nacionalidad, le pasaré los papeles a ella. Así, ya mi sobrina viene como nieta de

> españoles, con los papeles. Y no quiero que venga ahora, por el tema de papeles, cuando se consigan, sí. Porque ella es muy joven y no quiero que venga y se encuentre luego que aquí no es tan fácil. Aunque siendo joven va a tener muchas posibilidades, pero que ya venga organizada y al día con sus papeles (Claudia).

Antes de que se pergeñara este modelo migratorio que combinó entradas y permanencias ilegales con explotación de mano de obra y exclusión social, incluso antes de la sanción de la primera Ley de Extranjería (Ley Orgánica 7/1985 y su Reglamento), la ausencia de una política restrictiva de inmigración eximía a los argentinos de la obligación de tener permiso de trabajo y visado de permanencia. En los testimonios de los exiliados no hay evidencia de que la entrada al país, la residencia y la actividad laboral irregular en Madrid constituyera un problema. Es más, pocos entrevistados recordaron cuándo obtuvieron "sus papeles" y en ningún caso supuso un punto de inflexión en sus proyectos migratorios, como sí ocurrió con los migrantes económicos.

El escritor argentino Héctor Tizón, que estuvo exiliado en Madrid, recordó la existencia de una legislación migratoria que favorecía a los ciudadanos latinoamericanos residentes en España durante el franquismo y la transición. En su reflexión plantea la contradicción que supuso una política de extranjería blanda en tiempos de la dictadura franquista y su posterior endurecimiento durante los gobiernos democráticos.

Al llegar a España, como exiliado, el cadáver de Franco estaba aún tibio y el dictador había tenido (a impulsos de su trasnochada y ridícula megalomanía imperial) una legislación de acogimiento a hispanoamericanos: se les daba un estatus semejante al del español nativo. Esto fue cambiando, para peor, por el régimen de transición y se endureció aún más en el gobierno socialista, por efectos de su política de trabar la inmigración de fuera de la Comunidad Europea.

Fue cuando nació el mote de "sudaca", como meteco. Este profundo contrasentido de la solidaridad y la ética nos afectó a todos (Tizón, 1999: 83).

3. El capital social ("los enchufes")

A raíz de las características del mercado de trabajo español, fragmentado, con una elevada demanda de mano de obra en sectores con una utilización intensiva del trabajo y empleo flexible, el papel de las redes sociales fue fundamental en la captación de trabajadores extranjeros capaces de aceptar condiciones de trabajo socialmente inaceptables para una gran parte de la población autóctona. Además, de acuerdo a la literatura española, las redes actuaron a favor de la formación de nichos étnicos y redujeron las posibilidades de movilidad horizontal y vertical de los inmigrantes (Cachón, 2009; Torres, 2011; Miguélez, et al., 2011).

Las investigaciones pioneras y recientes sobre inmigración argentina en España, constataron que el capital social de los inmigrantes fue determinante para el acceso al empleo, así como a otros recursos importantes (vivienda, documentación, dinero). Además, Jiménez (2011) encontró que el capital social se tornó tanto o más importante que el capital humano porque activó el valor de las credenciales universitarias como capital cultural-escolar, y que el capital social exógeno, del país de destino, fue el más eficiente para lograr mejores puestos de trabajo. Por otra parte, Esteban (2007), González y Merino (2007) y Schmidt (2009) encontraron diferencias en la composición del capital social de los migrantes de acuerdo al período de llegada a España, de manera que a mayor tiempo de residencia en el país más capital social exógeno.

De acuerdo con la explotación de la ENI que realizamos para esta investigación, el 47% de los argentinos emigrados a España se movieron con todo el núcleo familiar,

6% sólo con una parte y 45% solos. Por tanto, la mayoría de los inmigrantes no tenía familiares directos residiendo previamente en el país. Los hallazgos del trabajo de campo reforzaron estos datos: los argentinos que comenzaron a llegar masivamente a Madrid a partir del año 2000 se apoyaron principalmente en "lazos débiles" (Granovetter, 1973): amigos, conocidos y lejanas relaciones de parentesco (familiares españoles de abuelos o bisabuelos emigrados a Argentina). Ello se explica porque las migraciones de argentinos a España no fueron migraciones en cadena, sino flujos masivos acotados a contextos de expulsión bien definidos (la crisis económica de 2001, la hiperinflación de 1989-1991 y la dictadura militar), y estuvieron compuestas, sobre todo, por familias nucleares y personas solas.

Debido a esta situación, los inmigrantes se vieron obligados a construir nuevos lazos sociales de forma inmediata. Esta tarea se logró en espacios compartidos: el lugar de trabajo, la vivienda, el vecindario, o un "sitio de argentinos" que podía ser un locutorio, un bar o la Casa Argentina de Madrid. Los grupos se constituían a partir de dos criterios de pertenencia: el tiempo de residencia en Madrid, sobre todo de "vecindad", y una cierta afinidad con el "otro" que podría calificarse como "étnico-cultural". En otras palabras, había una tendencia a relacionarse con otros argentinos recién llegados con los cuales se compartía un espacio simbólico de reconocimiento mutuo, un "estar unidos ante la adversidad y el extrañamiento", y "acompañarnos en la soledad, en la desgracia". Este tipo de afinidad a veces se hacía extensiva a otros inmigrantes latinoamericanos que también participaban de la experiencia de ser recién llegados a Madrid. Los testimonios de Macarena y José Pedro dan cuenta de ello.

> Yo digo que es un gueto. Somos así como medio un clan. Es la necesidad, ¿no? La necesidad es lo que te va transmitiendo e ir haciendo. Porque escuchamos la música argentina, la radio, vemos los partidos de fútbol, tomamos mate, comemos cosas

> típicas de allá que traen para que compremos. Hablamos, seguimos manteniendo la jerga y tratando de mantener el lenguaje porteño. Pero sí, entonces me rodeo con muchos argentinos (Macarena).

> No tengo gran cantidad de amistades. Sí, bueno, con un ecuatoriano, con William, vive ahí en el barrio, llegué a estar viviendo un mes con él. Y sí, tenemos buena amistad. No quedamos en nada, pero me resultó una persona muy sincera, muy buena. Entonces, cada vez que nos vemos conversamos un rato y nos comentamos las novedades (José Pedro).

Los inmigrantes que llevaban más de dos o tres años en Madrid integraban redes sociales que no estaban compuestas necesariamente por argentinos o por inmigrantes recién llegados. En este grupo, la empatía no se generaba a partir de rasgos étnico-culturales sino a través de intereses comunes: el trabajo, los hijos, una actividad recreativa, estudio, hobby. Además, los inmigrantes más antiguos tendían a frecuentar espacios de socialización diferentes de los típicos de recién llegados debido a una mejora de estatus social (vivían en barrios con menor proporción de vecinos extranjeros y tenían empleos con mejores condiciones de trabajo). En suma, la interacción entre inmigrantes estaba segmentada por el tiempo de residencia en Madrid y, asociada a éste, por la clase social, conjuntamente con otros factores más habituales en las relaciones sociales como son los roles de género y la edad.

La principal fuente de capital social de los inmigrantes económicos fue la expectativa de reciprocidad. La participación en grupos de amigos y conocidos era un medio a través del cual acceder a información imprescindible para la inserción económica y social en la ciudad. Por ejemplo, a través de las redes los inmigrantes se enteraban del funcionamiento del mercado de trabajo y de ofertas de empleo, de cómo relacionarse con la administración pública, de viviendas con una adecuada relación calidad – precio y de cuestiones triviales pero imprescindibles en el cotidiano (dónde conseguir qué). Las redes también enseñaban prácticas de "supervivencia urbana" (por ejemplo, "colarse" en el trasporte público, hablar por teléfono o acceder a internet sin costo, eludir los controles policiales).

Respecto a la inserción laboral, se ha constatado que, casi por regla general, los inmigrantes argentinos hallaron el primer empleo en Madrid gracias a un "enchufe" proporcionado por otros argentinos amigos y conocidos. En este sentido, las redes desempeñaron un papel fundamental para aquellos que no tenían "papeles". Quienes tenían permiso de trabajo tenían la posibilidad de procurar empleo a través de páginas *web* o agencias (públicas y privadas), pero los indocumentados sólo podían acceder a un puesto de trabajo por recomendación de otra persona.

Como se ha mencionado en el apartado anterior, en la mayor parte de los casos el primer empleo tenía condiciones de trabajo precarias. Además, era habitual que los inmigrantes se encontraran pluriempleados y que rotaran entre diferentes puestos de trabajo y entre el empleo y el desempleo. En los primeros meses de estadía en Madrid registramos una elevada movilidad horizontal, resultado de la búsqueda permanente de mejores condiciones de trabajo, o de estabilidad, y a razón de las relaciones sociales que se iban construyendo. Ello prueba que en el caso de los argentinos en Madrid, las redes sociales no constituyeron nichos étnicos ni redujeron las posibilidades de movilidad.

En suma, la etapa de llegada correspondió a una inserción laboral en el segmento secundario del mercado de trabajo a través de redes de inmigrantes recién llegados, sobre todo argentinos, e independientemente de la formación y la experiencia laboral. Los empleos de baja cualificación pasaron de unas manos a otras en una especie de "carrera de relevo". Los que llegaban ocupaban el lugar de un inmigrante que había llegado antes y halló un empleo mejor (González y Merino, 2007: 142). Ahora bien, si lo que se pretendía era medrar socialmente, como señala Jiménez (2011: 311), los inmigrantes tenían que salirse de las redes de connacionales en busca de otras posibilidades de inserción.

Los estudios sobre el exilio argentino en Madrid y Cataluña (Jensen, 2007; Mira, 2004; Mira y Esteban, 2007) abordaron sólo tangencialmente el papel de las redes sociales en la inserción laboral, haciendo hincapié en la constitución de redes temáticas transnacionales de carácter político enfocadas a la defensa de los derechos humanos y a la lucha antidictatorial. Nuestro trabajo de campo, en cambio, indagó acerca de la composición de las redes sociales (locales), las fuentes y las funciones del capital social de cara a la inserción económica y social en Madrid.

Así puede decirse que las redes sociales de los exiliados estuvieron constituidas fundamentalmente por amigos. Los vínculos se construyeron en la ciudad de origen, antes del desplazamiento, y en Madrid, durante la etapa exiliar. Debido a las circunstancias traumáticas que rodearon la salida de Argentina (clandestinidad, tortura, prisión), el papel de las redes fue fundamental en la etapa de acogida. A partir de entonces, y en poco tiempo, los amigos se trasformaron en una familia sustituta. Por ejemplo, era habitual que los amigos se llamaran unos a otros "hermano" y que los niños llamaran tíos a los amigos de sus padres y primos a los hijos de éstos.

Sin embargo, los grupos eran excluyentes. El miedo a ser descubierto por los servicios secretos de la dictadura y la afinidad política actuaron a favor de una exhaustiva selección de las amistades durante los primeros años del exilio. La confianza y la ideología fueron poderosos mecanismos de discriminación. Por eso los amigos fueron reclutados entre las personas que ya se conocían en Argentina (sobre todo compañeros de militancia) y a veces entre desconocidos con referencias comprobables (amigos de parientes, de otros amigos o de "compañeros"). Así, frente al carácter decididamente instrumental del capital social de los inmigrantes económicos, la solidaridad por principios ideológicos fue la principal fuente de capital social entre los exiliados. Ésta generó dos tipos de efectos complementarios y al mismo tiempo contradictorios, por un lado, apoyo material y emocional, por otro, un fuerte control social, aunque este último no era una consecuencia del exilio, sino que fue una práctica habitual en las organizaciones político-militares en Argentina.

> Veníamos de todos los sectores, podían venir montoneros, del ERP, del PC, socialistas, gente que no tenía un partido definido pero que eran perseguidos; y había médicos, abogados, ingenieros, había de todos los colores, obreros, intelectuales, y generalmente había desconfianza: nadie sabía quién era quién. Veníamos con la obsesión de que éramos todos perseguidos, de que caminaban por la calle mirando hacia atrás, de que había grandes delaciones en la Argentina, había desaparecidos, había muertos, había presos. Entonces siempre mediaba un grado de desconfianza. Generalmente encontrábamos amigos que ya nos conocían de antes, que sabían quiénes éramos, qué habíamos hecho, dónde habíamos estado. Y eso fue limitando esa desconfianza que, durante el año 1976, fue bastante fuerte. Había gente que en la calle no se saludaba, miraba para otro lado, cruzaba la calle, o decía no recordarte; trataban de no hablar de nada, no daban sus señas, daban otros nombres. Todo eso se fue diluyendo con el tiempo (Héctor).

La actitud sectaria fue menguando con el tiempo. En este caso se cumplieron las palabras de Eugène Ionesco, de que "las ideologías separan, pero los sueños y la angustia unen". La necesidad de obtener recursos económicos, ante la imposibilidad de solicitar subvenciones públicas, obligó al exilio a salir fuera del gueto argentino".[5] El clima político

---

5 El exilio, a diferencia del asilo político, no implicaba el reconocimiento de derechos particulares por parte del Estado receptor. Por tanto, desde un punto de vista económico y político, los exiliados argentinos residían en España en calidad de inmigrantes extranjeros. Si bien el ACNUR estaba implementando programas de ayuda a los refugiados desde 1974, no fue sino hasta 1984 cuando se promulgó en España la Ley 5/1984, de 26 de Marzo Reguladora del Derecho de Asilo y de la Condición de Refugiado.

que vivía España, caracterizado por una gran efervescencia política, social y cultural ("la época de la transición" y del "destape") les devolvió el sueño de construir una sociedad mejor. Pero el sectarismo también retrocedió debido al propio proceso de reflexión que hicieron los exiliados en el que cuestionaron las prácticas de las organizaciones político-militares argentinas, entre las que se encontraba el férreo control social sobre los militantes.

En el proceso de incorporación a la actividad económica resultó fundamental el capital social de los exiliados. En general, los primeros empleos que ocuparon se encontraban en el segmento secundario del mercado de trabajo (ocupaciones como camarero/a, ayudante de cocina, vendedor/a, encuestador/a, transcriptor/a de entrevistas) y el acceso se produjo exclusivamente a través de las redes sociales.

> Me dediqué durante mucho tiempo a ir a los sindicatos de aquí, por un lado buscando trabajo y por otra parte estudiando, ¿no? Participando en las consultas con los abogados españoles. Fui a CCOO y UGT. CCOO en ese momento era un sindicato muy mítico porque venía de la resistencia al franquismo. La UGT era otra cosa distinta. Por lo tanto, en principio mi primera intención era insertarme en CCOO, pero la vida fue distinta. Los que realmente me acogieron fueron los de UGT, me ofrecieron distintos tipos de trabajo (Alberto).

> El primer trabajo fue por un argentino que tenía un restaurante de argentinos que se llamaba "La Estancia". No sé cómo lo conocí, eso que vas conociendo gente, sea en la casa argentina o en otro sitio. Estuve una semana, porque justo me salió otro que fue en un restaurante de estos americanos que vende pollo frito, que otro amigo argentino, de mi pueblo, dejaba el trabajo. O sea que mis dos primeros trabajos tuvieron que ver con contactos argentinos. En ese que era restaurante argentino, solo había argentinos y trabajaba en una cocina en un sótano así que no veía más que argentinos, estuve solo una semana. Pero en el otro, claro, a mediados de 1978 yo estaba rodeado de españoles en mi trabajo. Entonces

> empecé a ver que había gente de Cádiz, de Sevilla, de Segovia, de Madrid (Tito).

Estos datos ponen de manifiesto que la situación relativamente favorable de los exiliados en el mercado de trabajo español fue el resultado de un proceso de movilidad hacia posiciones más ventajosas que se produjo posteriormente. La evidencia empírica apunta que si bien el capital social fue importante durante el proceso de movilidad, otros tres factores también resultaron significativos: el mayor nivel relativo de capital cultural de los exiliados respecto a la población autóctona, una legislación migratoria menos restrictiva y las transformaciones estructurales que experimentó el mercado de trabajo en aquella época (el incremento de la demanda de trabajadores calificados, la mejora de las condiciones de empleo y las sucesivas regulaciones que hicieron prevalecer la antigüedad sobre otros factores de segmentación (Miguélez et al., 2011).

4. Capital cultural incorporado o institucionalizado ("la preparación")

De acuerdo a datos de la ENI, en el conjunto de argentinos emigrados a España en edades comprendidas entre los 16 y los 64 años predominaban las personas con educación secundaria completa (41%) y educación superior (35%). Puede decirse, entonces, que el capital cultural institucionalizado era uno de los principales capitales con los que contaban los inmigrantes.[6] Ahora bien, como plantea Jiménez (2011: 304), las credenciales educativas estaban sujetas a dos

6 Bourdieu (1979) distingue entre capital cultural incorporado que se encuentra ligado al cuerpo y supone la incorporación de conocimiento por parte del sujeto; capital cultural en su estado objetivado en apoyos materiales (tales como escritos, pinturas, monumentos, etc.) que se definen solamente en su relación con el capital cultural en su forma incorporada; y el capital cultural institucionalizado bajo la forma de títulos escolares.

vías de validación: una *de iure y* otra *de facto*. En el primer caso, debían sortear procesos formales de homologación instituidos por la administración pública. Era un trámite por el que pasaban habitualmente las titulaciones universitarias, solía ser engorroso y hasta 2002, cuando cambió la normativa, podía demorar varios años.[7] En el segundo caso, los títulos eran reconocidos de un modo cuasiinformal como capital cultural incorporado por el conjunto de cualificaciones que suponen (saber hacer, conocimiento teórico-práctico específico). Esto ocurría, sobre todo, con diplomas de educación secundaria y algunos diplomas universitarios en profesiones no reguladas o en áreas de conocimiento técnico.

En el trabajo de campo encontramos, además, que tanto para mantener como para cambiar de puesto de trabajo se activaban disposiciones que no sólo habían sido adquiridas durante la escolarización, sino que habían sido incorporadas durante todo el proceso de socialización y ponían en práctica saberes menos específicos, aunque distintivos, que pueden definirse en términos de Bourdieu y Wacquant (2005) como *habitus* de clase.[8] Se trata de disposiciones atribuidas a la clase media verificables en ciertas actitudes hacia el trabajo como la creatividad, el esfuerzo, el afán de progre-

---

7 La Orden ECD/3305/2002, de 16 de diciembre, por la que se modifican las de 14 de marzo de 1988 y 30 de abril de 1996 para la aplicación de lo dispuesto en el Real Decreto 104/1988, de 29 de enero, sobre homologación y convalidación de títulos y estudios extranjeros de educación no universitaria, agilizó el trámite de homologación reduciendo el tiempo de demora de forma considerable.

8 Bourdieu define *habitus* como "subjetividad socializada", la cual emerge de la participación de los agentes sociales en diferentes campos sociales y tiende a reproducir sus estructuras y principios organizadores objetivos (Bourdieu y Wacquant, 2005). *Habitus* refiere a una matriz de disposiciones, categorías de percepción y criterios clasificatorios de prácticas que los individuos adquieren por medio de su socialización desde la temprana infancia. Según Bourdieu, este concepto también es un atributo de colectivos (grupos o clases sociales) y de los campos sociales. El *habitus* de clase refiere a las disposiciones, visiones del mundo, sentimientos y prácticas compartidos por aquéllos que tienen condiciones de vida similares o, en términos del autor, que ocupan posiciones cercanas en el espacio social.

so y la autonomía que significaron una ventaja comparativa respecto a los trabajadores nativos, acostumbrados a coyunturas de estabilidad económica, de bienestar social y a un mercado de trabajo más institucionalizado, pero también frente a otros inmigrantes menos preparados.[9]

Ahora bien, respecto a la validación *de iure* de las credenciales educativas, los testimonios ponen en evidencia que constituyó un punto de inflexión en las trayectorias laborales de los inmigrantes. Fue un evento decisivo, aunque no suficiente, para "huir" de los empleos manuales donde habían comenzado su andanada en el mercado laboral madrileño y acceder a empleos cualificados, aunque en condiciones de precariedad. Con el transcurso del tiempo las condiciones de trabajo solían mejorar, en la medida que la antigüedad en el puesto de trabajo es un factor de movilidad decisivo, aunque era frecuente que persistieran otros factores de segmentación como el sexo o el sector de ocupación.

> Estoy por cumplir un año, lo cual se va a convertir en mi segunda mayor estabilidad de mi vida. Y en relación de dependencia, y con contrato, y con sueldo, con paga extra. Trabajo en un estudio de ingenieros consultores, en Madrid. Estudio que, de casualidad, resultó ser muy importante. Estoy muy contento, aprendiendo muchísimo, y eso también me influye (Damián).

Frente a las dificultades para homologar las titulaciones, o la ineficacia de hacerlo en ciertos campos y sectores económicos, constatamos, junto con Jiménez (2011), que operó una validación práctica del capital cultural que permitió el acceso a empleos cualificados en empresas privadas. Los trabajadores eran seleccionados mediante entrevistas personales a las que se

---

9 Son actitudes características de las clases medias, tanto de las "tradicionales" (ocupaciones de baja cualificación y productividad donde cada vez son más escasas las oportunidades de movilidad ascendente) como de las "competitivas" (donde la educación formal, el entrenamiento informal y las aptitudes competitivas permiten aspirar a la movilidad ascendente), de acuerdo al análisis de Mora y Araujo (2002) sobre la estructura social en Argentina.

accedía a través de contactos privilegiados, un mecanismo relativamente paralelo de validación a la homologación de titulaciones que realizaba el Estado. Sin embargo, hay que señalar que nuestros testimonios dan cuenta de una incorporación en condiciones de trabajo inferiores a las que correspondían a un puesto de esa naturaleza.

Por consiguiente, si bien el reconocimiento del capital cultural incorporado permitió a los inmigrantes acceder a empleos no manuales y de cierto prestigio social, los empleos constituían una "estación secundaria" en la cadena de movilidad que conducía a la cúspide de la pirámide ocupacional. En estos casos, el acceso a puestos directivos sólo se podría lograr mediante la homologación del título universitario.

Por último, en relación a las disposiciones atribuidas al *habitus* de clase media hay que decir que, efectivamente, era habitual en los inmigrantes recurrir a unas disposiciones flexibles para realizar diversas tareas, a veces simultáneas, con arrojo, tenacidad, inventiva y deseos de superación personal.[10] Disposiciones aprendidas en coyunturas adversas y que a veces estaban relacionadas con cierta permisividad a la trasgresión en Argentina. Por ejemplo, Isabel trabajaba como asistenta en una casa, y recientemente también había comenzado a trabajar como vendedora en una inmobiliaria con el afán de progresar, aunque no tenía experiencia ni formación específica para esa tarea. Jorge, también pluriempleado, trabajaba de publicista por las mañanas, su antigua profesión en Buenos Aires, y de "portero" por las tardes, sin conocimiento del oficio.

---

10 Esta actitud ya fue señalada por otros autores, aunque no conceptualizada de la misma forma. González y Merino (2007: 127) hallaron que los argentinos se movían en los diferentes entornos laborales con salidas ingeniosas, brillantes, creativas, con una postura más flexible y una mayor capacidad de improvisación. Gandini (2012: 243) sostiene que los inmigrantes argentinos apelaron a la informalidad, con la que ya se encontraban familiarizados, como una estrategia de aprovechamiento de oportunidades que ofrecían determinados sectores del mercado de trabajo. Jiménez (2011: 203), por su parte, señala que las coyunturas de crisis en Argentina promovieron una gran capacidad de adaptación ante situaciones adversas, en las que más que nunca se precisa del principio "cambiar para conservar" si se quería mantener la posición social.

> Ahora estoy trabajando en una inmobiliaria, como comercial. Pero que a la vez tampoco es algo que me pareció bueno, sigo de asistenta, porque en este momento es tanta la incertidumbre de no tener un sueldo... de saber que voy a llegar a fin de mes y cobro. Hasta el momento, que yo estoy en la inmobiliaria, no vendí nunca un departamento; hace poco que estoy, pero bueno. Y estoy permanentemente con esa ansiedad y angustia de estar buscando trabajo y buscando trabajo, hasta que encuentre algo (Isabel).

> Yo tengo un trabajo ahora de medio tiempo. Trabajo por las tardes. Hago una suplencia en una conserjería en una comunidad. Por la mañana estoy en una empresa de marketing, que entré hace quince días. Pero es una cosa nueva (Jorge).

Si bien la mayoría de estas ocupaciones eran "tradicionales", otras fueron novedosas. Se trató de ocupaciones importadas desde Argentina que encontraron en Madrid condiciones para multiplicarse, a raíz de la experiencia y del contexto migratorio: malabaristas en semáforos, bailarines de tango y profesores de ritmos latinos, contadores de cuentos y teatro leído, ventrílocuos, mimos o paseadores de perros. La lista es tan larga como ecléctica y demuestra cómo los inmigrantes apelaron a la "picardía criolla", a un "plus de conocimiento" como lo define Aruj (2004: 124), para "salir adelante".

9

La movilidad ocupacional

1. Aspectos teóricos

En la literatura sociológica el término movilidad ocupacional hace referencia a los movimientos de los individuos y de los grupos entre las distintas posiciones socioeconómicas y se relaciona con la estratificación social (Giddens, 1991: 330). La movilidad ocupacional vertical es el término utilizado para explicar los movimientos ascendentes o descendentes en la escala socioeconómica, es decir, incrementos o pérdidas relativos a los ingresos pero también al status social y profesional de los individuos (Horan, 1974; Giddens, 1991). La movilidad horizontal se refiere a cambios de lugar de residencia o bien a cambios entre sectores de actividad económica, con posibles repercusiones sobre las posiciones de categoría socioeconómica de los individuos. A su vez, la movilidad intrageneracional examina esos movimientos durante toda la vida laboral de un individuo o referida a episodios y transiciones acontecidas durante cierto período concreto de tiempo. Estos son los tipos de movilidad que analizaremos en este apartado y tendrán como objetivo saber si la emigración a España permitió a los argentinos mejorar la condición socioeconómica que tenían en su país de origen.

Un problema en discusión son los indicadores de la movilidad. En la sociedad industrial moderna se utiliza, generalmente, la estructura ocupacional, y dentro de ésta, el cambio de una profesión de "cuello azul" a otra de "cuello blanco" es uno de los indicadores de movilidad laboral ascendente más contrastados (Goldthorpe, Llewellyn y Payne, 1980). Sin embargo, en la actualidad no es suficiente ya que muchos puestos de trabajo de cuello azul tienen mejores retribuciones salariales que los de cuello blanco y, además, como ha demostrado Braverman (1983), muchos trabajos de cuello blanco se han descualificado a través de la automatización y la taylorización del proceso productivo. Por tanto, renunciamos a construir un solo indicador sintético de movilidad y optamos por una triangulación de tres indicadores ya utilizados en los análisis previos: la situación profesional, la situación sociolaboral y la duración del contrato.

El primero enfoca, sobre todo, las condiciones de asalariado o autónomo para explorar si el trabajador ha ganado o perdido control y autoridad sobre su trabajo y el de otros. El segundo contempla la movilidad entre categorías que clasifican fundamentalmente los campos concretos de trayectoria que los individuos suelen hacer: el técnico-profesional, el administrativo y el manual (a su vez dividido en cualificado y no cualificado). Asimismo, son campos que componen una escala subjetiva de prestigio socio-ocupacional. Esta clasificación, además, tiene la ventaja de que se puede extrapolar a la clásica división de Goldthorpe entre clase de servicio, clase intermedia y clase obrera (Goldthorpe, Llewellyn y Payne, 1980).[1] El tercer indicador mide la duración del contrato y se refiere así a una mayor o menor estabilidad laboral. Un contrato indefinido tiene un componente "prospectivo", como es la posibilidad de un aumento

---

1 Los directivos corresponden a la denominada clase de servicio (posición I del esquema de Goldthorpe), los técnicos y administrativos son ocupaciones de "cuello blanco" y corresponden a las clases intermedias (posiciones II a V del esquema), los trabajadores manuales, ocupaciones de "cuello azul", son asimilables a la clase obrera (posiciones VI y VII). Ver Goldthorpe, Llewellyn y Payne 1980: 40-43.

salarial, un ascenso o acceso a la formación continua, que no existe en un contrato temporal.[2]

Desde el trabajo pionero de Thomas y Znaniecki (2004), *El campesino polaco en Europa y en América*, los investigadores emprendieron en reiteradas oportunidades el análisis de la movilidad social y ocupacional asociada a la movilidad geográfica de los inmigrantes. Gran parte de los estudios se realizaron siguiendo la lógica del ciclo "organización-desorganización-organización" propuesto por Thomas y reformulado por otros autores de la Escuela de Chicago. Ese fue el caso de la investigación seminal de Chiswick (1978) sobre el patrón de movilidad ocupacional en forma de "U" que siguieron los inmigrantes extranjeros en su proceso de asimilación a la sociedad estadounidense. Este patrón supone que la inserción laboral inicial se produce en categorías inferiores a las que tenían en el país de origen pero, a medida que aumentan la antigüedad en el mercado de trabajo y adquieren competencias, tienen la posibilidad de escalar posiciones hasta volver a la categoría ocupacional que tenían antes de la emigración.

La literatura que se ha producido en la estela de Chiswick ha mostrado que la movilidad ocupacional inicial es, sobre todo, una movilidad descendente a la que sigue una "contra-movilidad" ascendente aunque sea limitada (Weiss, Sauer y Gotlibovski, 2003). Aquella movilidad descendente se ha explicado por los problemas de transferibilidad de cualificaciones (Chiswick, Lee y Miller, 2005); por la mayor o menor "proximidad" económica, cultural o lingüística entre país de origen y de destino que facilita o dificulta

---

2 Goldthorpe, en sus últimos escritos, hizo hincapié dentro de su esquema en las relaciones de empleo, más que en la idea de la situación laboral centrada en cuestiones relativas al control, el poder y la autoridad dentro del empleo (Goldthorpe y Marshall, 1992). De este modo, llama la atención sobre diferentes tipos de contratos. No obstante, su distinción entre contrato laboral y de servicios se basa en cuestiones de orden cualitativo mucho más amplias que la duración temporal del contrato, a pesar de que en España la temporalidad del vínculo laboral es un buen indicador de la calidad del empleo.

esa transferibilidad (Redstone, 2006); o por la insuficiencia de capital humano inicial de los migrantes, ya que se apunta que los nuevos flujos suelen ser menos cualificados que la población autóctona (Borjas, 1995).

La investigación sobre la inmigración en España se incorporó recientemente a este debate. Hasta hace pocos años, no era posible valorar trayectorias laborales de inmigrantes debido a que los investigadores sólo disponían de datos transversales y a que había transcurrido un breve período de tiempo desde la llegada de flujos masivos. No obstante, las investigaciones pioneras ya señalaban que los inmigrantes se encontraban en franca desventaja respecto a la población nativa (Cachón, 1995). Como hemos visto en capítulos anteriores, los investigadores hallaron que los inmigrantes tendían a desempeñar las ocupaciones de baja cualificación, complementarias a los autóctonos y que la segregación ocupacional contribuía sobremanera a explicar la desventaja salarial (Simón, Sanromá y Ramos, 2007; Cachón, 2009). Asimismo, constataron la mayor exposición de los inmigrantes a la temporalidad y la sobreeducación (Reher et al., 2008; Cachón, 2009; Colectivo IOÉ y Fernández, 2010).

Estudios longitudinales más recientes a partir de la explotación de la ENI y los registros de vidas laborales de la Seguridad Social, permitieron contrastar hipótesis de la literatura internacional para el caso de España. A partir de la primera fuente, diversos estudios constataron que la emigración significó una notable movilidad laboral descendente para los inmigrantes, seguida por una paulatina "contramovilidad" parcial (Reher et al., 2008; Cachón, 2009; Colectivo IOÉ y Fernández, 2010). Utilizando la segunda fuente Miguélez y colaboradores (2011) señalaron la significativa movilidad ascendente que siguió la trayectoria laboral de los inmigrantes en España, aunque no llegaron a alcanzar el nivel de los nativos, ni el que tenían en sus países de origen (Izquierdo, Lacuesta y Vegas, 2009). Estos estudios señalaron la relevancia del nivel educativo y de la zona de origen de los inmigrantes para explicar los patrones de movilidad.

Hasta el momento no conocemos estudios con representación estadística sobre la movilidad laboral de los inmigrantes argentinos en España. Las investigaciones publicadas fueron realizadas desde una perspectiva cualitativa, a partir de tipos de muestreo no probabilístico, y se enfocan sólo a los emigrantes arribados en el último flujo masivo (Gandini, 2012; Jiménez, 2011). Nuestro trabajo, en cambio, considera una muestra estadísticamente representativa de toda población argentina residente en España en 2007. El objetivo es contrastar la hipótesis de Chiswick comparando la situación profesional, la situación sociolaboral y la temporalidad en tres episodios de la trayectoria laboral del inmigrante: el último empleo en Argentina, el primero en España y el que tenían en ese país a comienzo de 2007. Debe aclararse que en cada una de las transiciones de una a otra situación sólo se analizarán datos de población ocupada que haya cambiado de empleo. Ello implica que el universo de análisis es diferente en cada etapa (por motivos diversos como defunciones, reemigraciones, paso a la inactividad o a la actividad), de ahí que los totales de las tablas no coincidan.

2. La movilidad ocupacional de los argentinos

El análisis de la movilidad laboral desde el último empleo en Argentina al primer empleo en España comienza con la evolución de la situación profesional (Tabla 9.1). Una lectura global, y simplificada, de la tabla puede hacerse a partir de la diagonal (valores en fondo gris). Los valores que se encuentran sobre ese segmento indican la proporción de inmigrantes cuya situación profesional no se modificó (74% de hombres y 68% de mujeres); por encima de la diagonal se sitúan los que experimentaron una movilidad descendente (18% de hombres y 21% de mujeres) y por debajo los que mejoraron su situación (7% de hombres y 10% de mujeres). La valoración global indica que la mayoría continuó en la misma situación, sobre todo los hombres, y sólo una minoría, entre las que predominan las mujeres, descendió de posición.

Tabla 9.1. España. Población nacida en Argentina, emigrada entre los 16 y 64 años, según situación profesional en el último empleo en Argentina y en el primero en España por sexo. A 1 de enero de 2007. En porcentajes

Sexo	Último empleo en Argentina	Primer empleo en España				
	Situación	Empresario	Autónomo	Asalariado	Otros	Total
Hombre	Empresario	0,0	0,0	3,5	0,0	3,5
	Autónomo	0,5	4,1	12,9	1,7	19,3
	Asalariado	0,0	1,7	70,4	0,2	72,3
	Otro	0,0	1,2	3,7	0,0	4,9
	Total	0,5	7,0	90,5	1,9	100,0
Mujer	Empresario	0,0	0,4	5,0	0,0	5,4
	Autónomo	0,0	3,4	12,3	0,7	16,4
	Asalariado	0,0	9,0	64,6	3,4	77,0
	Otro	0,0	1,1	0,0	0,0	1,1
	Total	0,0	13,9	82,0	4,1	100,0

Fuente: INE, ENI y elaboración propia.

Una lectura matizada permite resaltar que prácticamente todos los hombres asalariados en Argentina reprodujeron la misma situación en el primer empleo en España (70,4%), excepto 1,7% que se convirtieron en trabajadores autónomos. Aquellos que fueron empresarios, todos ocuparon empleos asalariados (3,5%), también la mayoría de los que fueron trabajadores autónomos (12,9%), aunque un grupo pequeño mantuvo la categoría (4,1%) o mejoró su situación pasando a tener asalariados a cargo (0,5%). La movilidad de las mujeres siguió una tendencia similar. Del 77% que fueron asalariadas en el último empleo en Argentina, el 64,6% mantuvieron la misma situación en el primer empleo en España y el 9% se transformaron en trabajadoras autónomas. Por otra parte, del 21,8% de argentinas que fueron empresarias (16,4% trabajadoras autónomas y 5,4% empresarias con asalariados), la mayoría se reconvirtieron en asalariadas (17,3%), excepto el 3,8% que mantuvieron la categoría, todas en calidad de autónomas.

En síntesis, para la mayoría de los inmigrantes argentinos en España la emigración se tradujo en un proceso de proletarización ya que, considerando el último empleo que esta población tuvo en Argentina, aumentó la proporción de asalariados y disminuyó la de autónomos y empresarios. Entre los hombres, los asalariados aumentaron del 72% al 90% y entre las mujeres del 77% al 82%. En ambos sexos, la ocupación se concentró en el sector privado (97% y 92%, respectivamente). En sentido contrario, se redujo la proporción de empresarios (con y sin asalariados) del 22,8% al 7,5% entre los hombres y del 21,8% al 13,9% entre las mujeres. La menor contracción que presentaron las mujeres en esta categoría se explica por su participación en el trabajo doméstico y otros servicios (por ejemplo, docentes de apoyo escolar, monitoras en actividades deportivas) como trabajadoras autónomas.

Para valorar con más precisión el carácter de la movilidad vertical transnacional es preciso abordar ahora el indicador situación sociolaboral (ver Tabla 9.2). Igual que hicimos antes, realizamos primero una lectura simplificada de la información que brinda la tabla a partir de la diagonal (valores en fondo gris). Así, observamos que en torno al 40% experimentó un descenso de categoría sociolaboral entre el último empleo en Argentina y el primero en España (45% de los hombres y 50% de las mujeres); otro tanto permaneció en la misma posición (38% de los hombres y 43% de las mujeres) y una minoría se movió hacia una categoría superior, principalmente hombres (17% frente al 7% de mujeres).

Se trata de un proceso similar al que vivió el conjunto de la inmigración en España: el 44% de los inmigrantes empeoró su situación sociolaboral después de la emigración contra el 11% que pudo mejorarla (Colectivo IOÉ y

Fernández, 2010: 432). Si la comparación contempla sólo a los inmigrantes extracomunitarios, encontramos que el 54% había descendido de ocupación respecto a la que tenía en origen, frente a un 14% que ascendió y un 33% que se mantuvo en la misma categoría ocupacional (Aysa-Lastra y Cachón, 2013: 35).

Tabla 9.2. España. Población nacida en Argentina, emigrada entre los 16 y 64 años, según situación sociolaboral en el último empleo en Argentina y en el primero en España por sexo. A 1 de enero de 2007. En porcentajes

Sexo	Último empleo en Argentina	Primer empleo en España					Total
		Directivos	Técnicos	Administrativos	Cualificados	No cualificados	
Hombre	Directivos	0,4	3,2	0,7	1,8	4,0	10,1
	Técnicos	0,5	11,0	2,8	6,1	11,0	31,5
	Administrativos	0,0	0,4	0,9	2,2	3,0	6,4
	Cualificados	0,0	1,8	0,0	9,7	10,0	21,4
	No cualificados	0,0	4,1	1,1	9,0	16,2	30,5
	Total	0,9	20,5	5,5	28,8	44,2	100,0
Mujer	Directivos	2,5	0,1	2,0	0,0	3,8	8,4
	Técnicos	0,0	13,7	8,0	3,2	21,3	46,3
	Administrativos	0,3	1,9	1,7	0,0	7,9	11,9
	Cualificados	0,0	0,1	0,0	1,2	3,8	5,1
	No cualificados	0,3	2,4	1,4	0,7	23,5	28,3
	Total	3,1	18,3	13,1	5,2	60,3	100,0

Fuente: INE, ENI y elaboración propia.

Efectivamente, la evolución de las posiciones de los inmigrantes en la estructura sociolaboral, entre el último empleo en Argentina y el primero en España, denota una brusca movilidad descendente. Disminuyeron de forma significativa los trabajadores de "cuello blanco" (del 56% al 30%), principalmente directivos (del 9% al 2%) y aumentaron los trabajadores manuales (del 43% al 70%), sobre todo no cualificados (del 29% al 51%). En ese marco, se pueden distinguir matices en las trayectorias de trabajadores y trabajadoras. En el caso de los hombres, entre aquellos que fueron trabajadores manuales en el último empleo en Argentina (52%), la mayoría permaneció en la misma situación (45%) y sólo 7% experimentó movilidad ascendente, sobre todo, a la categorías de técnico (6%). Asimismo, un

10% de aquellos que fueron trabajadores manuales cualificados descendieron a la categoría "no cualificado".

En el extremo opuesto de la escala sociolaboral, los que partieron habiendo ocupado puestos directivos (10%) padecieron una brusca movilidad descendente, la mayoría se reconvirtieron a trabajadores manuales (6%) y el resto a categorías intermedias (3% a técnicos y 1% a administrativos). Sólo un 0,4% conservó la categoría. Los inmigrantes que ocuparon categorías intermedias en Argentina (38%) también experimentaron movilidad descendente hacia empleos de "cuello azul" (22%), aunque en esta oportunidad un grupo considerable permaneció en las mismas posiciones (12%) y un escasísimo 1% pudo ascender después de la emigración. Como se puede apreciar, las posiciones intermedias tienen la particularidad de que cambiaron de composición después de la emigración: gran parte de los que fueron técnicos y administrativos en Argentina se "movieron hacia abajo" cuando se insertaron en la estructura laboral española, mientras un volumen significativo, aunque inferior al anterior, de trabajadores manuales se "movieron hacia arriba" ocupando categorías intermedias.

Las mujeres vivieron trayectorias similares. La mayoría de las trabajadoras manuales permanecieron en esa misma situación al llegar a España (29% de un total de 33%) y un grupo reducido experimentó una movilidad ascendente (4%), sobre todo hacia la categoría de técnico (2,5%); un 4% de las cualificadas perdieron esa condición. Las que emigraron habiendo desempeñado puestos directivos en el último empleo en Argentina (8,4%), sólo una minoría pudo reproducir esa posición en España (2,5%), el resto "se movieron hacia abajo" ocupando empleos manuales (4%) y administrativos (2%). Un itinerario similar siguieron las mujeres que se habían desempeñado como técnicas (46%) y administrativas (12%) antes de la emigración: la mayoría se insertó en el mercado de trabajo español en empleos de "cuello azul" (24% y el 8% respectivamente). En este caso también se produjo un cambio de composición en estas categorías de las mismas características que el descrito antes para los hombres.

En resumen, la emigración representó, en un primer momento, una pérdida de estatus neta para la mitad de los argentinos. Los que habían ocupado empleos de "cuello blanco" en su última actividad económica en Argentina experimentaron un proceso de proletarización después de la llegada a España. Por el contrario, para una minoría la emigración significó una oportunidad para progresar en la pirámide ocupacional, trabajadores "de cuello azul" que se "movieron" hacia categorías intermedias. Los sentidos e intensidades de la movilidad fueron análogos en ambos sexos, no obstante, las mujeres padecieron la movilidad descendente en mayor medida que los hombres porque partían de una situación más ventajosa en el mercado de trabajo argentino (estaban menos representadas en las categorías inferiores y más en las intermedias).

La comparación de la duración del vínculo laboral de los inmigrantes asalariados en Argentina y en España indica que la mayor parte experimentó un empeoramiento de la calidad del empleo asalariado (pasando de indefinidos a temporales) y que fueron muchos menos quienes experimentaron una mejora (de temporales a indefinidos). El desglose por sexo que se presenta en la Tabla 9.3 muestra que el 44% de los hombres y el 45% de las mujeres pasaron de trabajador fijo a temporal después del desplazamiento. Por el contrario, el 4% de los hombres y el 5% de las mujeres pasaron de tener un contrato temporal en Argentina a uno indefinido en España. Como ya advertimos, los mayores índices de temporalidad se traducen en precariedad laboral porque suponen, entre otras cosas, trayectorias laborales discontinuas, menos oportunidades de promoción y acceso a la formación, menos derechos adquiridos por antigüedad (indemnización por despido, accidente de trabajo, prestación por desempleo) y la tendencia a perpetuar la inseguridad.

Tabla 9.3. España. Población nacida en Argentina, emigrada entre los 16 y 64 años, según duración del contrato o acuerdo laboral en el último empleo en Argentina y en el primero en España por sexo. A 1 de enero de 2007. En porcentajes*

Sexo	Último empleo en Argentina	Primer empleo España		Total
		Indefinida	Temporal	
Hombre	Indefinida	25,3	43,8	69,1
	Temporal	3,7	27,2	30,9
	total	29,0	71,0	100,0
Mujer	Indefinida	13,9	45,4	59,3
	Temporal	5,0	35,7	40,7
	Total	18,9	81,1	100,0

*Quedan excluidos 2.974 casos de hombres (7,5%) y 2.201 de mujeres (7,7%) que respondieron no saber qué duración tenía su contrato. Fuente: INE, ENI y elaboración propia.

A partir de aquí nos centraremos en la movilidad laboral en España, desde el primer empleo al último registrado por la ENI (con fecha de referencia 1 de enero de 2007). Es pertinente señalar de nuevo que, en este caso, la población analizada será la que estaba en aquel momento en el mercado de trabajo y que cambió alguna vez de empleo. Es un universo diferente al anterior debido, por un lado, a defunciones y reemigraciones y, por otro, a la incorporación a la actividad económica de jóvenes que estaban aún en el sistema educativo y a la salida de quienes llegaron a la edad de jubilación.

En primer lugar, indagamos la situación profesional de la población ocupada de origen argentino a finales de 2006, respecto a la situación profesional en el primer empleo. Los datos de la Tabla 9.4 ponen de manifiesto que, en término medio, tres cuartas partes no cambiaron de situación laboral (77%, valores de la diagonal), 16% se encontraba en una situación más favorable (valores por encima de la diagonal) y tan solo 7% experimentó una movilidad descendente (valores por encima de la diagonal). Esa evolución fue análoga en hombres y mujeres.

Tabla 9.4. España. Población nacida en Argentina, emigrada entre los 16 y 64 años, según situación profesional en el primer y último empleo en España y sexo. A 1 de enero de 2007. En porcentajes

Sexo	Último empleo en Argentina	Primer empleo en España				Total
	Situación	Empresario	Autónomo	Asalariado	Otros	
Hombre	Empresario	0,0	0,0	0,0	0,0	0,0
	Autónomo	0,0	0,0	4,4	0,0	4,4
	Asalariado	1,7	11,9	76,3	3,6	93,5
	Otro	0,0	0,7	1,1	0,3	2,1
	Total	1,7	12,6	81,8	3,6	100,0
Mujer	Empresario	0,0	0,0	0,0	0,0	0,0
	Autónomo	0,9	6,7	5,6	0,0	13,2
	Asalariado	3,9	9,6	68,7	0,0	82,2
	Otro	0,0	0,8	1,7	2,1	4,6
	Total	4,8	17,1	76,0	2,1	100,0

Fuente: INE, ENI y elaboración propia.

La trayectoria comprendida entre el primer y el último empleo en España modificó ligeramente el porcentaje de asalariados en ambos sexos de 89% a 79%. En el caso de los hombres, los asalariados se redujeron en 11 puntos porcentuales y constituían el 82% de los ocupados a finales de 2006. Ese grupo estaba compuesto por una mayoría de trabajadores que fueron asalariados (76,3%) desde la primera actividad económica en España y por un pequeño grupo de antiguos autónomos (4,4%). Una evolución similar registraron las mujeres: disminuyó la proporción de asalariadas, aunque en una magnitud algo inferior (de 82% a 76%), la mayor parte tenían esa categoría desde la primera relación laboral (68,7%) y otro grupo pequeño se incorporó después de "perder" la condición de trabajadora autónoma (5,6%).

Los empresarios, con y sin trabajadores, registraron un aumento significativo. En el primer caso, de ninguno a 3%, en el segundo, de 8% a 14%. Esta tendencia se registró en ambos sexos. En 2007 había 13% de hombres trabajadores autónomos, de los cuales prácticamente todos fueron asalariados en la primera relación laboral, es decir, ninguno de ellos había comenzado su trayectoria laboral como autónomo y aquellos que lo habían hecho no pudieron conservar ese estatus. Entre las mujeres hallamos una situación diferente, ya que el conjunto de trabajadoras autónomas (17%) estaba compuesto por dos grupos: por un lado mujeres que tuvieron ese mismo estatus desde en el primer empleo (7%), por otro, mujeres que fueron asalariadas (10%). Los empresarios con asalariados eran, sobre todo, mujeres (5% frente a 2% de hombres) y fueron, mayoritariamente, asalariadas en el primer empleo.

En síntesis, la situación laboral en 2007, respecto a la que existía en el primer empleo en España no experimentó modificaciones sustanciales, pero da cuenta de una escueta movilidad ascendente y, de ese modo, revierte la experimentada en el tránsito trasnacional. Se trata de una tendencia similar a la del conjunto de trabajadores extranjeros, aunque en este caso el descenso de asalariados y el incremento de autónomos fueron algo menores. Un balance comparativo encuentra similitudes en las proporciones de asalariados y empresarios con trabajadores a cargo y destaca la mayor proporción de autónomos en el colectivo argentino, respecto a otros colectivos de inmigrantes extracomunitarios.[3]

En la Tabla 9.5 presentamos los datos de la situación sociolaboral de los inmigrantes a 1 de enero de 2007, respecto a la que tuvieron en el primer vínculo laboral. En términos agregados, observamos que algo más de la mitad permanecía en la misma categoría (48% de los hombres y 65% de las mujeres, valores de la diagonal), 34% había ascendido (38% de hombres y 28% de mujeres, valores por debajo de la diagonal) y 11% se encontraba en una situación más desfavorable (14% de hombres y 7% de mujeres, valores por debajo de la diagonal). Conforme a estos datos

---

3 De acuerdo a los registros de la Seguridad Social de 2007, entre los trabajadores extranjeros todos los porcentajes de autónomos eran muy bajos (comparados con la media del conjunto de la población, el 16,3%), excepto el de los chinos que era especialmente alto (28,8%). Por detrás de ese grupo, salvando el caso de los comunitarios (22,2%), eran los argentinos quienes tenían el porcentaje de trabajadores autónomos más alto (10%), seguido de los cubanos (7%) (Pajares, 2007: 48).

puede decirse que la situación sociolaboral de los inmigrantes experimentó un cierto progreso. En términos generales, acompañó la tendencia de movilidad ascendente del conjunto de inmigrantes extranjeros.[4]

Tabla 9.5. España. Población nacida en Argentina, emigrada entre los 16 y 64 años, según situación sociolaboral en el primer y último empleo en España según sexo. A 1 de enero de 2007. En porcentajes

Sexo	Primer empleo	Último empleo					Total
		Directivos	Técnicos	Administrativos	Cualificados	No cualificados	
Hombres	Directivos	1,1	0,0	0,0	0,0	0,0	1,1
	Técnicos	2,6	12,9	1,2	2,3	1,4	20,4
	Administrativos	0,3	0,0	0,6	1,3	3,0	5,2
	Cualificados	1,6	3,3	1,5	15,7	4,7	26,8
	No cualificados	2,2	5,5	2,3	18,5	18,0	46,5
	Total	7,7	21,7	5,7	37,9	27,1	100,0
Mujeres	Directivos	3,6	0,5	0,0	0,0	0,4	4,5
	Técnicos	1,2	13,4	0,5	0,0	3,3	18,5
	Administrativos	0,0	5,2	4,4	0,0	1,5	11,1
	Cualificados	0,9	0,7	1,7	2,1	1,0	6,4
	No cualificados	3,5	7,9	5,1	1,8	41,1	59,5
	Total	9,2	27,7	11,8	3,9	47,3	100,0

Fuente: INE, ENI y elaboración propia.

En cuanto a los hombres, entre aquellos que ingresaron en el mercado de trabajo español desempeñando ocupaciones manuales (73%), prácticamente la mitad se movió hacia "arriba" (13% a categorías intermedias, 4% a directivos y 18% a trabajadores cualificados) y otro tanto permaneció en la misma situación (34%). Sólo el 5% descendió a la categoría trabajadores no cualificados. La movilidad hacia la cima de la pirámide ocupacional se produjo desde todas las categorías, incrementando significativamente la propor-

---

4 Según el análisis de Reher y colaboradores (2008: 117), se puede concluir que en su conjunto la población inmigrante en España presentó una tendencia hacia la movilidad ascendente: disminuyó el peso de las personas que ocupaban posiciones de trabajadores no cualificados a la vez que se incrementó la participación en otras categorías, sobre todo en la de trabajadores cualificados. Cachón (2009: 239 y ss.) y Colectivo IOÉ y Fernández (2010: 464) llegan a las mismas conclusiones.

ción de directivos (7,7%), mientras el camino inverso no registró ningún caso. El tamaño relativo de las categorías intermedias prácticamente se mantuvo constante desde el momento de la inserción laboral (en torno al 26%), aunque cambió una parte de su composición, igual que sucedió en la transición del último empleo en Argentina al primero en España.

En el caso de las mujeres, la mayoría de las trabajadoras que ocuparon las posiciones más bajas en el primer empleo en España, permanecieron en la misma situación en 2007 (43% de un total de 66%), una proporción significativa promocionó a categorías superiores (4% a directivas, 9% a técnicas, 7% a administrativas y 2% a trabajadoras cualificadas) y tan sólo 1% descendió. En el extremo opuesto de la escala observamos un notable incremento relativo de directivas debido a un doble movimiento: por un lado, conservaron su posición las mujeres que tenían esa categoría desde la inserción laboral (3,6%), por otro, promocionaron trabajadoras manuales (5%) y técnicas (1%). En las categorías intermedias se produjo una situación similar a la anterior, estableciendo una diferencia con las trayectorias de los hombres: aumentó la proporción relativa de técnicas y administrativas (de 30% a 40%, aproximadamente) a consecuencia de que una gran parte conservó la categoría desde el primer empleo (un tercio de las administrativas y más de la mitad de las técnicas) y al "trasvase" desde posiciones subordinadas (13% no cualificadas y 2% cualificadas).

En resumen, el análisis de las situaciones sociolaborales en el primer empleo y en 2007 da cuenta de una movilidad acotada en la cual un tercio de los trabajadores experimentó un proceso de ascenso ocupacional, mientras algo más de la mitad no modificó su estatus ocupacional (además de los trabajadores que nunca cambiaron de empleo). Esta tendencia fue más acusada en los hombres y en los empleos de "cuello azul" que disminuyeron su peso relativo a favor de empleos de "cuello blanco". De acuerdo a algunos estudios, también fue un proceso manifiesto en el conjunto de los inmigrantes extranjeros en España (Colectivo IOÉ y Fernández, 2010: 464; Reher, et al., 2008: 117), aunque se ha constatado que la movilidad ocupacional se produjo, sobre todo, dentro de cada uno de los dos segmentos del mercado de trabajo al tiempo que fue escasa entre ellos (Aysa-Lastra y Cachón, 2013: 42). Además, es preciso tener presente que estas conclusiones se limitan a un período caracterizado por un ciclo expansivo del empleo que, como ya hemos visto, se cerró a poco de realizarse la ENI. Por tanto, es probable que a partir de entonces la dinámica de la movilidad ocupacional haya cambiado para buena parte de los trabajadores, inmigrantes y autóctonos.

Last but not least, presentamos la comparación entre la duración del vínculo laboral en el primer y último empleo, entendiendo como último vínculo laboral el vigente al finalizar el año 2006. Los datos de la Tabla 9.6 muestran una reducción significativa de la temporalidad que se traduce, indudablemente, en una mejora sustancial de la calidad del empleo. La tasa de temporalidad se redujo del 75% en el primer vínculo laboral a menos del 50% en el último. Este cambio se debe a que un tercio de los trabajadores temporales se transformaron en indefinidos; mientras sólo el 7% perdió esa condición. Una tendencia de similares características a las del conjunto de la inmigración extranjera en España.[5] No obstante, en términos de conjunto, la temporalidad continuó siendo superior a la del último empleo en Argentina (en torno al 30%). En función del sexo, las transiciones en uno y otro sentido fueron similares, aunque los hombres mejoraron algo más que las mujeres (35% versus 30%), en tanto que éstas empeoraron en mayor medida que aquellos (5% versus 10%, respectivamente).

---

5 De acuerdo a Colectivo IOÉ y Fernández (2010: 462) entre los inmigrantes extranjeros que modificaron el vínculo laboral es mayor el porcentaje que pasó de asalariado temporal a fijo (33%) que el de quienes recorrieron el proceso inverso (4%).

Tabla 9.6. España. Población nacida en Argentina, emigrada entre los 16 y 64 años, según duración del contrato o acuerdo laboral en el primer y último empleo en España y sexo. A 1 de enero de 2007. En porcentajes*

Sexo	Primer empleo	Último empleo		Total
		Indefinida	Temporal	
Hombres	Indefinida	18,4	4,8	23,2
	Temporal	35,2	41,6	76,8
	Total	53,5	46,5	100,0
Mujeres	Indefinida	15,5	10,0	25,5
	Temporal	30,6	43,8	74,5
	Total	46,2	53,8	100,0

*Quedan excluidos 1.368 casos de hombres y 1.594 casos de mujeres que respondieron no saber que duración tenía su contrato de trabajo. Fuente: INE, ENI y elaboración propia.

Finalmente, en la Tabla 9.7 presentamos un resumen de las condiciones de trabajo antes y después de la migración con la intención de ilustrar de forma sintética la movilidad laboral vertical transnacional. De acuerdo a los datos puede decirse que la emigración a España produjo inmediatamente un proceso de movilidad ocupacional descendente que se puso de manifiesto a través de un incrementó de trabajadores asalariados en menoscabo de autónomos y empresarios, en una significativa disminución de estatus ocupacional y en el empeoramiento de la seguridad en el empleo. En la tabla puede advertirse que el 20% de los inmigrantes experimentó un empeoramiento de la situación profesional respecto a la que tenía en Argentina, el 48% lo hizo respecto a la situación sociolaboral y el 44% a la seguridad en el empleo.

Si se tiene en cuenta, además, que en el último empleo en Argentina el 68% eran asalariados, 20% no podían descender porque ya ocupaban la categoría de trabajadores no cualificados y 31% tenían contratos temporales, puede afirmarse que la emigración produjo un descenso socioeconómico generalizado. Al mismo tiempo, disminuyó la incidencia de la polarización a partir del sexo que existía en el último empleo en Argentina debido a un acercamiento de estatus (descendente) en la inserción laboral inicial en España. Es decir, el proceso de movilidad descendente produjo cierta igualación "por abajo" entre hombres y mujeres estrechando las diferencias iniciales.

Tabla 9.7. España. Población nacida en Argentina, emigrada entre los 16 y 64 años, según mejoró, empeoró o mantuvo sus condiciones de trabajo desde el último empleo en Argentina al primero en España, y desde éste al último en España. A 1 de enero de 2007

Condiciones de trabajo	Desde el último empleo en Argentina al primero en España			Desde el primer empleo en España al que tenía en 2007		
	Mejor	Igual	Peor	Mejor	Igual	Peor
Situación profesional	8%	72%	20%	16%	77%	7%
Situación sociolaboral	12%	40%	48%	34%	55%	11%
Seguridad en el empleo	4%	51%	44%	33%	60%	7%

Fuente: INE, ENI y elaboración propia.

La movilidad laboral en España, desde el primer empleo al registrado a comienzo de 2007, presentó, en términos generales, una tendencia ascendente, opuesta a la experimentada en el movimiento transnacional. Si bien la mayoría de los inmigrantes no cambió de condiciones laborales (77% tenía la misma situación laboral, 55% análoga situación sociolaboral y el 60% una duración de contrato similar), la proporción de quienes mejoraron es superior a la de aquellos que empeoraron. Así, 16% abandonó la condición de asalariado a favor de mayor autonomía en el trabajo, 34% escaló en la estructura ocupacional y 33% logró un contrato indefinido.[6] De este modo, parece confirmarse la hipótesis de la U enunciada por Chiswick, según la cual la migración internacional supone una pérdida de

6 Este proceso de "contramovilidad ascendente", como lo denomina Cachón (2009: 244), se percibe en el conjunto de la inmigración extracomunitaria (Miguélez, et al., 2011; Aysa-Lastra y Cachón, 2013).

estatus ocupacional provisional que va morigerándose con el transcurso del tiempo.

Asimismo, se constata la afirmación de Aysa-Lastra y Cachón (2013) acerca de que la evolución de las posiciones ocupacionales de los inmigrantes se produjo dentro de los segmentos primario y secundario, no entre ellos: del 34% de los trabajadores que ascendieron a una categoría socioeconómica superior en la segunda transición, sólo la mitad se movió al segmento primario; complementariamente, un 12% de la movilidad ascendente se produjo dentro del segmento secundario (trabajadores no cualificados que pasaron a trabajadores cualificados) y un 4% dentro del segmento primario (administrativos que pasaron a técnicos y directivos y técnicos que pasaron a directivos).[7]

3. Una aproximación a los itinerarios sociales

En este apartado intentaremos extrapolar las categorías laborales a clases sociales, siguiendo la conocida clasificación de Goldthorpe y colaboradores (1980),[8] en lo que puede considerarse un ejercicio de "imaginación sociológica" más que de sociología analítica. Este ejercicio supone asumir como significativos dos principios para el estudio de las clases sociales: la relevancia relativa de la dimensión económica, prolongando así la diferencia-

---

7 Considerando el segmento primario compuesto por las categorías sociolaborales "directivo", "técnicos", administrativos", y el segmento secundario por las de trabajadores (manuales) "cualificados y "no cualificados". Otros estudios confirmaron esta pauta de movilidad para el conjunto de trabajadores extracomunitarios (Aysa-Lastra y Cachón, 2013).

8 La clase sociales corresponden a las siguientes categorías sociolaborales: clase de servicio a "directivo", clase intermedia a las categorías "técnico" y "administrativo", clase obrera a las categorías "trabajador manual cualificado" y "trabajador manual no cualificado".

ción weberiana entre clase y estatus; y la pertinencia de las escalas de categorías ocupacionales para la determinación de la posición de clase.[9]

El resultado se presenta en el Gráfico 9.1 y permite constatar que la emigración a España produjo, en un primer momento, un aumento relativo de la clase obrera (que pasó de 43% a 70%) en detrimento de la clase de servicio y de la clase intermedia (que pasaron de 9% a 2% y de 47% a 28%, respectivamente). Puede decirse, entonces, que la emigración produjo un amplio proceso de desclasamiento (transnacional) "hacia abajo" que implicó un retroceso en la posición de clase en importantes segmentos de la población emigrada. Además, de acuerdo a los testimonios de los inmigrantes, ese proceso vino acompañado por un quiebre de la condición de clase, asociada fundamentalmente a la pérdida de ingresos del trabajo.[10]

---

9 En este sentido conviene tener en cuenta que una de las principales aportaciones del análisis de Goldthorpe ha sido la utilización de escalas de categorías ocupacionales problematizándolas desde supuestos de construcción teóricos (Crompton, 1997). De ese modo, en lugar de obtener una escala de ocupaciones, concretó esquemas de clase teóricos que intentan dividir a la población en unas clases sociales que se corresponden con los tipos de agrupaciones descritos por Marx y Weber.

10 La disociación analítica entre "condición" y "posición" de clase fue planteada por Pierre Bourdieu en sus primeras obras (2002: 121). La "condición de clase" es similar a la situación de clase tal como fue entendida por Weber y se refiere a las propiedades intrínsecas tales como cierto tipo de práctica profesional, condiciones materiales de existencia o religiosidad. "La posición", en cambio, se refiere a relación que se establece entre las clases sociales como partes constitutivas de una estructura social en tanto sistema completo de relaciones que rige el sentido de cada relación particular. A partir de esta distinción se puede entender el desclasamiento atendiendo a tres situaciones: cambiar de condición de clase sin haber variado de posición; b) variar la posición social sin cambiar de condición (nominal); c) movimientos simultáneos, hacia arriba o hacia abajo, de posición y condición de clase (Jiménez, 2011: 122-123).

Gráfico 9.1. España. Población nacida en Argentina, emigrada entre los 16 y 64 años, según clase social* antes de emigrar, al llegar a España y en 2007 (esquema de Goldthorpe reducido). A 1 de enero de 2007. En porcentajes

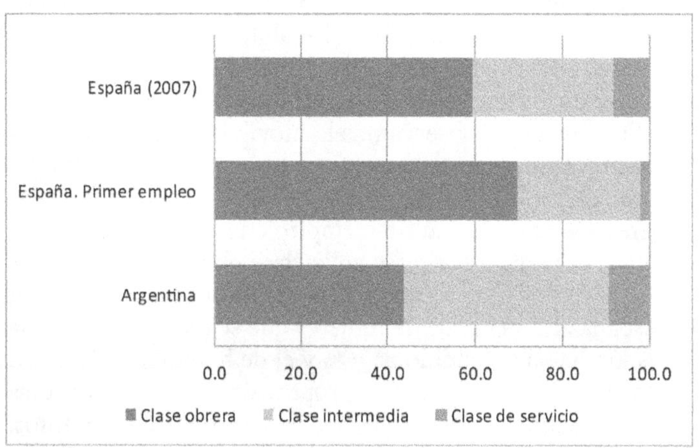

*Las clases sociales se definen a partir de las categorías sociolaborales.
Fuente: INE, ENI y elaboración propia.

Desde el momento de la inserción en el mercado de trabajo español hasta el año 2007, la situación de los inmigrantes experimentó un evidente proceso de mejora: disminuyó el peso de la clase obrera en diez puntos porcentuales (de 70% a 60%) y se incrementó el de las clases intermedia (de 28% a 32%) y de servicio (de 2% a 8%) (Gráfico 9.1). No obstante, la movilidad ascendente debe matizarse en varios sentidos. En primer lugar, porque si bien la categoría con más intensidad de cambio fue la clase obrera (y en mucha menor medida la clase intermedia), la proporción de obreros entre los emigrados continuaba siendo en 2007 muy superior a la que existía antes de la emigración (60% frente a 43%). En segundo término, debido a que los inmigrantes experimentaron una pauta de movilidad ocupacional segmentada (dentro del mismo segmento del mercado de trabajo), es probable que la movilidad haya tenido en muchos casos un carácter espurio, pues los aumentos de categoría ocupacional no siempre fueron acompañados por un incremento de las recompensas (o al menos no proporcionalmente). En tercer lugar, debido a la inestabilidad de las posiciones alcanzadas. Dos terceras partes de los trabajadores argentinos tenían menos de 10 años en el mercado de trabajo español cuando comenzó la crisis económica, con lo cual es altamente probable que el impacto del desempleo (del 8,7% en 2007 al 26,7% en 2010) haya desvanecido los efectos positivos de la movilidad.

Finalmente, si observamos la movilidad social por sexos (Gráfico 9.2), se comprueba, en un primer momento, un amplio proceso de proletarización que afectó más intensamente a las mujeres. De acuerdo al último empleo en Argentina, el 33% de las mujeres podía inscribirse en la clase obrera, frente al 52% de los hombres; sin embargo, después de la inserción laboral en España el porcentaje de mujeres que se encontraba en esa situación había ascendido al 70% y el de hombres al 73%. En resumen, tras la emigración la proporción de mujeres obreras creció 36 puntos porcentuales y la de los hombres 21 puntos. Como consecuencia de ello, se produjo un acercamiento ("hacia abajo") en la posición de clase de hombres y mujeres en España, estrechando las diferencias que existían en origen favorable a las mujeres.

La movilidad ascendente que experimentó el colectivo argentino en España, desde la inserción laboral hasta el último registro en 2007, fue más significativa entre las mujeres, debido a que habían vivido un descenso de posición tras la emigración más intenso que el de los hombres. Su participación en la clase obrera disminuyó 17 puntos porcentuales, frente a los 8 puntos de los hombres, e incrementaron de forma importante su peso en la clase intermedia (de 28% a 39%) cuando los hombres apenas crecieron en ese estrato. La movilidad hacia la clase de servicio, sin embargo, fue de similares dimensiones en ambos sexos (7 puntos porcentuales).

En resumen, y sin perder de vista que se trata de una especulación teórica en base a datos agregados, puede concluirse que la movilidad ascendente experimentada por hombres y mujeres argentinos en España, desde el momento de la inserción laboral hasta 2007, no compensó el desclasamiento inicial experimentado tras la emigración. El saldo de movilidad social entre la última posición en Argentina y la alcanzada en España en 2007 evidencia un desclasamiento hacia abajo en amplios segmentos de las clases medias (19 puntos porcentuales en las mujeres y 13 en los hombres) que condujo a un aumento de la dualización social en la población emigrada.

Gráfico 9.2. España. Población nacida en Argentina, emigrada entre los 16 y 64 años, según clase social* antes de emigrar y al llegar a España (esquema de Goldthorpe reducido), por sexo. A 1 de enero de 2007. En porcentajes

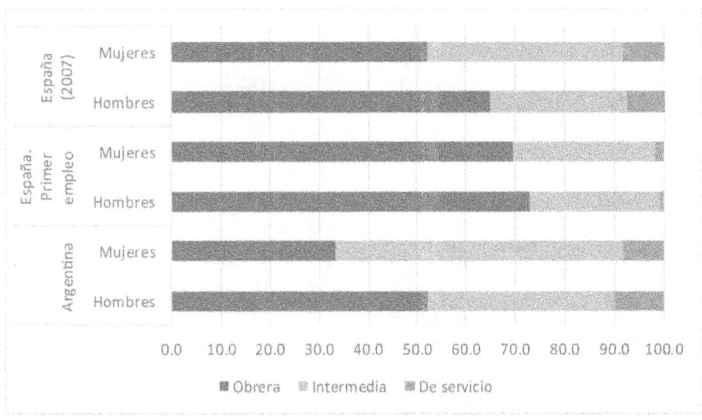

*Las clases sociales se definen a partir de las categorías sociolaborales. Fuente: INE, ENI y elaboración propia.

Fuentes bibliográficas

Actis, Walter; Esteban, Fernando Osvaldo (2007). "Argentinos hacia España ('sudacas' en tierras 'gallegas'): el estado de la cuestión". En Novick, Susana (dir.). *Sur-Norte. Estudios sobre la reciente emigración de argentinos*. Buenos Aires: Catálogos, pp. 205-258.

——————— (2008). "Argentinos en España: inmigrantes a pesar de todo". *Migraciones* 23, pp. 79-115.

Aguirre, Rosario (2004). *Familias urbanas del Cono sur: transformaciones recientes Argentina, Chile y Uruguay*. CEPAL, Reunión de expertos "Cambios de las familias en el marco de las transformaciones globales: necesidad de políticas públicas eficaces", Santiago, 28-29 de Octubre. Acceso, 03 de enero, 2015. (http://www.cepal.org/dds/noticias/paginas/9/19679/RAguirre.pdf)

Aja, Eliseo (2006). "La evolución sobre normativa sobre inmigración". En Aja, Eliseo y Arango, Joaquín (eds.). *Veinte años de inmigración en España. Perspectivas jurídica y sociológica (1985-2005)*. Barcelona: Fundació CIDOB, pp. 17-44.

Altimir, Oscar; Beccaria, Luis (1999). "El mercado de trabajo bajo el nuevo régimen económico en Argentina". CEPAL. Series Reformas Económicas 28. Acceso, 08 de enero, 2015 (http://www.rrojasdatabank.info/eclacsa/lcl1217e.pdf)

Aragón Bombín, Raimundo; Chozas Pedrero, Juan (1993). *La regularización de inmigrantes durante 1991-1992*. Madrid: Ministerio de Trabajo y Seguridad Social.

Arango, Joaquín (2004). "La población inmigrada en España". *Economistas* 69, pp. 6-14.

Arbaci, Sonia (2008). "Hacia la construcción de un discurso sobre la inmigración en las ciudades del Sur de Europa. La política urbanística y de vivienda como mecanismos estructurales de marginación étnica residencial". *ACE, Arquitectura, ciudad y entorno* 8, pp. 11-38.

Arrazola, Mª; De Hevia, José; Mauleón, Ignacio; Sánchez, Raúl (2011). "La economía sumergida en España". En AAVV. *Dos ensayos de actualidad sobre la economía española.* Madrid: FUNCAS, pp. 13-77.

Aruj, Roberto (2004). *Por qué se van. Exclusión, frustración y migraciones.* Buenos Aires: Prometeo Libros.

Auge, Marc (1993). *Los no lugares: espacios del anonimato. Antropología sobre la modernidad.* Barcelona: Gedisa.

Aysa-Lastra, María; Cachón, Lorenzo (2013). "Movilidad ocupacional segmentada: el caso de los inmigrantes no comunitarios en España". *Revista Española de Investigaciones Sociológicas* 144, pp. 23-47.

Banyuls, Jusep; Miguélez, Fausto; Recio, Albert; Cano, Ernest; Lorente, Raúl (2009). "The Transformation on the Employment System in Spain: Towards a Mediterranean Neoliberalism?" En Bosch, G.; Lehndorf, S.; Rubery, J. (eds.). *European Employment Models in Flux. A Comparision of Institutional Change in Nine European Countries.* New York: Palgrave Macmillan, pp. 247-269.

Bardají Ruiz, Federico (2006). *Literatura sobre inmigrantes en España.* Madrid: MTAS.

Becker, Gary (1962). "Investment in Human Capital: a Theoretical Analysis". *Journal of Political Economy* 70 (5), Part 2: Investment in Human Beings, pp. 9-49.

Blaug, Mark (1976). "The Empirical Status of Human Capital Theory: A Slightly Jaundiced Survey". *Journal of Economic Literature* 14 (3), pp. 827-855.

Borjas, George (1995). "Assimilation and Changes in Cohort Quality Revised: What Happened to Immigrant Earnings in the 1980s?" *Journal of Labour Economics* 13 (2), pp. 201-245.

——— (2003). "The Labor Demand Curve is Downward Sloping: Reexamining the Impact of Immigration on the labor Market". *Quarterly Journal of Economics* 118 (4), pp. 1335-1374.

Bourdieu, Pierre (1979). "Los tres estados del capital cultural". *Actes de la Recherche en Sciences Sociales* 30, pp. 3-5.

——— (2002). "Condición de clase y posición de clase". *Revista Colombiana de Sociología* VII (1), pp. 119-141.

——— (2003). *Las estructuras sociales de la economía*. Barcelona: Anagrama.

Bourdieu, Pierre y Wacquant, Löic (2005). *Una invitación a la sociología reflexiva*. Buenos Aires: Siglo XXI.

Braverman, Harry (1983). *Trabajo y capital monopolista*. Madrid: Siglo XXI.

Cachón, Lorenzo (1995). "Marco institucional de la discriminación y tipos de inmigrantes en el mercado de trabajo en España". *Revista Española de Investigaciones Sociológicas* 69, pp. 105-124.

——— (2009). *La España inmigrante: marco discriminatorio, mercado de trabajo y políticas de integración*. Barcelona: Anthropos.

Cacopardo, María Cristina; Maguid, Alicia Mirta; Martínez, Rosana (2007). "La nueva emigración de argentinos a España: el caso de los argentinos desde una perspectiva comparada". *Papeles de población* 51, pp. 9-44.

Carrasco, Raquel; Jimeno, Juan F.; Ortega, Carolina (2008). "The Effect of Immigration on the Labor Market Performance of Native-Born Workers: Some Evidence for Spain". *Journal of Population Economics* 21 (3), pp. 627-648.

Carrasquer, Pilar; Martín Artiles, Antonio; Massó, Matilde (2007). "La conciliación de la vida laboral y familiar en la negociación colectiva". *Papers. Revista de Sociología* 83, pp. 13-36.

Castel, Robert (1997). *Las metamorfosis de la cuestión social. Una crónica del salariado*. Buenos Aires: Paidós.

Castles, Stephen y Miller, Mark J. (2003). *The Age of Migration*. Hampshire: Palgrave Macmillan.

Castellanos Ortega, Mari Luz (2006). "Si te parás a pensar, perdimos. Relatos de vida y expectativas frustradas de la inmigración argentina en España". *Estudios Migratorios Latinoamericanos* 60, pp. 363-412.

Cerruti, Marcela; Maguid, Alicia (2010). *Familias divididas y cadenas globales de cuidado: la migración sudamericana a España.* CEPAL. Serie Políticas Sociales 163. Santiago de Chile: CEPAL.

Comisión Económica para América Latina y El Caribe (CEPAL) (2006). "Migración internacional". *Observatorio Demográfico de América Latina y el Caribe* 1 (1).

CEPAL (varios años) *Sistemas de Indicadores Regionales en América Latina y el Caribe.* Acceso, 05 de noviembre, 2014. (http://www.eclac.cl/celade/indicadores/default.htm)

Chiswick, Barry R. (1978). "The effect of Americanization on the Earnings of Foreign-born Men". *The Journal of Political Economy* 86 (5), pp. 897-921.

Chiswick, Barry R., Lee, L.; Miller, P. W. (2005). "A Longitudinal Analysis of Immigrant Occupational Mobility: A Test of the Immigrant Assimilation Hypotesis". *The International Migration Review* 39 (2), pp. 332-353.

Colectivo IOÉ (1987). "Los inmigrantes en España". Cáritas Española. *Documentación Social*, 66.

——————— (2008). *Barómetro social de España.* Madrid: Traficante de Sueños.

Colectivo IOÉ y Fernández, Mercedes (2010). *Encuesta Nacional de Inmigrantes 2007: el Mercado de trabajo y las redes sociales de los inmigrantes.* Madrid: Ministerio de Trabajo e Inmigración.

Coleman, James S. (1988). "Social Capital in the Creation of Human Capital". *The American Journal of Sociology* 94, Supplement: Organization and institutions: Sociological and Economic Approaches to the Analysis of Social Structure, S95-S120.

Consejo Latinoamericano de Ciencias Sociales (CLACSO) (varios años). *Observatorio Social de América Latina.* Acceso, 03 de enero, 2015 (www.clacso.org)

Cook-Martin, David; Viladrich, Anahí (2009). "The Problem with Similarity: Ethnic-Affinity Migrants in Spain". *Journal of Ethnic and Migration Studies* 35 (1), pp. 151-170.

Crompton, Rosemary (1997). *Clase y estratificación. Una introducción a los debates actuales*. Madrid: Tecnos.

Dassetto, Felice (1990). "Pour une théorie des cycles migratoires". En Bastenier, Albert; Dassetto, Felice (eds.). *Immigration et nouveaux pluralismes*, Bruxelles: De Boeck, pp. 11-40.

Dickens, Richard; McKnight, Abigail (2009). *Assimilation of Migrants into the British Labour Market*. Working Paper, London: CASE.

Dirección de Migraciones de la República Argentina (1956). *Memoria 1857-1956*. Disponible en Centro de Estudios Migratorios Latinoamericanos (CEMLA). Documentos. Inmigración ultramarina en Argentina. Acceso, 15 de mayo, 2013.

Doeringer, Peter B. y Piore, Michael J. (1971). *Internal Labor Markets and Manpower Analysis*. London: M E Sharpe Publishers.

Duque, Ignacio; Montoliú, Enrique (2003). "Vuelta a los fundamentos en relación con la población de la Comunidad de Madrid: la imbricación de los comportamientos demográficos y la estructura económica y social en la región metropolitana". En AA.VV. *Madrid. Club de debates urbanos*. Madrid: Club de debates urbanos, pp. 24-71.

Durand, Jorge (1986). "Circuitos migratorios en el occidente de México". *Revue Europeenne des Migrations Internationales* 2 (2), pp. 49-68.

Esteban, Fernando Osvaldo (2005). "Migración argentina hacia España: periodización y composición demográfica. Un análisis de la Estadística de Variaciones residenciales desde 1985 hasta 2003". *XI Encuentro de latinoamericanistas españoles. La comunidad Iberoamericana de Naciones*. Salamanca: CEEIB, (CD-rom), pp. 837-852.

——— (2007). "Inmigrantes argentinos en España (2000-2005): algunas claves interpretativas acerca de su proceso de migración en integración". *Estudios Migratorios Latinoamericanos* 63, pp. 367-415.

——— (2011). "Génesis y composición de un sistema migratorio iberoamericano". *Nómadas. Revista Crítica de Ciencias Sociales y Jurídicas* 29 (1).

——— (2014). "El análisis de dos formas de desigualdad: la explotación y la discriminación". Anacronismo e irrupción 4 (6), pp. 118-148.

Esteban, Fernando Osvaldo y Actis, Walter (2011). "Migración de personas cualificadas de Argentina a España. ¿Una nueva fuga de cerebros?" En Luchilo, Lucas (coord.), *Más allá de la fuga de cerebros. Movilidad, migración y diásporas de argentinos calificados*. Buenos Aires: EUDEBA, pp. 117-168.

Esteban, Fernando Osvaldo y Schmidt, Susana (2011). "La ciudadanía limitada. Dictadura, democracia y migración en Argentina. *Amèrique Latine. Histoire et Mèmoire. Les Cahiers ALHIM*, 22, pp. 1-12.

EURYDICE (2005), *Key Data on Education in Europe 2005*. Bruselas: European Commission Acceso, 31 de octubre, 2014. (http://eacea.ec.europa.eu/education/eurydice/index_en.php)

Friedberg, Rachel M. (2000). "You Can't Take It with You? Immigrant Assimilation and the Portability". *Journal of Labor Economics* 18 (2), pp. 221-251.

Friedberg, Rachel M. y Hunt, Jennifer (1995). "The Impact of Immigrants on Host Country Wages, Employment and Growth". *Journal of Economic Perspectives* 9 (2), pp. 23-44.

Friedman, Milton (1967). "La metodología de la economía positiva". En *Ensayos de economía positiva*. Madrid: Gredos, pp. 9-44.

Fundación FOESSA (2008). *VI Informe sobre exclusión y desarrollo social en España 2008*. Madrid: FOESSA.

Gandini, Luciana (2009). *¿Escapando de la crisis? Trayectorias laborales de migrantes argentinos recientes en dos contextos de recepción: Ciudad de México y Madrid*. Tesis Doctoral. Centro de Estudios Sociológicos. El Colegio de México.

Gambina, Julio C. (2001). "Estabilización y reforma estructural en Argentina (1989/1999)". En Sader, Emir (comp.). *El ajuste estructural en América Latina. Costos sociales y alternativas*. Buenos Aires: CLACSO, pp. 187-229.

Garrido Medina, Luis Joaquín; González Rodríguez, Juan Jesús (2005). "Mercado de trabajo, ocupación y clases sociales". En González Rodríguez, Juan Jesús; Requena y Díez de Revenga, Miguel (eds.). *Tres décadas de cambio social en España*. Madrid: Alianza, pp. 81-126.

Giddens, Anthony (1991). *Sociología*. Madrid: Alianza.

Ginieniewicz, Jorge; Castiglione, Celeste (2011). "The Adaptation and Migration of Cultural Assets: Argentines in Spanish Cities". *Journal of Intercultural Studies* 32 (1), pp. 57-74.

Goldthorpe, John; Llewellyn, Catriona; Payne, Clive (1980). *Social Mobility and Class Structure in Modern Britain*. Oxford: Oxford University Press.

Goldthorpe, John; Llewellyn, Catriona; Payne, Clive; Marshall, Gordon (1992). "The Promising Future of Class Analysis: A Response to Recent Critiques". *Sociology* 26 (3), pp. 381-400.

González Martínez, Elda Evangelina (2009). "Redes sociales y emigración: el caso de los marplatenses". *Revista de Indias* LXIX, 245, pp. 199-224.

González Martínez, Elda Evangelina; Merino Hernando, María Asunción (2008). *Historias de acá: trayectoria migratoria de los argentinos en España*. Madrid: Consejo Superior de Investigaciones Científicas.

González Rodríguez, Juan Jesús; Requena; Díez de Revenga, Miguel (eds.) (2005). *Tres décadas de cambio social en España*. Madrid: Alianza Editorial.

Graciarena, Jorge (1987). "Prólogo". En Lattes, Alfredo; Oteiza, Enrique. *Dinámica migratoria argentina (1955 –*

1984) Democratización y retorno de expatriados. Buenos Aires: CEAL, 2ª edición, pp. 17-31.

Granovetter, Mark S. (1973). "The Strength of Weak Ties". *American Journal of Sociology* 78 (6), pp. 1360-1380.

——————— (1985). "Economic Action and Social Structure: The Problem of Enbeddedness". *American Journal of Sociology* 91 (3), pp. 481-510.

Heath, A.; Cheung, S. Y (2007). "The comparative study of ethnic minority disadvantage". En Heath, A.; Cheung, S. Y. (eds.) (2007). *Unequal chances. Ethnic Minorities in Western Labour Markets*. Oxford: Oxford University Press.

Herranz, Yolanda (1998). "La Inmigración latinoamericana en distintos contextos de recepción". *Migraciones* 3, pp. 31-51.

Hiebert, Daniel (1999). "Local Geographies of Labor Market Segmentation: Montreal, Toronto, and Vancouver, 1991". *Economic Geography* 75 (4), pp. 339-369.

Horan, Patrick M. (1974). "The Structure of Occupational Mobility: Conceptualization and Analysis". *Social Forces* 53 (1), pp. 33-45.

Izquierdo, Antonio (1996). *La inmigración inesperada. La población extranjera en España (1991-1995)*. Madrid: Trotta.

——————— (2000). "El proyecto migratorio de los indocumentados según género". *Papers. Revista de sociología* 60, pp. 225-240.

——————— (2011). "El modelo de inmigración y los riesgos de la exclusión". En AA.VV. *VI Informe sobre la exclusión y el desarrollo social en España 2008*. Madrid: Fundación FOESSA.

Izquierdo, Mario; Lacuesta, Aitor; Vegas, Raquel (2009). "Assimilation of Immigrants in Spain: A Longitudinal Analysis". *Labour Economics* 16, pp. 669:678.

Jensen, Silvina I. (1998). *La huida del horror no fue olvido. El exilio político argentino en Cataluña (1976-1983)*. Barcelona: Bosch-CO.SO.FAM.

——— (2007). *La provincia flotante. El exilio argentino en Cataluña (1976-2006)*. Barcelona: Casa Amèrica Catalunya.

Jiménez Zunino, Cecilia I. (2011). *Desclasamiento y reconversiones en las trayectorias de los migrantes argentinos de clases medias*. Tesis Doctoral. Departamento de Sociología V, Facultad de Ciencias Políticas y Sociología. Universidad Complutense de Madrid.

Jofre, Ana (2003). *Migraciones entre Argentina y Mallorca: dos caras de un mismo fenómeno*. Palma de Mallorca: Fundació Càtedra Iberoamericana de la Universitat de les Illes Balears. Acceso, 09 de Setiembre, 2005 (http://www.uib.es/catedra_iberoamericana/pdf/Jofre.pdf).

Lamela Viera, María del Carmen; López de Lera, Diego; Oso Casas, Laura (2005). "La inmigración internacional en Galicia: latinoamericanos, comunitarios y otros". En Solé Puig, Luisa Carlota; Izquierdo Escribano, Antonio; Alarcón, Amado (coord.). *Integraciones diferenciadas: migraciones en Cataluña, Galicia y Andalucía*. Barcelona: Anthropos, pp. 119-136.

Lattes, Alfredo; Comelatto, Pablo; Levit, Cecilia (2003). "Migración internacional y dinámica demográfica en la Argentina durante la segunda mitad del siglo XX". En *Estudios Migratorios Latinoamericanos* 17 (50), pp. 69-110.

Light, Ivan H. (1972). *Ethnic Enterprise in America: Business and Welfare among Chinese, Japanese, and Blacks*. Berkley: University of California Press.

Lisón Tolosana, Carmelo (1997). *Las máscaras de la identidad. Claves antropológicas*. Barcelona: Ariel.

Luchilo, Lucas (2007). *Migración de retorno: el caso argentino. Documento de Trabajo 39*. Centro Redes, Centro de Estudios sobre Ciencia, Desarrollo y Educación Superior. Buenos Aires.

Maguid, Alicia (1997). "Migrantes limítrofes en el mercado de trabajo del área metropolitana de Buenos Aires,

1980-1996". *Estudios Migratorios Latinoamericanos* 12 (35), pp. 31-60.

Malheiros, Jorge (2002). "Ethni-cities: Residential Patterns in the Northern European and Mediterranean Metropolis. Implications for Policy Design". *International Journal of Population Geography* 8, pp. 107-134.

Martín Urriza, Carlos (2008). *El impacto de la inmigración en el mercado de trabajo español*. Madrid: Real Instituto Elcano.

Marshall, Adriana (1991). "Emigración de argentinos a los Estados Unidos". En Pessar, Patricia R. (ed.). *Fronteras permeables. Migración laboral y movimientos de refugiados en América*. Buenos Aires: Planeta, pp. 151-164.

Martínez Pizarro, Jorge (2005). *Globalizados, pero restringidos. Una visión latinoamericana del mercado global de recursos humanos calificados*. Santiago de Chile: CEPAL-CELADE.

——————— (ed.) (2008). *América Latina y el Caribe: migración internacional, derechos humanos y desarrollo*. Santiago de Chile: CEPAL.

Massey, Douglas, S.; Arango, Joaquín; Hugo, Graeme; Kouaouci, Ali; Pellegrino, Adela; Taylor, Edward, J. (1993). "Theories of International Migration: an Overview and Appraisal". *Population and Development Review* 19 (3), pp. 431-466.

Miguélez, Fausto; Martín, Antonio; Alós-Moner, Ramón; Esteban, Fernando O.; López Roldán, Pedro; Molina, Óscar; Moreno, Sara (2011). *Trayectorias laborales de los inmigrantes en España*. Barcelona: Obra Social La Caixa.

Ministerio de Trabajo y Asuntos Sociales (MTAS) (2002). *Anuario de Migraciones 2002*. Madrid: MTAS.

Minujin, Alberto; Anguita, Eduardo (2004). *La clase media. Seducida y abandonada*. Buenos Aires: Edhasa.

Minujin, Alberto; Kessler, Gabriel (1995). *La nueva pobreza en la Argentina*. Buenos Aires: Planeta.

Mira Delli-Zotti, Guillermo (2004). "La singularidad del exilio argentino en Madrid: entre las respuestas a la represión de los ´70 y la interpelación a la Argentina postdictatorial". En Yankelevich, Pablo (comp.). *Represión y destierro. Itinerarios del exilio argentino*. Buenos Aires: Al Margen, pp. 87-112.

Mira Delli-Zotti, Guillermo y Esteban, Fernando (2003). "El flujo que no cesa. Aproximación a las razones, cronología y perfil de los argentinos radicados en España (1975-2001)". *Historia Actual On-Line* 2, pp. 31-43.

——————— (2007). "La construcción de un espacio político transnacional iberoamericano de defensa de DDHH: el caso de la Asociación Argentina Pro Derechos Humanos de Madrid". *Historia Actual On Line* 14, pp. 57-66.

Model, Suzanne (1997). "Ethnic Economy and Industry in Mid-Twentieth Century Gotham". *Social Problems* 44, pp. 445-463.

Mora y Araujo, Manuel (2002). "La estructura social de la Argentina: evidencias y conjeturas acerca de la estratificación social". *CEPAL. Serie Políticas Sociales 59.* Acceso, 8 de enero de 2015 (http://repositorio.cepal.org/bitstream/handle/11362/6032/S028552_es.pdf?sequence=1)

Moulier-Boutang, Yann (2006). *De la esclavitud al trabajo asalariado. Economía histórica del trabajo asalariado embridado*. Madrid: Akal.

Novara, Diana (2005). "La emigración argentina actual". En *Casa Argentina de Madrid. Migraciones: claves del intercambio entre Argentina y España*. Buenos Aires: Siglo XXI, pp. 219-235.

Novick, Susana; Murias, Gabriela (2005). "Dos estudios sobre la emigración reciente en la Argentina". *Documento de Trabajo 42, Instituto de Investigaciones Gino Germani*, Facultad de Ciencias Sociales, Universidad de Buenos Aires.

Oficina Económica del Presidente (2006). *Inmigración y economía española: 1996-2006.* Madrid: Presidencia del Gobierno.

Organización Internacional para las Migraciones (OIM) (2011). "Migrantes sudamericanos en España: panorama y políticas". *Cuadernos Migratorios 1*. Buenos Aires: OIM.

Organización para la Cooperación y el Desarrollo Económicos (OCDE) (2007). *International Migration Outlook 2007*. Paris: OECD.

Oliver Alonso, Josep (2006). *Efecto llamada e inmigración: razones del choque inmigratorio e impacto en el mercado de trabajo español 1995-2005*. Barcelona: Índice Laboral Manpower.

Oso, Laura; Golías, Montserrat y Villares, María. (2008): "Inmigrantes y retornados en Galicia: la construcción del puente transnacional". *Política y Sociedad* 45 (1), pp. 103-117.

——————— (2005). "Mujeres inmigrantes latinoamericanas y empresariado étnico: dominicanas en Madrid, argentinas y venezolanas en Galicia". *Revista Galega de Economía* 14 (1-2), pp. 1-19.

Özden, Çaglar y Schiff, Maurice (eds.) (2006). *International migration, remittances, and the brain drain*. Washington DC: The World Bank-Palgrave Macmillan.

Palomares, Marta; Novick, Susana; Aguirre, Orlando; Castiglione, Celeste; Daniela, Cura; Nejamkis, Lucila (2005). "Emigración reciente de argentinos: la distancia entre las expectativas y las experiencias". En Novick, Susana (dir.). *Sur-Norte. Estudios sobre la emigración reciente de argentinos*. Buenos Aires: Catálogos, pp. 23-51.

Pajares, Miguel (2007). *Inmigración y mercado de trabajo. Informe 2007*. Madrid: MTAS.

——————— (2008). *Inmigración y mercado de trabajo. Informe 2008*. Madrid: MTAS.

——————— (2009). *Inmigración y mercado de trabajo. Informe 2009*. Madrid: MTI.

Pedace, Roberto (2006). "Immigration, Labor Market Mobility, and the Earnings of Native-born Workers - An Occupational Segmentation Approach". *American Journal of Economics and Sociology* 65 (2), pp. 313-345.

Peri, Giovanni (2007). "Immigrants' Complementarities and Native Wages: Evidence from California". *National Bureau of Economic Research Working Paper 12956*. Cambridge, Massachusetts.

Piore, Michael J. (1979). *Birds of Passage. Migrant Labour and Industrial Societies*. Cambridge: Cambridge University Press.

——————— (1983). "Notas para una teoría de la estratificación del mercado de trabajo". En Toharia, Luis (1983). *El mercado de trabajo: teorías y aplicaciones. Lecturas seleccionadas*. Madrid: Alianza Universidad, pp. 193-221.

Poot, Jacques; Cochrane, Bill (2005). "Measuring the Economic Impact of Immigration: A Scoping Paper". *Discussion paper 48. Hamilton: Population Studies Centre*, University of Waikato.

Portes, Alejandro (1998). "Social Capital: Its Origins and Applications in Modern Sociology". *Annual Review of Sociology* 24, pp. 1-24.

Portes, Alejandro; Borocz, Jozsef (1989). "Contemporary Immigration: Theoretical Perspectives on Its Determinants and Modes of Incorporation". *International Migration Review* 23(3), pp. 606-630.

Portes, Alejandro; Borocz, Jozsef; Sensenbrenner, Julia (1993). "Embeddness and Immigration: Notes on the Social Determinants of Economic Action". *The American Journal of Sociology* 98 (6), pp. 1320-1350.

Pumares Fernández, Pablo; García Coll, Arlinda; Asensio Hita, Ángeles (2006). *La movilidad laboral y geográfica de la población extranjera en España*. Madrid: MTAS.

Putman, Robert D. (1993). *Making Democracy Work: Civic Traditions in Modern Italy*. Princeton: Princeton University Press.

Redstone Akresh, Ilana (2006). "Occupational Mobility among Legal Immigrants to the United States". *International Migration Review* 40 (4), pp. 854-884.

Reher, David-Sven (dir.) (2008). *Informe Encuesta Nacional de Inmigrantes*. Madrid: INE.

Requena y Díez de Revenga, Miguel; González Rodríguez, Juan Jesús (coord.) (2005). *Tres décadas de cambio social en España*. Madrid: Alianza Editorial.

Reyneri, Emilio (1996). "Immigration and the Underground Economy in New Receiving South European Countries: Manifold Negative effects, Manifold Deep-rooted Causes" *International Review of Sociology* 13 (1), pp. 117-143.

Sánchez Alonso, Blanca (1992). *La inmigración española en Argentina: Siglos XIX y XX*. Gijón: Júcar.

Sassen, Saskia (1993). *La movilidad del trabajo y del capital. Un estudio sobre la corriente internacional de la inversión y del trabajo*. Madrid: Ministerio de Trabajo y Seguridad Social.

Sayad, Abdelmalek (2010). *La doble ausencia. De las ilusiones del emigrado a los padecimientos del inmigrado*. Barcelona: Anthropos.

Schmidt, Susana (2009). *De Argentina a España: historias vividas e intercambios imaginados en las migraciones recientes*. Tesis doctoral. Departamento de Historia Medieval, moderna y Contemporánea, Facultad de Geografía e Historia, Universidad de Salamanca.

Simón, Hipólito; Sanromá, Esteban; Ramos, Raúl (2007). "Labour segregatipon and Immigrant and Native-born Wage Distribution in Spain: an Analysis Using Matched Employer-employee Data". *Spanish Economic Review* 10 (2), pp. 135-168.

Stark, Oded; Lauby, Jennifer (1988). "Individual migration as a family strategy: young women in the Philippines". *Population Studies* 42 (3), pp. 473-486.

Thomas, William I. y Znaniecki, Forian (2004). *El campesino polaco en Europa y en América*. Madrid: Boletín Oficial del Estado.

Tizón, Héctor (1999). "Una especie de agujero que está pensando siempre en regresar". En Boccanera, Jorge. *Tierra que anda. Los escritores en el exilio*. Buenos Aires: Ameghino, pp. 81-93.

Toharia, Luis (1983). "Introducción". En *El mercado de trabajo: teorías y aplicaciones*. Madrid: Alianza Universidad Textos, pp. 1-37.

Torres, Francisco (2011). *La inserción de los inmigrantes. Luces y sombras de un proceso*. Madrid: Talasa Ediciones.

Veira, Alberto; Stanek, Mikolaj; Cachón, Lorenzo (2011). "Los determinantes de la concentración étnica en el mercado laboral español". *Revista Internacional de Sociología 69*, Monográfico 1, pp. 219-242.

Waldinger, Roger, D. (1996). *Still the promised city? African-Americans and new immigrants in postindustrial New York*. Cambridge: Harvard University Press.

Wang, Qingfang (2010). "The Earnings Effect of Ethnic Labour Market Concentration under Multi-racial Metropolitan Contexts in the United States". *Tijdschrift voor Economische en Sociale Geografie* 101 (2), pp. 161-176.

Weiss, Yoram; Sauer, Robert; Gotlibovski, Menachem (2003). "Immigration, Search, and Loss of Skill". *Journal of Labour Economic* 21 (3), pp. 557-592.

Wilson, Kenneth L. y Portes, Alejandro (1980). "Immigrant Enclaves: An Analysis of the Labor Market Experiences of Cubans in Miami". *American Journal of Sociology* 86, pp. 295-319.

Yeoh, Brenda S. A.; Huang, Shirlena; González, Joaquín (1999). "Migrant Female Domestic Workers: Debating the Economic, Social and Political Impacts in Singapore". *International Migration Review* 33 (1), pp. 114-136.

Zuccotti, Juan Carlos (1987). *La emigración argentina contemporánea (a partir de 1950). Un testimonio fiel de la argentina del exterior*. Buenos Aires: Plus Ultra.

Fuentes estadísticas

Instituto Nacional de Estadística. España (INE). *Encuesta Nacional de Inmigrantes*. Madrid: INE. Acceso, 21 de setiembre de 2014.

——————— *Censos de Población*. Varios años. Madrid: INE Acceso, 15 de agosto, 2014. (http://www.ine.es/inebmenu/mnu_cifraspob.htm)

——————— *Padrón Continúo de Habitantes*. Varios años. Madrid: INE Acceso, 15 de Agosto, 2014. (http://www.ine.es/inebmenu/mnu_cifraspob.htm)

——————— *Encuesta de Población Activa*. Varios años. Madrid: INE Acceso, 19 de julio, 2014. (http://www.ine.es/dyngs/INEbase/es/categoria.htm?c=Estadistica_P&cid=1254735976595)

——————— *Anuarios Estadísticos*. Varios años. Madrid: INE. Acceso, el 15 de agosto, 2014. (http://www.ine.es/prodyser/pubweb/anuarios_mnu.htm)

Instituto Nacional de Estadística y Censos. República Argentina (INDEC). *Censo Nacional de Población, Hogares y Viviendas 2010*. Buenos Aires: INDEC. Acceso, 31 de agosto de 2014. (http://www.censo2010.indec.gov.ar/)

——————— *Censo Nacional de Población, Hogares y Viviendas 2001*. Buenos Aires: INDEC. Acceso, 03 de setiembre de 2014.
(http://www.indec.gov.ar/micro_sitios/webcenso/)

——————— *Encuesta Permanente de Hogares (EPH)*. Buenos Aires: INDEC. Acceso, 13 de setiembre, 2014. (http://www.indec.mecon.ar/bases-de-datos.asp)

Observatorio Permanente de la Inmigración. *Extranjeros con certificado de registro o tarjeta de residencia en vigor*. Varios años. Madrid: Secretaria General de Inmigración y Emigración del Ministerio de Empleo y Seguridad Social, Gobierno de España. Acceso, 22 de noviembre, 2014. (http://extranjeros.empleo.gob.es/es/Estadisticas)

——————— *Concesiones de nacionalidad española por residencia*. Varios años. Madrid: Secretaria General de Inmigración y Emigración del Ministerio de Empleo y Seguridad Social, Gobierno de España. Acceso, 22 de noviembre, 2014. (http://extranjeros.empleo.gob.es/es/Estadisticas)

Ministerio de Trabajo y Asuntos Sociales. "Extranjeros Afiliados a la Seguridad Social". En *Anuarios de Estadísticas Laborales y de Asuntos Sociales,* Varios años. Madrid: Gobierno de España. Acceso, 04 de enero, 2015. (http://www.empleo.gob.es/es/estadisticas/contenidos/anuario.htm)

US Census Bureau. *Historical Census Statistics on the Foreign-born Population of the United States: 1850-1990.* Population Division U.S. Bureau of the Census. 1999 Washington, D.C. Acceso, 30 de enero, 2015. (http://www.census.gov/population/www/documentation/twps0029/twps0029.html)

Fuentes periodísticas

"Argentinos en España emprenden el regreso". *La Nación*: 14-12-2008.

"Cientos de argentinos regresaron de España". *La Nación:* 09-06-2009.

"El exilio, tan duro como de lo que se huye". *La Nación*: 17-08-2009.

"Los inmigrantes retornados tendrán prioridad para regresar a España". *El País*: 03-02-2011.

"Postales de la lejanía". *La Nación:* 11-12-2011.

"El país se afirma como destino de españoles que huyen de la crisis". *Clarín*: 29-03-2012.

"Allí nos llaman vendepatrias porque no nos quedamos a pelear la crisis". *El País*: 15-06-2012.

"Argentina, un país con salida laboral para los españoles". *Clarín*: 23-07-2012.

"España desprecia a sus jóvenes". *Información.es El periódico de la provincia de Alicante:* 05-11-2012.

"En un año, hay casi 20.000 españoles más viviendo en Argentina". *Ámbito.com*: 20-03-2014. Acceso, 08 de enero, 2014.

"Argentina, el país donde más creció la población española durante 2012". *Clarín*: 21-03-2013.

"España ya no es El Dorado". *El País*: 22-04-2013.

Anexo

Tabla A1. España. Población nacida en Argentina según estatus jurídico (1970 – 2010)

Año	Nacidos en Argentina										Nacionalizados españoles		
	Padrón/Censo			Residentes				ENI 2007			Stock	Nacionalizados más residentes	Incr. (%)
	Españoles	Italianos	Argentinos	Total	Régimen General	Régimen Comunitario	(%) Reg. General	Año de llegada	Stock acumulado	Incr. (%)			
1970			7.784	5.635									
1971				5.752									
1972				5.696									
1973				5.791									
1974				5.967									
1975				6.141				17.104	17.104				
1976				5.977				1.875	18.979			8.130	
1977				6.221				2.094	21.073	11%		8.374	3%
1978				6.178				1.523	22.596	7%	2.423	8601	3%
1979				7.774				1.094	23.690	5%	2.773	10.547	23%
1980				7.665				1.129	24.819	5%	3.373	11.038	5%
1981	22589		12.191	7.634				556	25.375	2%	3.973	11.607	5%
1982				7.715				2.530	27.905	10%	4.573	12.288	6%
1983				7.718				689	28.594	2%	5.153	12.871	5%
1984				8.881				2.274	30.868	8%	5.693	14.574	13%
1985				9.706				2.081	32.949	7%	6.203	15.909	9%
1986			11.800	12.156				1.664	34.613	5%	6.685	18.841	18%
1987				13.845				1.281	35.894	4%	7.271	21.116	12%
1988				14.599				2.289	38.183	6%	8.077	22.676	7%

1989				16.165				4.024	42.207	11%	8.809	24.974	10%
1990				17.679				7.389	49.596	18%	9.905	27.584	10%
1991			20.804	19.966				4.454	54.050	9%	10.544	30.510	11%
1992				21.571				5.431	59.481	10%	11.488	33.059	8%
1993				22.874				1.000	60.481	2%	13.022	35.896	9%
1994				19.922				1.489	61.970	2%	14.712	34.634	-4%
1995	38.429		19.406	18.426	18.246	10.716	63	1.733	63.703	3%	16.026	34.452	-1%
1996				18.246	10.596	7.683	58	2.767	66.470	4%	17.413	35.659	4%
1997	40.039	1.920	19.315	17.188	9.897	7.291	58	1.851	68.321	3%	18.781	35.969	1%
1998	40.767	2.100	21.096	17.007	9.213	7.794	54	4.568	72.889	7%	19.907	36.914	3%
1999	44.349	2.700	23.351	16.290	7.953	8.337	49	5.781	78.670	8%	20.934	37.224	1%
2000	47.247	5.000	32.429	16.610	8.259	8.351	50	12.465	91.135	16%	21.595	38.205	3%
2001	52.607	8.800	56.714	20.412	10.668	9.744	52	29.726	120.861	33%	22.386	42.798	12%
2002	62.896	18.271	107.144	27.937	14.606	13.331	52	44.843	165.704	37%	23.382	51.319	20%
2003	69.225	25.158	128.153	43.347	22.353	20.994	52	23.190	188.894	14%	24.391	67.738	32%
2004	75.010	31.125	149.545	56.193	28.329	27.864	50	17.780	206.674	9%	26.137	82.330	22%
2005	81.819	37.341	146.796	82.412	49.950	32.462	61	13.299	219.973	6%	28.430	110.842	35%
2006	86.953	42.198	137.837	86.921	51.310	35.611	59	10.124	230.097	5%	31.966	118.887	7%
2007	93.335	46.837	143.555	96.055	59.619	36.436	62				36.776	132.831	12%
2008	99.829	50.415	138.190	97.277	56.848	40.429	58				41.964	139.241	5%
2009	104.636	51.701	128.309	103.171	63.507	39.664	62				46.593	149.764	8%
2010	110.915	51.568	117.016	91.056	57.263	33.793	63				52.988	144.044	-4%

Fuente: INE, Padrón Continuo de Habitantes, Censos de Población, ENI 2007; Observatorio Permanente de la Inmigración y elaboración propia.
Las cifras de italianos entre 1997 y 2001 son estimaciones propias.

Este libro se terminó de imprimir en julio de 2015 en Imprenta Dorrego (Dorrego 1102, CABA).

www.ingramcontent.com/pod-product-compliance
Lightning Source LLC
Chambersburg PA
CBHW020655270326
41928CB00005B/131

* 9 7 8 9 8 7 7 2 3 0 2 7 7 *